KB235061

소비자의 시선(視線)으로

시장경제를 바라보다

이종인 지음

이담 Books

책을 펴내며

인생의 황금기라 할 수 있는 이십 대 후반과 삼사십 대를 소비자 권익 옹호를 위한 조직에 몸담아 왔던 저자는 일상의 연구경험을 통해 '소비자경제 전문가'라는 옷을 덧입게 되었다. 그중 전반의 10여 년간은 다양한 영역의 일들을 익히고 수행하느라 마음과는 달리 글을 쓸 여유가 없었다.

하지만 후반기에는 전자상거래와 소비자안전, 국제적 소비자문제 분야에 특화된 연구과제들을 수행하다 보니 자의 반 타의 반으로 글 쓰는 일이 일상사가 되었다. 특히 시장경제에서 일어나는 소비자문제들의 본질을 분석하고 정책적 해법을 찾는 일이 반복되다 보니 가벼운 글을 쓰는 데도 나름의 노하우가 생겼던 것 같다.

수행한 과제의 홍보와 정책건의 절차가 끝나기가 무섭게 새로운 과제와 씨름해야 했던 일상 중에서도 저자는 사람들과 부대끼면서 나누었던 생각들이나 일하면서 고민했던 소비자 권리에 관한 상념(想念)들을 활자화해 왔다. 인터넷 사기나 급발진 사고, 배추파동과 같은 시사적인 사건들이 터질 때는 저자의 이런 글들이 빛을 보았다. 신문사에 오피니언으로 기고하기도 하고, 요청받은 잡지사에 원고를 보내기도 했다. 또 방송을 통해 일상의 경제생활에서 잠자고 있던 애청자들의 권리를 일깨워 주기도 했다.

이번에 중앙 일간지와 전문지, 온·오프라인 저널 등에 게재했던 글과 라디오 방송을 통해 공중파를 탄 대담 자료, 그리고 크고 작은 사건들이 터질 때마다 소비자의 시선(視線)으로 기록해 왔던 아이디어들을 단상과 여담의 형태로 엮어 보았다. 단상(斷想, essays)의 말미에는 여담(餘談, digressions)을 덧붙여 독자에게 보다 가까이 다가가려 했다. 알맹이가 있어도 시의성이 떨어지는 글은 제외했으며, 대부분의 글을 탈고 시점에 맞춰 다시 썼다.

지면 구성상, 서민생활 단상, 신용이 자산인 사회, e세상 @l야기, 안전한 생활, 집과 인생, 국경을 넘어, 소비자를 위한 생활경제 이야기, 그리고 일본 소비생활 따라잡기로 구분하여 정리했다. 주제별로 엮다 보니 약간씩은 겹치기도 하고 글을 쓴 시점이 들쭉날쭉하기도 하지만, 독자의 취사선택상의 편의(便宜)에 집필과 편집의 포커스를 맞췄다. 관심 있는 주제의 이야기를 골라 읽는 재미를 느껴 보시기 바란다.

공개된 지면에 기고했거나 방송 대본을 준비해 본 독자는 공감하겠지만, 지면부족이나 편집 의도, 그리고 방송시간 제한 등의 이유로 당초 집필한 글의 내용이 단축되거나 변경되기도 했다. 하지만 적지 않은 원문(原文)들이 이러한 과정에서 보다 세련된 모양새를 갖게 된 점은 다행한 일이다. 이 책의 집필과 편집에서도 가능한한 원문에서의 느낌을 그대로 전달하려 했다.

초고를 정독하고 유익한 코멘트를 해 준 김혜연 제자에게 감사하며, 교정의 일을 훌륭히 해준 맏딸 은혜와 사랑하는 아내에게 고마운 마음을 전한다. 덧붙여, 책의 출간을 위해 애써 주신 한국학술정보(주)의 여러분께도 감사의 마음을 전해드린다. 아무쪼록 이 책의 단상과 여담들 중 몇 편이라도 독자의 공감을 얻어 일상에서 잠자고 있는 소비자로서의 권리가 일깨워지게 되기를 기대해 본다.

신묘년(辛卯年) 사월 청명(淸明)일에

이종인 씀

contents

03 *e*세상 @이야기

04 안전한 생활

05 집과 인생

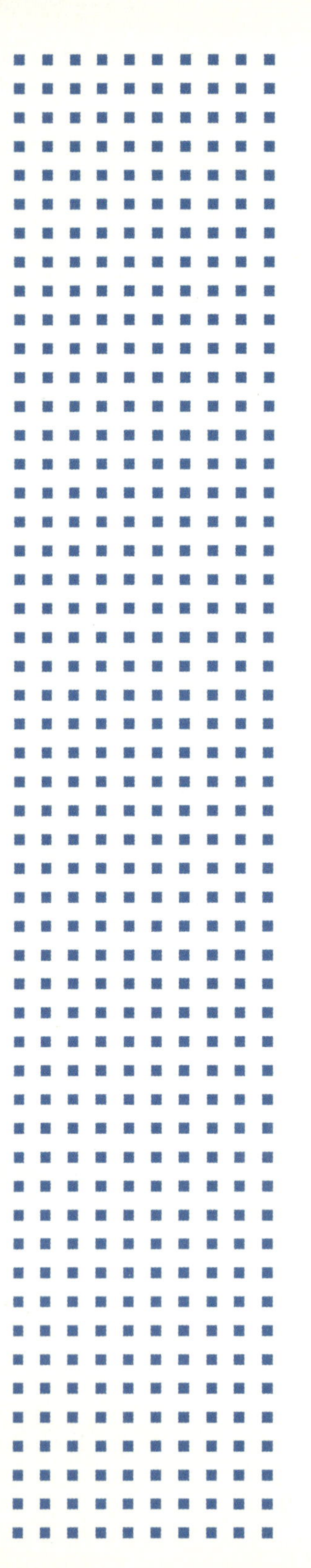

01

서민생활 단상

1. 기름값 책임공방에 소비자는 어디에

얼마전 미국 서부지역에 출장을 다녀왔다. 렌탈 자동차를 빌려 여러 지역을 방문하다 보니 주유소를 찾게 되었고 자연스레 여러 운전자들과 얘기를 나누게 되었다. 그런데 주유소에서 만난 운전자들은 한결같이 비싼 기름값을 불평하고 있었다. 하긴 저자가 몇 년간 살았던 2000년대 초 샌프란시스코 지역의 갤런당 1.4달러 수준에 비해 3달러 수준으로 두 배 넘게 올랐으니 그럴 만도 하다.

그런데 이 가격은 리터당 890원에 해당하는 금액이다. 국내 주유소에서 판매되는 무연휘발유 가격이 1,900원 내외이니 우리의 절반에 못 미치는 수준이다(1갤런은 3.8리터에 해당하고, 환율은 달러당 1,130원에 맞췄다).

일전에 모 인터넷매체에 기름값 공방에 관한 짧은 글을 올린 적이 있다. 이를 본 네티즌과 지인들이 글의 취지에 공감한다면서 왜 정부의 조치가 없느냐, 언론을 보면 문제점을 인정하면서도 왜 모두들 남 탓만 하고 소비자의 애로사항은 덮어 두려 하느냐 하는 불만들을 토로했다. 그러는 동안에도 기름값은 하루가 다르게 오르기만 했다. 지난주에는 휘발유가 리터당 1,900원, 경유가는 1,700원 내외로 2천원 고지를 눈앞에 두고 있다.

우리나라 자동차 기름값이 세계 최고수준이며, 그 주된 요인이 역시 실질적으로 세계 최고수준인 세금(유류세)임은 이미 알려진 상식이다. 하지만 원유를 전량 수입에 의존하기에 '국제 원유가가 올라서겠지'라고 생각했던 소비자들은 최근 느닷없는 매스컴의 '기름값 책임공방'에 어이가 없어 한다.

높은 기름값의 원인에 대해 정부는 여전히 '사상 최대의 영업이익'을 누리는 정유 업계의 폭리 탓으로 돌리고, 정유 업계는 정부의 높은 세금 탓으로 돌리고 있다. 이에 한 술 더 떠 주유소와 정유사는 서로 상대방의 높은 마진 탓을 하고 있다.

소득을 감안한 우리 소비자의 기름값 부담은 일본의 3배, 미국의 5.8배, 독일의 2배라고 하는데, 소비자들의 생활 필수재의 가격부담 완화를 포함한 기름값에 관련된 근본적인 해결책을 찾기 위해 고민하기보다는 '남의 탓' 공방만 하고 있는 것으로 비춰진다. 한마디로 꼴불견이다.

일각에서 주장하는 에너지 소비억제를 위해 과세를 통해 높은 기름값을 유지해야 한다는 논리는 기본적인 경제논리에 맞지 않는다. 예컨대 휘발유는 더 이상 가격조절을 통한 수요량 조절이 용이한 사치재가 될 수 없다. 기름값이 오른 만큼 자동차 주행거리가 비례적으로 줄지 않는 것이 관련 연구에서도 입증되고 있다. 오히려 기름값과 거의 무관한 경우가 일반적이지 않을까?

선진국이 되려면 소비자들을 선진 국민으로 대우해야 한다. 우리와 마찬가지로 산유국이 아닌 일본보다 소득을 감안하지 않은 절대 액으로도 1.4배 이상 높은 기름값을 소비자에게 요구하는 것은 어불성설이다.

정유사나 주유소의 폭리 내지 마진의 문제도 시장경쟁의 범위 내에서 가능한 한 합리적인 영업으로 소비자의 부담이 줄어들도록 해야 하겠지만, 핵심사항은 유류세이다. 기름값의 60% 정도를 차지하는 특별소비세, 교육세, 주행세, 부가세 등 세금을 다소나마 줄여 줘야만 높은 기름값으로 고통받는 소비자들의 부담이 줄어들 수 있게 될 것이다.

전문가의 말대로 유류세 수입은 국가 운영에 영향이 지대한 정책의 문제이긴 하지만, 소비자의 기름값 부담뿐만 아니라, 기업들의 고유가에 따른 원가부담을 줄여 국가 경쟁력을 강화하기 위해서도 적어도 한시적으로라도 유류세를 낮출 필요가 있다.

최근 언론에서 비춰 주는 정부의 논리대로 정유사나 주유소의 폭리 내지 높은 마진이 문제라면, 정부에서는 입증자료를 통해 이를 확인하여 관련법에 따라 시정토록 적극적으로 조치하면 될 것이다.

앞으로의 자동차 기름값 책임공방에서는 소비자의 입장이 우선적으로 고려되었으면 하는 바람이다.

인터넷매체(2007. 6.)와 소비자칼럼(2007. 8.)에 실었던 글을 현시점에서 재구성했다. 몇 해가 지난 글임에도 지금의 상황에 꼭 맞아떨어지는지 신기할 정도다. 기름값이 오를 때마다 반복되는 소비자의 고충과 바람이 거의 받아들여지지 않았다는 반증이기도 하겠다. 민주주의의 열망을 담은 중동(中東)의 재스민혁명과 같은 예기치 못한 국제 환경의 변화에 따른 일시적 현상일 수도 있지만, 무연휘발유 가격이 2천 원 고지를 넘어서고 있어 더욱 절박해진 서민의 입장을 정부나 업계는 제대로 알기나 하는 것일까?

tip! 하나

재스민혁명은 2011년 1월 튀니지 중부의 소도시 시디 부 지드에서 과일행상을 하는 한 청년의 분신자살로 시작된 독재타도 민주주의 시민혁명을 의미한다. 튀니지에서는 시위대의 압력으로 24년간 장기 집권해 온 벤 알리 대통령이 결국 해외로 도피했는데, 이를 서방세계에서 재스민혁명으로 불렀다. 재스민(jasmine)은 물푸레나뭇과 영춘화에 속하는 식물의 총칭으로 '신의 선물'이라는 뜻을 가지며 북아프리카 튀니지의 나라꽃[國花]이다.

2. 반복되는 농산물가격의 폭락과 폭등

농산물 가격폭락에 관한 단상

농촌의 들판은 언제 봐도 고즈넉하다. 지난 주말 내린 눈으로 먼 산은 은빛 설경을 보여 주고 있는데, 고속도로 위를 달리는 자동차 창밖으로 스쳐 가는 논밭은 드문드문 푸른빛을 띠고 있다. 지난 연말 수확을 포기한 배추와 무 같은 농작물들이 추수되지 않고 그대로 버려져 있는 것이다.

올 겨울은 예년에 비해 채소류의 가격이 떨어져 가계 부담이 줄어서 좋다. 그러면서도 동네 슈퍼에서 팔리는 배추 한 포기, 무 한 뿌리의 가격이 천 원 남짓인 것을 보면서, 재배 농민들에게 미안한 생각이 든다. 지난 김장철 TV에서 생산비도 건지지 못하는 배추가격에 농민들이 아예 수확을 포기하고 배추밭을 갈아엎는다는 뉴스를 보았을 때도, 농민들의 손실을 보전할 수 있는 좋은 방책이 없을까 하는 생각을 했었다.

배추와 무 같은 농산물은 철저하게 시장에서의 수요와 공급에 의해 그 가격이 결정되고, 또 공급량에 따라 가격등락이 유독 심하다. 지난 김장철 김장배추와 무값이 급락한 주된 원인도 국산배추와 무의 공급량 급증에 있었다. 이태 전 중국산 김치 파동으로 국산 김장 배추와 무값이 금값이었고, 또 지난여름 수해로 고랭지 배추공급이 줄어 배추 가격이 좋다 보니 농민들이 다른 작물 대신에 김장배추와 무 재배를 크게 늘린 것이다.

이와 같이, 늘어난 수요에 비해 공급이 시차(時差)를 두고 반응함으로써 나타나는 수급불균형과 큰 폭의 가격등락(경제학에서는 이러한 현상을 '거미집 이론' (cobweb theory)으로 설명한다)은 농민들에게 큰 시름이 될 뿐 아니라, 우리 경제의 안정에도 상당한 해를 미친다.

농안기금을 활용해서라도 재배농가가 최소한의 생산비를 건질 수 있도록 정책적 배려가 있었으면 좋겠다는 안타까운 마음이 든다. 우리 도시민들도 배추 몇 포기라도 더 사서 배추겉절이를 해 먹고 무말랭이를 만들어 먹는다면, 싱싱한 과채류를 자주 사 먹는다면 무거워진 농심(農心)을 조금이라도 위로해 줄 수 있을 것이다. 질 좋은 우리 농산물을 애용함으로써 농민들에게 도움도 주고 우리 건강도 챙길 수 있을 것이다.

정부에서도 앞으로는 보다 더 정확하게 시장수요와 작황을 예측하고, 이에 근거하여 재배농민들에게 생산량을 적절히 조절하도록 권고해야 할 것이다.

하지만 무엇보다도 중요한 점은 생산을 담당하는 농민들의 지혜에 있다고 본다. 지난해의 가격 폭락에 실망하지 말고 올해에도 배추와 무를 심는다면, 저자가 보장해 줄 수는 없지만, 해마다 되풀이되는 농작물 가격파동의 피해에서 다소나마 비켜 갈 수 있을 것이다.

배추파동을 지켜보며

위에서는, 농산물 가격폭락에 관한 생각을 피력했다. 즉 속이 단단히 찬 김장용 배추 한 포기 값이 천 원 내외로 떨어져 가계 부담이 줄어서 좋지만, 무거워진 농심을 조금이라도 위로해 줄 방안들을 고민했다. 그런데 또다시 가격 폭등이 문제가 되고 있다.

TV를 통해 생중계되는 국정감사장에 금(金)배추가 '증인'으로 등장하고, 언론매체에서는 배추파동의 실상을 소개하면서 관계당국의 여러 대응책을 소개하는 데 바쁘다. 일부 인터넷매체에서는 한 술 더 떠 정부의 4대강사업과 연관된 정치적 배경을 들먹이면서 배추파동의 진실 찾기 게임을 하고 있다.

물론, 한 포기에 1만 5천 원까지 올랐던 배추가격 고공행진의 배경에는 여러 이유들이 있을 것이다. 연초부터 시작된 이상기후는 원활한 채소류의 공급을 방해한 주된 원인임에 틀림없다. 더욱이 언론을 통해서도 소개되었듯이 수급불균형을 틈탄 유통업자와 판매업자들의 사재기와 판매량 조절과 같은 '악덕상술'뿐 아니라, 김장가격 폭등을 걱정하는 소비자들의 조바심도 배추 가격 강세에 한몫했다고 본다.

하지만, 근본 원인은 다른 곳에 있다. 배추와 무 같은 농산물은 철저하게 시장에서의 수요와 공급에 의해 그 가격이 결정되고, 또 일시적 공급량 변화나 판매방식에 따라 가격등락이 유독 심한 품목이다. 다시 말해 '거미집 이론'이라는 경제이론으로 정립될 정도로, 늘어난 수요에 비해 공급이 시차(時差)를 두고 반응함으로써 나타나는 수급불균형과 큰 폭의 가격등락은 시장 현상의 하나이다.

멀리 볼 필요 없이 1년 전 이맘때와 김장철의 신문기사들을 살펴보자. 배추 한 포기가 500원도 안 되자 1년 농사를 갈아엎는 속 타는 농심을 대대적으로 소개하고 있다. 저자가 소개했던 2006년 말 배추가격 폭락 역시 그 전해의 배추가격 강세가 직접적인 원인이었다. 지난해 배추풍작으로 손실을 입은 상당수 농민들은 배추 대신 다른 대체 작물을 재배했을 것으로 짐작된다. 이러한 줄어든 재배면적이 이상기후와 결합되어 올해의 금배추 파동을 가져온 것이다.

다른 분야와 마찬가지로 농업분야도 정부의 시장 활동 개입이 지나치면 득보다 실이 더 커질 수 있다. 배추와 같은 농작물의 경우 정부의 역할은 정확한 시장수요와 작황에 대한 예측과 이에 근거해 재배농민들에게 생산량을 적절히 조절토록 권고하는 수준이면 족하다. 정치권에서의 지나친 관심도 독이 될 수 있다.

배추 가격등락에 따른 농민의 손익이나 소비가계의 부담 부분은 기본적으로는 시장원리에 맡겨야 한다. 시장에서의 정보를 통해 농민이나 소비자가 해마다 되풀이되는 배추가격 파동의 여파를 다소나마 비켜 갈 수 있다면 우리 경제의 안정에도 상당한 득이 될 수 있을 것이다.

아이러니하게도 2011년에 들어와서는 농산물이 선도하는 물가대란이 신문지상을 도배하듯 하고 있다. 지난 연말 경북 안동지방에서 발원된 구제역(口蹄疫)이 초동대응 부재(不在)로 호남과 제주를 제외한 전국으로 번져 3백여만 마리의 가축이 매몰 처리되는 안타까움과 더불어, 육류뿐 아니라 전체 농산물가격 폭등의 도미노 현상이 이어지고 있다. 정부와 정치권에서도 구제역 대처 실패에 따른 성난 민심을 되돌리기 위해 여러 대책을 내놓고 있다.

이번 농산물 가격폭등과 이에 대처하는 정부와 정치권의 모습을 보면서 일말의 우려가 앞선다. 이럴 때일수록 정부는 위의 글 말미에서 제시한 정도의 할 일에만 충실해야 하는 것은 아닐까?

거미집이론(cobweb theorem)은 시장에서 수요의 반응에 비해 공급의 반응이 늦어져 일어나는 현상을 말한다. 가격이 오르거나 내림에 따라 수요량은 대체로 즉각적인 반응을 보이지만 공급량은 반응에 일정한 시간이 필요하기 때문에, 실제 균형 가격은 이러한 시간차(time lag)로 말미암아 다소간의 시행착오(施行錯誤)를 거친 후에 결정되는 것이다.

이러한 일시적 수급불균형 현상을 수요공급곡선상에 나타내면 가격이 마치 거미집과 같은 모양으로 균형가격에 수렴되므로 거미집이론이라 부른다. 미국의 경제학자인 레온티에프(W. Leontief) 등이 1934년에 정식화한 경제이론이다.

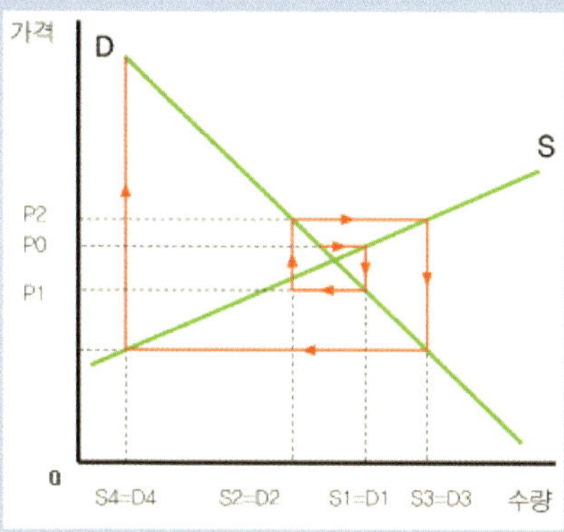

3. 통큰치킨 에피소드, 소비자에게 득(得)인가

벌써 지난해 일이다. L사나 E사와 같은 대형유통업체들이 이른바 골목시장에 비해 터무니없이 낮은 가격으로 치킨이나 김밥, 피자를 판매하여 이목을 끌었다. 당시 개점 한 시간 만에 상품이 매진되는 등 폭발적 호응을 얻었지만, 영세업체들의 반발로 정치 쟁점화되기도 했다. 대형업체의 골목상권 진출에 대한 언론과 정치권의 가열된 질타에 펼쳐 놓은 매장을 서둘러 철수한 업체도 있지만, 저렴한 가격이나 더 많은 양을 무기로 여전히 소비자의 사랑을 받는 품목도 있다.

세간의 관심에서 다소 멀어진 감은 있지만 언제든지 수면 위로 부상할 수 있는 대규모 유통업자의 골목상권 소매업 진출에 관한 쟁점을 몇 가지로 나눠 생각해 본다.

우선, 시중의 절반에도 못 미치는 저가공세가 법에서 정한 불공정거래행위에 해당하지는 않는가의 문제이다. 공정한 시장거래를 위한 법인 공정거래법에서는 '공급원가보다 현저히 낮은 가격'으로 판매하는 것을 부당한 염매(덤핑판매)로 규정하여 금지하고 있다. 또 경쟁업체의 고객을 뺏기 위한 염매행위는 이른바 '약탈적 가격 전략'에 해당하여 처벌이 가능하다.

L사의 ○○치킨이나 E사의 ◇◇◇피자가 이러한 부당 염매에 해당하려면 현저한 원가 이하 판매 여부의 입증뿐 아니라, 그러한 염매 때문에 고객을 뺏긴 경쟁업자가

도산되는 결과를 초래했고, 그 후에 가격을 올림으로써 새로운 경쟁기업의 시장진입이 억제되었다는 것들이 어느 정도는 확인되어야 한다. 그런데 사실상 원가보다 낮은 염매가 분명한지는 객관적인 판단이 어렵다. 그래서 감독당국에서도 "L사의 염가판매 행위가 위법이라고 볼 수 없다"면서도 "해당 업종단체 등에서 제소한다면 법 위반 여부를 검토해 보겠다"라는 다소 애매한 입장을 보였던 것이다.

다음으로, 이들 대형업체들의 행위가 중소 영세 상인들에 대한 지나친 횡포가 아닌지 여부이다. 문제가 되었던 L사의 ○○치킨이나 E사의 ◇◇◇피자는 모두 시장점유율 상승을 노린 이른바 미끼상품에 해당한다. 특히나 소비자의 수요량과는 관계없이 하루에 판매되는 수량을 한정해 놓은 것은 전형적인 미끼상품 전략이다. 점포의 고객확대를 위한 미끼전략으로 활용하면서도 적자폭을 줄이기 위한 최선의 선택인 것이다.

미끼상품 상술은 오래된 관행의 하나이다. 하지만 소비자나 경쟁업체의 불편과 피해를 담보로 하는 건전하지 못한 상술이다. 치킨이나 피자, 김밥과 같은 영세한 골목상권의 큰 피해가 예견되는 경우 비난을 피할 수 없다. 그렇더라도 규율을 어긴 것은 아니므로 법적 제재의 대상은 아니다.

생각해 볼 또 다른 문제는 시장경쟁과 소비자 후생 측면에서 득이 되는지 여부이다. 형태가 어떠하든 이러한 염가판매는 기존의 (영세)업체들의 가격 낮추기 경쟁을 촉발하게 된다. 시장 경쟁은 바람직한 현상이다. 다만 지나친 미끼상품 상술은 시장의 자연스러운 질서를 왜곡시켜 영세업자의 생존권을 위협할 수 있다. 영세업체들은 가격인하 전략과 더불어 특정 소비자의 입맛과 기호에 맞는 제품을 개발하고, 신속한 배달이나 심야배달과 같은 서비스 차별화로 맞대응할 수 있다.

염매에 따른 저렴한 가격이나 시장에서의 다양한 서비스는 소비자의 후생을 높여 준다. 하지만 대형업체 인근 소비자들만 혜택(!)을 보는 구조여서 일반 소비자의 후생증진 효과는 그다지 크지 않다. 간과하기 쉬운 점은 한정판매 등 전형적인 미끼상품 상술은 소비자 편익을 내세우지만 실상은 영업이익을 위한 업체의 포석이라는 점이다.

생계형 영세업체의 피해와 항의를 예상하고도 치킨이나 피자 베팅을 통해 광범위한 고객탈환 작전을 감행한 대형업체의 상행위는 건전해 보이지 않는다. 또한 요즘 회자되는 대─중소업체 상생협력이나 공정사회의 관점에 역행하는 처사로 비난받을 일일 수도 있다.

그렇긴 해도 자본주의가 허용하는 엄연한 시장경쟁의 하나를 불법으로 간주하거나 죄악시하는 관점에는 문제가 있다. 정책적으로도 업계 당사자 간 자율적 해법을 촉구하거나 건전한 경쟁을 유도하는 수준이면 족하다.

모 업체의 통큰치킨 에피소드를 전후해서 '통큰~'이 소심한 업체는 엄두도 못 낼 큰 폭의 가격할인을 나타내는 대명사로 사용되는 듯하다. 통큰넷북, 통큰티비, 통큰항공권, 통큰모니터, 통큰주유소, 통큰아이, 통큰세상, 통큰공구 등등. 영업이익을 줄이고 줄여서 소비자에게 이익을 돌려주는 마치 자선가(慈善家)인 양 선전하기도 한다.

인터넷에는 '통큰○○○는 통큰사기극', '소비자 우롱하는 '통큰'은 이제 그만!' 등의 소비자불만도 적지 않으며, '통큰~상품보다 인터넷 판매가 더 싸다'는 시장정보를 올려 주는 네티즌도 있다.

'통큰~'상술이 가격 거품을 빼 구매자에게 기쁨을 선사하는 반가운 손님인지 업계의 얄팍한 미끼상품 마케팅전략인지의 판단은 똑똑한 소비자의 몫이다.

4. 금융권서 외면받는 서민 소비자

요즘 빈번한 생활뉴스 중의 하나는 민생에 관련된 문제들이다. 언론에서 보여 주는 각종 경제지표를 보면 2년 반 전에 시작된 글로벌 경기침체의 늪에서 벗어난 듯하지만, 서민경제는 여전히 바닥이다.

통계상의 실업률과는 달리 일 하고 싶어도 일자리를 구하지 못하는 언론에서 얘기하는 사람들의 숫자와 지난 연초부터 매매를 한 건도 성사시키지 못했다는 동네 부동산중개업자의 하소연만으로도 체감경기를 짐작하게 한다.

사람들이 겪는 경기침체로 인한 어려움은 서민금융의 문제에 그대로 묻어난다. 실질소득의 감소로 저축은 생각지도 못하며, 생활에 부족한 자금을 빚으로 충당하는 경우가 많다.

현대 자본주의 사회에서는 말 그대로 신용사회여서, 일정한 소득이 있는 경우에도 얼마간의 빚[債務]을 안고 살아간다. 또한 경제구조적으로도 신용카드의 사용이나 보험 가입 등으로 인해 대부분의 소비자가 신용소비자의 위치에 서게 된다. 표현을 달리하면 구조적인 채무자의 위치에 있게 되는 것이다.

저소득층이거나 일정한 소득이 없는 소비자, 그리고 영세자영업자와 같은 이른바 서민층은 특히 금융소외자의 위치에 놓일 가능성이 높다. 정부의 저금리정책과 금융기관의 지속적인 가계·중소기업대출 증대에도 불구하고 이들은 상대적으로 낮은 신용등급 등의 이유로 제도권 금융을 이용하기가 쉽지 않다. 그러다 보니 불리한 조건으로도 사채(私債)와 같은 사금융을 이용하게 되고, 매우 높은 이자율 부담에 따른 상환불능이나 불법채권추심 등으로 심각한 어려움을 겪는 경우가 많다. 예컨대 사금융피해상담센터에 접수된 피해상담사례가 1년에 50%나 늘었고, 수사기관에 통보된 건수도 무려 300%가 넘게 증가되었다고 한다.

요즘 같은 경기 침체기에는 집과 같은 실물자산이 있어도 자산의 가치하락(디플레이션)으로 처분하기가 쉽지 않다. 일반 가계의 자산비중을 보면 은행예금보다는 부동산과 같은 실물자산 비중이 높아 금융위기와 같은 외부충격에 구조적으로 취약하다. 가계의 부채상환능력을 나타내는 가처분소득 대비 금융부채 비율이 선진국에 비해 비교적 높아 금리상승과 같은 여건 변화에 매우 취약한 상태이다.

경기 침체기에는 이와 같이 실물자산이나 일정한 소득이 있는 경우에도 금융이나 신용상의 어려움을 겪는다.

물론, 이러한 어려운 민생과 서민금융 여건은 국제적 경기 회복과 그에 따른 국내경제의 활성화가 이어진다면 어느 정도는 일시에 좋아질 수 있다. 일자리가 늘어나 실질소득이 증가하고, 실물자산의 유동성이 개선된다면 부채상환능력도 개선되어 생활여건이 좋아질 수 있을 것이다. 하지만 문제는 당장에는 이러한 긍정적인 대외 환경변화를 기대하기 어렵다는 것이다.

다행히 정부에서는 민생우선의 정책기조 아래 서민금융문제의 해결을 위한 다각도의 정책을 펴고 있는 것 같다. 미소금융과 햇살론 등을 통한 서민에 대한 신용지원을 강화할 뿐 아니라, 고리사채의 횡행(橫行)과 과도한 금리요구와 같은 서민가계에 부담 지우는 탈법적 행태를 막고 사금융 이용자 보호를 위한 제도정비에 힘쓰겠다고 한다.

이러한 조치들은 정부와 금융감독기관에서 당연히 추진해야 할 일이며 빠를 수록 좋다. 대부분의 규제가 그렇듯이 타이밍이 중요하며, 시기를 놓친 규제조치는 없는 것보다 못한 경우도 허다하다. 현행 이자제한법상 금리수준과 대부업법상의 제한금리의 적정성 문제도 전문가들의 의견을 수렴해 적기에 재조정할 필요가 있다.

경기침체기 서민금융을 둘러싼 이러한 여건개선의 필요성은 정책당국만의 몫은 아니다. 정책의 결과나 제도의 운용은 시장에서 이루어지므로 금융서비스의 제공자나 이용자는 자신들의 몫을 다해야 한다.

제도권 금융기관이나 대부업 종사자 등 금융서비스 제공자는 법과 사회적 규범을 준수하고, 그 이용자인 금융소비자나 단체 역시 스스로의 권리를 주장해야 한다. 한국소비자원과 같은 기관에서는 서민금융서비스에 관한 이용자의 의식이라든지 시장에서의 피해실태조사 등을 통해 피부에 와 닿는 정책방안을 제시해야 할 것이다.

여담 · digressions

이 글에 나타나 있는 문제들과 정책방향에 관한 저자의 생각들은 다행히도 바로 정책개발을 위한 연구로 이어질 수 있었다. 2010년 2월부터 7개월간 '서민금융서비스 소비자문제와 제도개선 방안 연구'라는 제목으로 연구를 수행했고, 그 결과를 언론에 홍보하고 정부에 정책 반영을 건의했다.

연구를 통해 얻은 게 적지 않지만, 그중에서도 법과 현실의 괴리가 적지 않다는 점을 재확인한 것은 큰 수확이다. 소득이나 신용이 부족한 서민들은 은행 문턱

넘기가 여전히 어렵다. 법에서는 연간 이자를 30% 넘게 받으면 불법이고 처벌할 수도 있으며 더 낸 이자는 되돌려 받을 수도 있다는데, 정작 서민들은 60%가 넘는 연 이자를 물면서 사채를 빌리는 경우가 태반이고 심지어 100%가 넘는 경우도 적지 않았다.

tip! 하나

이자제한법에서는 사채를 포함한 개인 간의 금전거래에서 연간 30%를 넘는 이자는 불법으로 규정하고 있다. 또한 저축은행과 캐피탈, 등록대부업체 등과 같은 금융업체들은 '대부업법'에 따라 연간 44%를 넘는 이자를 받을 수 없다. 이때 적용되는 이자율은 연체이자, 공제금, 수수료, 할인금, 사례금과 같은 대부업체나 사체업자가 받는 모든 금전을 포함한 것이다.

tip! 둘

사금융피해상담센터에 접수된 사금융 피해상담건수는 2006년 3,066건에서 2007년 3,421건, 2008년 4,075건으로 매년 10~20%씩 증가하다가 2009년에는 6,114건으로 급증했다. 2008년과 비교하면 불과 1년 사이에 50%가 증가한 것이다.

 | 소비자의 시선(視線)으로 시장경제를 바라보다

5. 택배서비스 피해 막으려면

최근 인터넷이나 TV홈쇼핑을 통해 소비자들이 손쉽게 물건을 구입할 수 있게 되면서 택배서비스 이용도 크게 증가하고 있다. 택배서비스는 신속하고 편리하다는 이점으로 도시는 물론 농어촌지역의 소비자도 많이 이용하는 편이다.

하지만, 택배서비스 이용 시 약관확인이나 계약서작성 소홀 등 소비자 부주의나 배달지연과 같은 택배업체의 과실로 소비자불만과 피해가 속출하고 있다. 특히 설이나 추석과 같은 명절을 전후해 불만과 피해가 크게 늘어난다.

최근의 한 조사에 따르면 택배이용경험자 중 15.0%가 물품의 분실이나 파손, 배달지연으로 피해를 경험했으며, 이 중 보상 받지 못한 경우가 76.3%나 되는 것으로 나타났다. 최근에는 신문에 대대적으로 광고한 H사의 차량용 GPS(위성위치확인시스템)를 주문하고 대금을 지불했으나, 택배로 받기로 한 물품이 배달되지 않는 피해가 속출하여 해당 기관에서 소비자경보를 발령하여 주의를 촉구하기도 했다.

정부에서는 이러한 택배서비스에 관련된 소비자피해를 막고, 적절한 보상을 위해 택배표준약관이나 소비자분쟁해결기준(소비자피해보상규정의 새로운 이름) 등을 통해 규제하거나 사업자의 자율규제를 유도하고 있다. 예컨대, 배달이 늦어진 경우에는 민법(제544조)에 따라 상당 기간을 정해 판매자에게 계약의 이행을 요구하고[이를 전문용어로 최고(催告)라고 한다], 그 정한 기간 내에도 계약이 이행되지 않는다면, 계약을 해제할 수 있다. 한편, 인터넷쇼핑의 경우에는 '전자상거래소비자보호법'을 적용해 소비자가 '최고' 없이도 계약의 철회가 가능하다. 즉 계약서를 받거나 업체 연락처를 안 날로부터 7일 이내(쿨링오프기간, cooling-off period)에는 아무 조건 없이 계약을 철회할 수 있다.

하지만, 이러한 제도적 장치에도 불구하고, 실제 분쟁에서는 택배업체가 배달지연이나 계약불이행으로 인한 피해의 책임을 교묘히 소비자에게 전가하거나, 피해보상을 해 주기로 약속하고서도 그 이행을 하지 않거나 늦추어 소비자를 괴롭히는 경우를 종종 보게 된다.

이러한 택배서비스에 관련된 피해를 입게 되었을 때 소비자의 대처요령을 사례를 들어 소개한다.

먼저, 서울의 한 효녀씨는 지방에 거주하는 부모님께 30만 원 상당의 포장 한약을 선물하기 위해 택배업체에 운송을 의뢰했다. 도착일이 열흘이나 지연되어 한약이 부패되어 복용할 수 없어 보상을 요구했으나 택배업체 측에서는 소비자의 포장이 잘못되어 변질된 것이라고 주장하고 보상을 거부했다.

이 사례의 경우 소비자는 소비자분쟁해결기준 등 관련 규정을 통해 택배업체에 적절한 피해보상을 요구할 수 있다. 사실 식품이나 약재와 같은 변질이 우려되는 물품은 운송에 특별히 주의해 줄 것을 계약서 등에 명시하는 것이 좋다. 그래야만 문제발생 시 피해보상을 받기 수월하다. 현행 택배표준약관 제10조(운송물의 수탁거절)를 보면 포장상태가 불량한 물품은 택배업체가 운송을 거절할 수 있다. 하지만, 업체에서 그 운송을 수락했고, 업체의 과실에 따른 운송지연이 물품 변질의 원인이 되었다면 당연히 그 업체는 피해보상을 해 줘야 할 책임이 있다. 하지만, 이 경우에 배달지연의 원인이 소비자가 연락처를 잘못 기재하였거나 물품인수자가 집에 없어 제때 인수하지 못한 데 있었다면 피해보상을 받기 어려울 수도 있다.

다음 사례는 정기행위(定期行爲)라는 특수한 택배지연으로 인한 소비자피해이다.

　　　　대전에 사는 김 모 청년은 한 인터넷사이트에서 '화이트데이 초콜릿 배달' 광고를 보고 날짜를 지정하여 여자 친구에게 배달하기로 계약하고, 물품대금과 택배비를 신용카드로 지불했다. 하지만 초콜릿이 약속한 다음날에 배달되어 해당 택배업체에 환불과 정신적 피해보상을 요구했다.

이 사례의 경우 약속한 배송일이 하루밖에 늦어지지 않았지만, 일정한 기간이나 시일 내에 약속의 이행이 되지 않으면 원래 계약의 목적을 달성할 수 없는 민법(제55조)상의 '정기행위'로 볼 수 있으므로, 법에 따라 피해자는 언제든지 해약할 수 있다. 택배업체에 보내준 물품대금과 택배비를 되돌려 달라고 요구할 수 있다. 하지만, 소비자가 주장하는 정신적 피해보상을 받기 위해서는 생명, 신체, 자유, 명예에 관련되거나 정신적으로 매우 중요한 의미를 갖는 계약(예컨대, 의료계약, 사설경호계약, 결혼식사진촬영계약 등)의 위반이어야 하는데, 이 사례와 같이 단순한 채무불이행이라면 정신적 보상을 주장하기는 어렵다.

이와 같이 택배지연 등으로 인한 소비자피해는 택배업체의 과실이 인정되는 경우에는 보상받을 수 있지만, 소비자의 과실이나 부주의로 인한 경우에는 적절한 보상받기가 곤란하다. 또한 택배업체의 과실이 증명된 경우에도 이러저러한 이유로 보상이 이루어지지 않거나 지연되는 경우가 적지 않다. 따라서 소비자는 가급적이면 전국 지점망을 갖춘 우량한 택배업체를 선택하거나, 계약서를 꼼꼼히 작성하여 만일의 사고에 대비해야 한다. 식품이나 약재와 같은 변질우려가 있는 물품은 특별히 배달기한을 정확히 명기하여 계약하는 것이 좋으며, 배달이 지연되어 도착한 경우에는 택배업체 직원이 보는 앞에서 포장을 열어 물품의 이상 유무를 확인해 보는 등 주의를 기울일 필요가 있다(칼럼에 소개된 일부 사례는 한국소비자원에서 처리되었거나 발표된 사항이다).

여담 · digressions

소비자칼럼에 게재된 글이다.

tip! 하나

쿨링오프(Cooling-off)는 할부판매나 방문판매, 전자상거래와 같은 통신판매 등에서 판매원의 권유에 솔깃해 필요하지도 않은 상품의 구입계약을 하게 된 소비자가 일정한 기간 안에는 계약을 취소하고 계약금을 돌려받을 수 있게 하는 제도이다. 원치 않는 계약을 하거나 순간적인 판단착오로 계약 했을 때 '냉정히 (cooling off) 다시 한 번 고쳐 생각하는' 기간을 계약자에게 주는 것이다. 흔히 외판원의 끈질긴 권유나 친척, 친구를 통한 의리계약 등으로 내용을 잘 알지 못한 채 계약서에 도장을 찍거나 서명하는 예가 많은 데서 이 같은 제도가 생겼다. 법에서는 청약철회(請約撤回)라고 한다.

 | 소비자의 시선(視線)으로 시장경제를 바라보다

할부거래와 전자상거래에서는 7일 이내, 방문판매는 14일 이내 아무 조건 없이 계약을 취소할 권리가 소비자에게 주어져 있다.

흔히 말하는 '단순변심'의 경우가 이에 해당한다. 하지만 소비자가 산 상품에 하자가 있거나 과장된 광고나 허위 광고를 통해 거래된 상품의 경우는 관련법에 의해 그 기간이 훨씬 길어진다. 예컨대 G-마켓과 같은 인터넷 쇼핑몰에서 산 상품에 하자가 있다면 산 날로부터 석 달 이내까지, 상품의 하자를 모르고 사용하다가 그 사실을 도중에 알았다면 안 날로부터 한 달 이내에는 언제든지 계약을 취소할 수 있다. 구입일로부터 최장 119일까지도 해약이 법적으로 가능하다는 얘기이다(쿨링오프 기간에 대해서는 판매형태나 조건에 따라 다르므로 확인이 필요하다).

6. 중3 딸아이 '토플 소란'

중3인 딸아이가 외고를 준비하고 있다. 초등학교를 미국에서 졸업하여 어학(영어)을 좋아하게 됐고 자연스레 외국어고 진학을 택했다.

학교 과정에만 충실하다 보니 세상 돌아가는 소식에는 큰 관심이 없었다. 특목고 열풍이나 지난봄 인터넷 토플접수 장애 문제도 그냥 흘려들었고, 영어능력시험은 텝스(TEPS)와 같은 국가공인 시험으로도 충분하다고 생각했다. 하지만 막상 원하는 외고 진학을 앞두고 보니 토플시험을 봐야만 했다.

그래서 어렵사리 신청한 토플시험을 경기도에 있는 모 대학 컴퓨터실에서 보게 되었다. 시험 1시간 전인 저녁 6시에 도착하여 접수를 하고 기다렸으나 밤 9시가 되도록 시험장에 입장조차 할 수 없었다. 담당자의 해명도 없었으며 에어컨도 들어오지 않는 찜통 교실에서 수십 명의 학생과 학부모가 "기다리면 볼 수 있다"는 궁색한 변명만 들으면서 기다릴 수밖에 없었다. 대체시험을 보기에는 시간이 없고 언제 또 시험접수가 가능할지 모르는 상황이었기 때문이다.

더욱이 이해할 수 없는 것은, 많은 수험자가 시험을 보는 시험 장소에 아르바이트 행사원만 몇 명 있고, 시험주관처(ETS) 관계자는 한두 명에 불과하다는 것이다. 수험생과 학부모의 거센 항의가 있은 후에야 "인터넷 접속문제로 인한 장애여서 룰에 따라 환불이 가능하며, 재시험 자격이 있다"라는 자기들의 원칙을 내세울 뿐, 수십 일 동안 시험을 준비해 온 수험자들의 사정은 관심에 두지도 않았다. 한 사람당 170달러, 우리 돈으로 20만 원이라는 큰 금액을 응시료로 받았으면서 그에 따른 서비스는 한마디로 엉망이었다. 오늘 뉴스를 보니 한국에서 여러 수험장에서 많은 학생들이 피해를 봤다고 한다.

지난봄 이른바 토플대란 때에는 토플시험 응시 자체가 불가하여, 유학의 꿈을 이루지 못한 피해도 많았었다. 그럼에도 토플시험 주관처에서는 이러한 피해와 불만에 대해 무관심하거나 늑장대응으로 일관하고 있다.

이번 일로 딸아이도 충격을 받은 듯싶다. 자정이 가까운 시간에 겨우 시험을 볼 수 있게 되었지만, 시험 중에도 자주 접속이 끊어지거나 느려서 집중할 수 없었고, 졸음과 옆 사람의 구술(speaking) 소음으로 청취(hearing)를 제대로 할 수 없었다고 한다. 짧은 기간에 나름대로 준비해 온 외고진학 준비에 차질을 빚은 것이다.

한 해 270만 명 정도가 토플이나 토익과 같은 영어평가시험을 치르며, 수천억 원의 외화가 빠져나가 국부 유출이 심각한 상태라고 한다. 딸아이도 외고 진학이라는 눈앞의 목표 때문에 어쩔 수 없이 토플시험을 보게 되었지만, 한 해 60만 명의 초·중·고 학생들이 이 시험에 매달리는 상황은 큰 국가 문제가 아닐 수 없다.

정부에서도 2011년부터 도입하기로 한 국가영어능력평가시험의 공신력을 높일 수 있도록 하고, 그 시행일을 가능한 앞당기는 것이 좋겠다. 무엇보다 국내의 학교진학이나 공무원·직원채용 등 영어평가시험에 대한 수요 측면에서도 토플과 토익 등 외국시험에 대한 의존도를 낮출 획기적인 조치가 필요하다.

지난 2007년 8월 말 한 인터넷매체에 실렸던 글이다. 지금은 추억 속의 에피소드가 되었지만 딸아이가 토플시험을 마치고 함께 귀가한 시간은 거의 새벽녘이었다. 다행히도 지원했던 외고에 합격했던 딸아이는 3년의 시간이 흘러 졸업과 함께 금년 여름 미국대학에 입학할 예정이다.

그동안 외국어 능력시험에 관련된 몇몇 개선안이 발표되고 일부 시행되고 있지만, 토플과 토익과 같은 외국시험에 대한 의존도는 여전히 높다. 정책 당국에서는 다시 한 번 생각해 볼 일이다.

7. 장삿속 대입전형료

"별문제는 아닌데…… 한 가지 상의할 일이 있어." 오랜만에 듣는 친구의 음성이 무척 반가우면서도, 한편으론 무슨 일일까 약간은 긴장된다. 퇴근 무렵 전화로 전해 들은 내용은 이른바 '대입전형료'에 관한 고충이다.

요약하자면, 외교관인 친구를 따라 몇 년간 해외에서 학창시절을 보낸 고3년생 딸이 여러 사립대에 수시 지원서를 내고 있던 참에, 한 대학에서 외교관자녀 특채형식으로 합격통보를 받았단다. 축하할 일이다.

그런데 문제는, 지원했던 대학들이 아직 전형 시작도 하지 않았으면서 전형료를 되돌려 주려고 하지 않는다며 '부당'하지 않느냐. 지불한 항공요금도 비행기 타기 전에는 적어도 절반은 환불해 주고, 인터넷쇼핑에서도 단순변심으로 계약 취소하더라도 물건을 받기 전에는 환불받을 수 있는데 왜 전형료는 그렇지 않느냐는 것이다. 소비자를 보호한다고 하면서 이런 일에 왜 침묵하느냐며 애정 어린 나에 대한 질책까지 곁들이면서.

저자도 고3 자녀를 두고 있어 친구의 사정과 별반 다르지 않다. 수시 지원한 대학들에 전형료로 나간 액수가 적지 않다. 얼마 전 방송뉴스를 탄 내용이지만, 대부분의 이름값을 하는 수도권 대학들이 '수지(收支)맞는' 입학전형료 장사를 하고 있다고 한다. 지난해만 해도 모 대학은 25억 5천만 원을 남겼고 다른 대학들도 10억에서 20억 원대의 순수익을 올렸단다. 물론 시험출제비용과 채점, 학생 면접비용 등 입학관리에 든 비용은 모두 차감한 순수입이다.

신문 기사들을 보니, 대학들은 이렇게 벌어들인 돈을 입학전형과는 직접 관련 없는 곳에 아낌없이 쓴 것으로 드러났다고 한다. 대학 홍보비나 교수 수당, 그리고 관광 연수비로 지출하고, 심지어 대학의 공공요금 납부나 기자재 구입비로 유용했단다. 모든 대학들에 해당하는 것은 아니겠지만 대학들의 도덕적 해이가 심각해 보인다.

저자가 일했던 곳에서 조사해 보니 지난해 서울소재 대학들의 인문·자연계열 전형료는 적게는 1만 원에서 많게는 15만 원까지 평균 7만 2천 원 수준이었다. 그 전전해의 평균이 6만 4천 원 수준이었으니 2년 만에 11.5%나 증가한 것이다. 물론 같은 기간의 물가상승률 6.9%를 훨씬 웃돈다. 올해는 입학사정관제 명목으로 인상폭이 더 커질 것으로 예상된다. 모 대학은 논술고사 응시생만 4만 명이 넘었다고 하니 그 수입 규모는 짐작하고도 남는다. 넘치는 수입을 올해는 어떻게 유용할까 자못 궁금해진다.

장삿속 전형료 문제에 대해서는 그동안 여러 대책이 제시되어 왔다. 대학들의 과다한 전형료를 낮추거나 합당한 수준에서 책정되도록 교육당국에서 발 벗고 나선다고 했다. 또 친구의 경우와 같이 전형절차 전이나 도중에 취소하게 되면 일정액을 손쉽게 환불받을 수 있는 법적 근거를 마련해서 시행한다고도 했다. 복잡한 전형방법을 단순화시켜 대학들의 전형료 수입의 감소를 유도한다고도 했다. 그런데 그런 약속들이 잘 지켜지는 것같이 보이지 않는다.

교육당국이나 대학교육협의회와 같은 공공기관에서 제도나 가이드라인을 마련해서 시행하거나 관리·감독하는 것도 물론 중요하다. 그럼에도 불구하고 같은 문제가 매년 되풀이된다면 피해당사자가 나설 수밖에 없다. 해당 대학의 전형료 환불규정에 따른 환불을 요청하고, 환불규정이 제대로 되어 있지 않다면 일반법에 준용하여 환불해 줄 것을 요구할 수 있다. 그래도 안 된다면 법정까지 가서라도 상식을 벗어난 전형료 장사가 더 이상 문제 되지 않도록 해야 할 것이다. 또한 학부모나 시민단체가 전형료의 원가 공개와 상식에 맞는 환불규정 마련, 그리고 지나치게 높은 전형료 수준의 인하를 요구해야 할 것이다.

대입전형료 문제가 지금은 수면 아래로 내려간 듯싶지만 연말이면 어김없이 불거지게 될 것이다.

대학입학에 관한 또 다른 이슈는 최근의 고물가와 취업난과 결부된 비싼 등록금이다. 우리나라는 대학등록금 수준이 매우 높은 국가 중의 하나일 뿐 아니라 최근 5년간 물가상승률보다 등록금 인상률이 훨씬 높다는 뉴스의 내용이 사실이라면 이야말로 정말 문제이다.

1년 남짓 머물렀던 동경도의 히토쓰바시(一橋)대학의 학부 등록금이 저자의 친척 조카를 포함한 여러 학생들에게 직접 확인해 본 결과 우리 국립대 수준과 비슷한 것을 알고 적잖이 놀랐다. 물가도 비싸고 소득수준도 우리보다 두 배나 많은 일본의 등록금이 우리와 비슷하다니 말도 안 된다.

며칠 전 한 SBS프로그램에서 취업 후 상환토록 하는 학자금대출의 문제점을 방영했다. 많은 대학생들이 비싼 등록금 때문에 매 학기 수백만 원의 은행 빚을 지고 있고 취업난이 겹쳐 갚을 길이 막막하다는 내용이다. 미국과 같은 선진국들에서는 다양한 형태의 정책적이고 사회적 지원프로그램이 있어 우리와 같이 심각하지 않다는 내용도 곁들였다. 딸아이가 입학 한 미국 대학의 경우도 재학생의

40~50%가 장학금이나 재정적 지원을 받는다고 한다.

대부분의 고교졸업생들이 대학을 가야 하는 지금의 대학교육은 더 이상 논밭 팔고 소 팔아서 대학 보내던 시절과는 다르다. 개인의 문제이기보다는 누구나 교육받을 권리를 누려야 하는 시대의 사회적 문제이다. 경쟁의 원칙이 앞서는 자본주의 시장경제 속에서도 교육의 기회만큼은 물질적 경쟁에 그대로 노출시켜서는 안 된다.

8. 해외제품 AS와 소비자 주권의 현실

벌써 몇 년이 지났지만 2007년 3월 27부터 우리나라 소비자정책의 기본법이라고 할 수 있는 소비자보호법이 '소비자기본법'으로 전면 개정되었다. 법명에서 '보호'의 명칭이 사라진 것은, 시장에서 소비자는 생산자와 대응한 위치에서 자신의 권리를 주장할 수 있는 위치에 와 있다는 것을 반영한 것이라고 하겠다.

맞는 말이다. 요즘 전통적 시장뿐만 아니라 온라인 시장에서도 소비자의 권익이 상당히 신장되었고, 소비자의 '선택'을 받기 위해 치열한 경쟁을 하지 않으면 안 되는 사업자들의 모습이 안쓰러울 때도 있다. 웬만한 기업들은 소비자불만에 대응하는 전담 부서를 두고 있으며, 정부에서 권유하는 가이드라인을 훨씬 넘어서는 사전, 사후 서비스를 제공하고 있는 실정이다. 일전에 '소비자는 왕'이라는 생색내기 위한 용어가 바야흐로 현실이 된 것이다.

하지만, 현실을 보면 여전히 소비자의 불만을 외면하거나 제품을 팔고 나면 그만이라는 사고, 그 결과 소비자가 일방적으로 피해를 보는 경우도 적지 않다. 개인 간 거래를 포함해서 수많은 상거래가 이루어지는 인터넷 거래나, 중소규모의 상거래에서 발생하는 소비자피해는 아직 거래질서가 충분히 정착되지 않거나, 제도적 결점 때문이라고 볼 수도 있을 것이다. 하지만, 세계적인 대규모사업자들이 주도하는 가전제품이나 전자제품시장에서도 소비자의 불만이 무시되는 경우가 많다.

저자는 얼마 전 세계적으로 유명한 브랜드인 ○○ 제품에 대한 불만을 해당 회사에 제시한 적이 있다. 제품의 품질보증기간(1년)이 불과 몇 개월 지나지 않은 제품이 멈춰 버린 것이다. 해당 회사에서는 보증기간이 지난 제품은 자기들이 정한 금액의 '유상'수리 이외의 다른 소비자불만 처리가 안 된다는 것이다. 저자는 다음과 같은 내용의 글을 해당 회사의 서비스 책임자에게 보냈으나 묵묵부답이다. 과연 소비자의 권익이 지켜지고 있는 것인지는 독자들께서 판단해 보시기 바란다.

저는 귀사의 ○○○ 노트북 ○○모델 제품을 사용하는 소비자입니다. 사용 첫 주부터 갑자기 화면이 하얗거나 핑크빛으로 반전되어 정지되는 불량현상, 깜박이며 정지되는 불량이 나타나, 제가 일하는 곳의 수리서비스담당 직원에게 수차례 문의와 개선조치를 요청한 바 있습니다.

그러다가, 동 랩탑이 보조용으로 주로 회사에서 사용하는 것이고, 작업파일 손상이 없어서 수리를 요청하지 않고 지내 왔습니다. 한 달에 두세 번 그런 현상이 지속되었습니다. 그러다가 지난주 "하드디스크 unknown error"와 같은 메시지와 함께 작동 불능 상태가 되었습니다.

귀사의 수리담당직원은 전화통화에서는 저의 물음에, "이용자과실을 확인할 수 없으며, 원인을 잘 모르겠지만, CPU(중앙처리장치)에 관련된 문제가 있으며, 외부충격이나 과열된 전원, 먼지 등에 따른 문제는 아닌 것 같다"라는 답변과 "Unknown error in hard disk"라고 나타났는데, 왜 CPU에 문제가 있는지 물음에 대해서는 "노트북 기계 자체의 알 수 없는 에러메시지 오류가 있을 수 있다"라는 답변을 했습니다.

비록 몇 개월 전에 보증기간이 지났지만, 귀사에서 CPU 탓일 것이라는 말과, 32만 원의 CPU 교환비용을 내야 한다는 말을 듣고 놀랐습니다. 비록 보증기간이 지났지만, 앞서 지적한 것과 같이 제품상 근본적 오류가 있다 하더라도 회사는 책임 없다는 말에 충격을 받았습니다.

이상이 저자가 ○○사에 보낸 불만내용이다. 이 글을 쓰면서도 과연 독자들의 판단은 어떠할까 궁금해진다. 품질보증(warrant)은 부분적으로 소비자보호의 기능을 수행해 오고 있지만, 이미 오래전부터 제품 판매수단의 하나로 활용되어 온 수단의 하나이다. 이것만으로 소비자서비스를 다했다고 할 수 있을까?

저자가 겪은 경험, 당초부터 있던 문제들을 보증 기간 내 해결하지 않은 것은 소비자 과실지만, 만일 저자가 경험하여 판단한 것과 같이 제품 자체에 근본적 문제가 있다면, 그래서 소비자가 울며 겨자 먹기로 피해를 입어야만 한다면 과연 소비자의 지위가 사업자와 동등하다고 볼 수 있을까? 적어도 문제의 원인이 소비자의 과실에 조금이라도 있었다는 것을 사업자가 보여 주는 노력이라도 있었다면 하는 아쉬움이 있다.

적당한 대체 노트북을 사기 위해 들른 가게에서 하는 말이 아직도 귀에 남아 있다. "대기업이라고 다 서비스가 좋은 것은 아닙니다. 팔고 나면 그만인 경우도 많지요. 우리나라 노트북 브랜드 가격에 경쟁력은 떨어지지만 사후서비스가 너무 좋아 고객들이 좋아해요."

모 인터넷신문사에 글이 게재된 얼마 후 제조사로부터 연락을 받았다. 회사 차원의 숙의를 거쳐 자신들의 (법적)책임은 아니지만 특별한 사례로 처리하여 CPU만 무상으로 교환해 주기로 결정했다는 것이다. 언론의 힘을 실감(!)하면서 '특별처리'는 원치 않는다는 저자의 시큰둥한 반응이 있고 나서야 (말로는) 제품의 하자를 인정했고 그에 따른 CPU 교환 조치가 있었다.

9. 한국 지하철 완전 대만족!

여기저기서 울려 대는 휴대폰 벨소리, 안방에서나 있을 만한 주위 시선에 무관심한 은밀한 대화, "잘 안 들려요, 크게 말씀하세요!" 고함치는 세일즈맨의 목소리, 하나같이 감은 눈으로 노약자석을 차지한 건장한 승객들, 퇴근 시간 4호선 전철 안의 장면들이다. 저자가 얼마간 머물렀던 동경의 전철과는 사뭇 다른 모습들이다.

일본의 달리는 전철 안에서 소음공해를 만나는 일은 거의 없다(물론 군중심리에 쉽게 휩쓸리는 중고생의 등하교시간은 예외이다). 늦은 밤 급해 보이는 전화를 소곤소곤 받던 한 사람은 아무도 주목하지 않는 주변의 승객들을 향해 스미마셍(すみません, 미안합니다)을 연발하며 고개를 굽힌다. 노약자석은 대부분 비어 있으며, 백발의 노인들도 자리양보를 기대하지 않으며 서서 가는 경우가 많다.

'편리하고 깨끗한 한국의 지하철'은 더 이상 선전문구가 아니다. 외국의 여러 도시에서 생활해 본 사람들의 공통된 의견이다. 하지만, 앞서 언급한 전철에서의 에티켓 문제에 대해서는 외국인들도 공감한다. 한국 같은 나라가 별로 많지 않다는 것을.

전철 얘기가 나왔으니 한 가지 덧붙이자. 몇 년 사이 서울의 전철이 무척 쾌적해졌다. 1, 2호선과 4호선의 오래된 전동차가 최신기종으로 바뀌고, 대부분의 승차장에 슬라이딩도어를 설치하여 안전한 지하철이 되었다. 하지만, 동경에 비해 세심하지 못하거나 불편한 부분이 눈이 뜨인다. 이제 막 출고된 듯한 전동차임에도 노선안내도가 부족하거나 적절하지 않은 경우가 있다.

동경의 전철은 오래된 차량과 신식 차량이 섞여 있지만, 전자디스플레이를 통한 노선안내가 매우 효과적이고 승객들에게 친절해 보인다. 안내 표시도 영어와 한국어, 중국어를 병기하여 여행객의 불편을 덜어 주고 있다. 서울에서는 1호선과 9호선의 일부에만 이제 막 시행되고 있지만, 동경은 같은 노선에서도 모든 역에서 정차하는 완행과 몇 개 역을 뛰어넘는 급행, 그리고 단지 몇 개 역만 정차하는 쾌속이 있어 편리하게 이용이 가능하다. 물론 지상철보다는 지하철이 더 많은 우리의 경우 이러한 시스템 운용에 어려움이 있겠지만, 이용자의 편리를 위해 앞으로 건설할 전철노선에는 적극적으로 도입할 필요가 있다.

얼마 전 '중국인도 못 알아듣는 중국어 안내, 불친절 한국'이라는 기사를 읽은 기억이 난다. 지하철의 중국어 방송이 중국인 관광객이 알아듣지 못한다는 내용이다. 언론에서 지적했으니 지금쯤 시정되었겠지만, 전철 선진국이 되기 위해서는 이러한 작은 부분들에 대한 세심한 배려가 필요하다.

우리 지하철이 '편리하고 깨끗한 지하철'에 더하여 '에티켓을 잘 지키는 지하철'로 세계인들에게 인식되는 날이 곧 오기를 기대해 본다.

'**소**비자칼럼'(2010. 7. 14.)에 글이 실렸던 지난해 7월도 과거지사(過去之事)가 되어 버릴 정도로 우리는 초스피드시대에 살고 있다. 하지만 다시 읽어 보니 지금도 공감하는 내용이어서 원문 그대로 두기로 했다.

여담 · digressions

저자는 요즘 지하철의 편리함과 깨끗함, 그리고 정숙함을 만끽하며 생활하고 있다. 지난해까지만 해도 전철노선이 맞지 않아 자가용을 애용했었지만 올해부터는 일터가 바뀌어 지하철과 버스를 이용하는 횟수가 늘었다. 정류장까지 걸어서 버스를 타고, 과천청사역에서 4호선을, 동작역에서 9호선 급행을, 다시 여의도역에서 완행으로 갈아타 다음 역에서 내린다. 1시간 남짓 걸리는 대중교통 출근길이 한마디로 '만족'이고 두 마디로는 '대만족'이다. 글에서 소개된 '옥에 티' 몇 개만 아니라면 '완전(ㅋㅋ) 대만족'의 세 마디가 될 터인데…….

02

신용이 자산인 사회

1. 서민금융서비스와 소비자보호

대출이자 상한 낮춰야

소득이 낮은 서민은 가계수입의 대부분을 저축보다는 생활자금으로 쓴다. 예기치 못한 사고나 자녀 병원비와 같은 긴급한 자금 수요가 생기면 어쩔 수 없이 남의 돈을 빌릴 수밖에 없다.

정부 통계를 보면 이른바 주의나 위험 등급으로 분류되는 7등급 이하 저신용자가 750만 명이나 된다. 이들이 담보 없이 이자 부담이 적은 은행 문턱을 넘기는 현실적으로 거의 불가능하다. 서민을 위한다는 상호저축은행이나 새마을금고, 신협 등 이른바 서민금융회사도 이들을 외면하는 경향이 없지 않다.

문제는 적지 않은 대출자가 빚이 쌓여 이른바 금융채무불이행자(신용불량자)로 전락하거나 여러 형태의 억울한 피해를 본다는 점이다.

최근에 조사해 보니 소득보다 많거나 그 몇 배나 되는 빚을 진 서민이 적지 않았다. 심한 채권추심을 당하거나 터무니없이 높은 연체이자를 무는 등 대출에 관련된 피해, 금융회사의 어이없는 실수로 모르는 사이에 신용등급이 뚝 떨어진 경우도 있었다.

다행히 정부가 법정이자를 낮추고 불법 채권추심도 금지하고 있다. 최근에는 햇살론이나 새희망홀씨, 미소금융과 같은 저금리 대출의 혜택이 서민에게 돌아가도록 애쓰고 있다. 그럼에도 불구하고 대다수의 서민은 제도금융권을 이용하기 쉽지 않아 높은 이자의 금융상품이나 사금융에 의존할 수밖에 없다. 법에서 정한 것보다 훨씬 높은 이자를 물거나 선이자를 떼이는 잘못된 관행도 없어지지 않았다. 문제를 풀 수 있는 실질적인 방안은 없는 것일까?

저자의 생각은 그렇지 않다. 무엇보다도 법을 지키면 된다. 예를 들어 신용대출 이자에 관한 법을 보면 대부업대출은 연간 39%고 기타 일반적인 금전대차는 30%를 넘어서는 안 된다. 또 수수료나 공제금 등 명목이 무엇이든 이자로 간주된다. 협박을 하거나 빚진 사실을 남한테 알리는 등의 추심행위는 당연히 불법이다. 이런 행위에 대해서는 형사적 처벌이 가능하고, 해당 업자의 부당이득을 회수할 수도 있다.

우리보다 심한 서민금융 문제를 겪었던 일본은 최근 대출이자 상한을 20%까지 낮추고 연간소득의 3분의 1까지만 대출을 허용한다. 법정이자를 초과해 지불한 과거의 이자까지도 소송을 통해 되돌려 받도록 했다.

한국도 법이 엄격히 지켜지도록 한다면 서민금융에 관련된 많은 소비자문제들이 어렵지 않게 해결될 것이다. 부당행위를 막기 위해 제재를 강화하면 돈 빌릴 수 있는 문이 더 좁아질 수 있지만 문제의 본질을 무시할 수는 없다.

〈동아일보 컬럼〉

서민 울리는 금융소비자 피해

6년 전 550만 원 대출을 신청했다가 이자율이 높아 중간에 취소했던 A 씨는 최근 대출 원금과 밀린 이자 1,100만 원을 갚으라는 통지를 받았다. 알고 보니 대출 신청 서류를 돌려달라고 했던 A 씨에게 당시 금융기관 담당자는 "대출 신청 취소가 잘 처리됐으니 염려 말라"고 했지만 그 처리가 제대로 안 돼 피해를 입게 된 경우다.

금융에 관련된 소비자피해 사례들을 보면 이처럼 대출기관의 잘못으로 피해를 입은 경우가 많다. 원금과 이자를 기한 내 갚았음에도 대출기관이 제때 처리하지 않아 연체료를 물거나 대출자에게 협박성 채무 독촉을 하는 경우도 적지 않다.

하지만 궁박한 입장에 있는 대출 이용자들은 이런 피해를 당해도 대처 방법을 잘 모른다. 심지어 아무 때나 방문, 전화로 빚 독촉을 하거나 친지나 직장동료에게 빚진 사실을 알리는 불법행위에도 속수무책이다. 연체수수료나 공제금, 할인금, 사례금 등 각종 명목으로 지급하는 돈이 법상 이자라는 사실을 모르는 경우도 많다.

법에는 분명 대부업 대출은 연간 이자가 39%를 넘어선 안 되고, 사채(私債)와 같은 일반적 금전거래도 한도가 연리 30%이다. 또 수수료나 공제금 등도 이자에 포함되며 그 합계액이 법정 금리를 초과해도 불법이다. 이러한 불법행위는 형사적 처벌도 가능하고, 업자의 부당 이득을 돌려받을 수도 있다. 하지만 종종 보도되듯이 법이 제 기능을 못 하고 있다. 그럼 대책은 뭘까?

우선 대출조건과 이자, 부대비용 등에 대해 쉽고 정확하게 소비자에게 알려줄 책임이 금융기관에 있음을 분명히 해야 한다. 일부 금융기관은 서민들이 이런 정보에 무지한 점을 방관하거나 악용하고 있다고 생각된다.

정부도 이자 상한을 지키지 않거나 심한 빚 독촉을 하는 등 불법에 대해 실효성 있는 단속과 처벌을 해야 할 것이다. 일본에선 최근 불법적 이자를 받거나 요구한 사람의 경우 5년 이하의 실형 또는 1억 3,000만 원까지 벌금에 처할 수 있도록 벌칙을 강화했고, 실제 사법 당국도 벌금보다는 구속 등 실형 위주로 처벌하는 추세를 보이고 있다.

하지만 금융 이용자 스스로도 책임 있는 신용생활을 해야 한다. 대출 전후 계약사항을 꼼꼼히 살피고, 무리한 빚 독촉이나 수수료 요구에는 서민금융피해센터 등에 연락하는 등 신속 대처해야 한다. 무지나 소극적 대처에 따른 결과는 법적 도움을 받기도 어렵고 모든 피해를 감당해야 하는 상황이 될 수도 있기 때문이다.

〈조선일보 컬럼〉

서민금융에 관한 연구를 하면서 저자가 나름대로 정리한 독자를 위한 '금융 소비자를 위한 팁'이다. 사채나 대부업체의 금전을 빌릴 때 꼭 눈여겨봐야 할 주의사항이다.

● **대출받기 전후 계약사항에 대해 꼼꼼히 확인하기**

약정 금리에 변동이 생기거나 심한 채권추심을 당하는 등, 소액신용 대출과 관련하여 소비자들이 피해를 입는 경우가 종종 발생한다. 아무리 급하더라도 대출받기 전후 계약사항을 꼼꼼히 확인해 둬야 한다. 대출 전에는 금융기관이나 대부업체의 정확한 정보와 계약사항을 필히 확인하고, 대출 후에도 이자율, 상환조건,

부대약정 등 계약서상의 정보를 재확인해 두어야 한다.

● 이자율에 관한 올바른 정보 갖고 있기

대부업 대출의 경우 대부업법상 연리 44%, 일반 금전대차(사채 포함)의 경우도 이자제한법상 30%를 초과할 수 없다. 이때 적용되는 이자율은 연체이자, 공제금, 수수료, 할인금, 사례금 등 서민금융기관이나 대부업자(미등록대부업자 포함)가 받는 모든 금액을 포함한 것이다. 따라서 이자율이나 수수료 등에 관련된 피해를 예방하려면 대출 전후의 계약사항과 거래사항 등을 확인하여, 부당한 피해를 입었다고 판단되는 경우 관계기관 등에 불법 여부를 확인하는 것이 좋다.

● 불법 채권추심에 대해서는 적극적으로 대응하기

대출을 받으면서 부당함을 당한 경우 신속히 대처해야 한다. 예컨대 심한 채권추심을 당한 경우 다음 기관에 연락하여 불법 여부를 확인하고, 대처토록 하는 것이 좋다(금융감독원(1332) 사금융피해상담센터(3786-8655~8) 및 신용카드불법거래감시단(3771-5950~2), 경찰청 생계침해형 부조리사범 통합신고센터(1379), 대부업피해신고센터(02-3487-5800), 서울시 다산콜센터(02-120) 및 대부업 관할 직통(02-3707-7331), 한국소비자원(1372).

● 자신의 신용정보를 인지하고 관리하기

자신의 신용등급 등 신용정보를 미리 알아 두거나 해당 기관 등을 통하여 꾸준히 관리해야 한다. 이런 정보는 한국신용평가정보(KIS)나 한국신용정보(NICE), 그리고 전국은행연합회의 크레딧포유(www.credit4u.or.kr) 등에서 확인이 가능하다.

● 유사 서민금융상품에 현혹되지 말기

미소금융과 희망홀씨대출 및 최근 출시된 햇살론 등 서민금융상품의 인기에 편승해서 일반 대부업이나 사채업자들이 소비자를 현혹하는 경우가 적지 않다. 특히 미소캐피탈, 햇살대출 등 소비자가 착각하기 쉬운 이름으로 고금리의 상품을 권유하는 경우가 종종 있다. 소비자 스스로 상호금융회사의 창구를 찾아 문의하거나, 담당·감독기관으로부터 정확한 정보를 얻어서 판단해야 한다. 희망홀씨대출은 금융감독원(3145-8123), 미소금융은 미소금융중앙재단(1600-3500), 햇살론은 전국 농협, 수협, 저축은행 등 서민금융기관에 문의할 수 있다.

● 객관적 정보를 수집하고 분석해 보기

당연히 대출 가능한 줄 알고 갔다가 거절당하거나, 생각했던 것보다 대출 이자가 높아 당황되는 경우가 적지 않다. 금융기관에 가기 전에 대출 자격이 되는지, 얼마까지 대출 가능한지, 그리고 이자율이 얼마인지 등의 정보를 미리미리 꼼꼼히 확인하고 분석해 봐야 한다.

● 합리적인 신용생활을 하기

신용(빚)은 항상 신중해야 한다. 정부 지원 서민금융상품이라고 해서 특별한 혜택이라고 생각하는 것은 금물이다. 물론 일반 대부업체나 사채, 대기업캐피탈보다는 낮은 금리이고 저신용의 경우도 대출받을 수 있어 서민에게는 큰 혜택이지만, 꼭 필요한 자금이 아닌데도 대출받게 되면 결국 이자 부담으로 곤란을 겪을 수 있다. 상환능력을 벗어나는 무리한 대출은 하지 않는 것이 좋다.

2. 서민 가계빚 쇼크

'가계빚 쇼크 경제 시한폭탄' 2011년 3·1절 아침, 조선일보 4면 전체를 할애한 기사의 제목이다. IMF와 카드대란, 금융위기를 거치면서 가계빚이 빠르게 늘어나 2010년 말 현재 800조 원에 이르렀다. 2003년부터 2007년까지 5년간 192조 원이 늘었고, 2008년 이후 3년간에도 165조 원이 증가했다. '가계 부채는 만성병이면서 우리 경제의 최대 위험 요인'(한국일보, 2011. 1. 5.)이 되고 있는 것이다.

미국을 비롯한 대부분의 선진국 가계에선 지나친 빚을 줄여 나가는 디레버리징(deleveraging)을 하고 있는데 우리는 오히려 늘고 있다. 부채상환의 어려움 수준을 보여 주는 가처분소득 대비 가계부채 비율은 지난해 말, 이미 153%로, 미국(128%)과 일본(112%) 등 선진국보다 높은 수준이다.

신문지상에는 가계빚 증가로 어려움을 겪는 소비자들의 얘기가 자주 올라온다. 저자 역시 무리한 빚으로 이자를 감당하느라 힘든 상태이다. 수년 전 집을 사면서 빌린 담보대출금의 금리가 조금씩 올라 이자 부담이 늘어났고, 3년의 거치기간이 끝남에 따라 매월 내야 하는 원리금 상환액이 불어났기 때문이다. 월급을 받아 은행이자 갚고 나면 3명의 자녀교육비 내기도 버거운 형편이다. 상대적으로 높지 않은 은행이자를 물고 있으니 그나마 다행이다.

실제로 저자가 조사해 보니 서민들은 고금리 서민금융서비스 의존도가 높고 과잉·다중 채무에 시달리는 경우가 많았다. 소액 신용대출 이용 경험자를 대상으로 설문조사에서 5년간 5회 이상 빚을 낸 경우가 전체의 41.6%로 나타났으며 이런 다중채무자일수록 소득 대비 부채비율이 매우 높았다. 또한 절반이 넘는 경우가 사채와 같은 높은 이자를 물고 있었다.

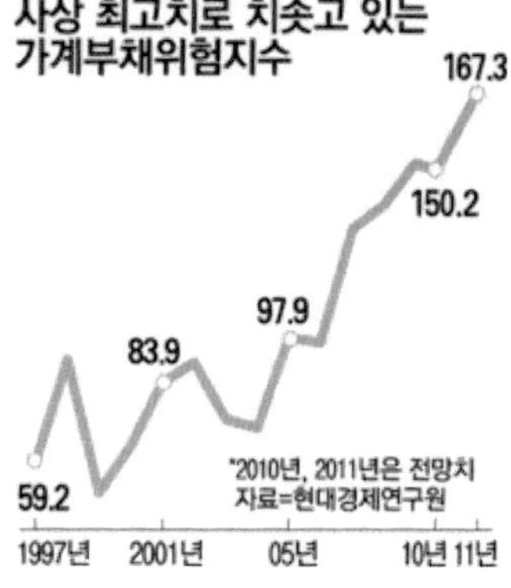

문제는 국제 금융위기 이후 지속된 저금리 기조가 끝나고, 전반적인 경기회복과 물가상승으로 인해 금리 인상이 지속될 거라는 점이다. 실제로 지난해 말부터 한국은행의 기준금리가 단계적으로 오르기 시작했다.

금리가 오르면 가계빚 부담이 늘어난다. 은행대출의 대부분이 변동금리이고 일정기간 이자만 내는 대출이 일반적이어서 금리상승기엔 이자비용이 늘어날 수밖에 없다. 이자의 증가는 특히 상환 능력이 취약한 저소득 서민들에게 더 큰 부담을 주게 된다. 세금이나 보험료, 이자비용과 같은 '비소비지출' 비중이 상대적으로 큰 서민들은 씀씀이를 줄일 여지가 별로 없다. 금리가 오른다면 서민들의 살림살이가 더 힘들어질 수밖에 없는 것이다.

정부는 금융기관, 그리고 소비자 역시 가계빚 문제의 심각성을 깨닫고 대책을 마련해야 한다. 이자비용이 늘어나더라도 금리를 일정부분은 인상시켜 가계빚의 경각심을 높일 필요가 있다. 다만 그 상승 속도를 가능한 늦추는 것이 바람직하다. 특히 부동산 담보대출의 경우 변동금리보다는 고정금리 대출을 장려하고, 이자만 내는 거치기간을 줄이는 것이 가계빚 쇼크를 줄이는 현실적인 방향이다.

원고의 마지막 교정을 보던 지난 3월에도 금융통화위원회에서 기준금리를 올렸고 드디어 3%가 되었다. 사상 최고치로 치솟는 가계부채가 우리 금융정책 당국이 예상보다 빠른 금리인상을 추진하는 요인이 되었을 것이다.

기준금리가 오르면 은행들의 예금금리와 함께 대출금리도 오른다. 이번의 기준금리 인상이 반영된 시중의 주택담보 대출금리는 이미 6%대로 접어들었다고 한다. 새로운 가계빚을 억제하고 물가를 잡기 위해 금리를 올리는 것은 어쩔 수 없지만 풀려나간 대출금의 눈덩이처럼 불어나는 이자 부담은 심각한 문제가 아닐 수 없다. 물가안정과 가계부채 완화 두 마리 토끼를 다 잃지 않는 묘책은 없는 것일까?

3. 신용카드 1조 원 시대 – '외상카드'와 합리적 소비

금융생활의 필수품 신용카드

지난 주말 저자가 졸업한 대학 홈커밍데이 행사 때의 일이다. 여흥시간에 사회자 왈, "수중에 신용카드를 2장 이상 소지하고 계신 분 손을 드시면 선착순 열 분에게 고급 선물을 드립니다." 아이들을 제외한 거의 모든 청중이 질세라 손을 들었다. "손드신 분들 중 신용불량자가 계시면 선물 받아 가세요." 약간의 정적이 흘렀고, 저자가 손을 들고 일어섰다. "사회자님, 신용불량자라는 말 대신 '금융채무불이행자'라고 하셔야 됩니다." 일순 좌중은 웃음바다로 변했다.

이러한 에피소드가 아니더라도 신용카드가 우리의 일상적인 경제생활의 일부분임을 쉽게 알 수 있다. 성인의 경우 대부분의 금융거래를 소지하고 있는 여러 장의 신용카드로 해결한다. 상품 거래나 서비스를 이용할 때 신용카드 이용률이 현금보다 훨씬 높다.

올해 초 시행된 한 조사결과를 보면, 신용카드를 발급받은 이유로 현금 대신 편리성을 가장 높게 꼽았고, 카드사나 제휴사 등에서 제공하는 각종 혜택에 대한 기대율도 높게 나타났다. 그리고 5천 원 이상이면 현금 대신 신용카드를 사용하며, 한 달 지출에서 신용카드 구매가 차지하는 비율이 현금 구매보다 많다고 응답한 경우가 대부분이었다.

이제 신용카드는 단순히 상품을 구입하거나 소액의 자금이 필요할 때 현금서비스를 받는 수단뿐 아니라, 은행금융거래, 보험, 통신판매, 레저 등 생활의 대부분을 포함하는 다양한 부대 서비스와 함께 사용된다.

최근에는 정보통신과 금융이 융합되는 와중에서 신용카드의 기능도 진화하고 있다. 휴대폰을 이용한 모바일뱅킹의 확대로 형체 없는 신용카드가 일상화되고 있다. 이제 모바일 신용카드로 극장표를 구매하고 공과금을 지불하며, 요식업소의 팁까지 전자서명으로 결제하는 크레디트 전자머니 시대가 된 것이다.

신용카드는 현금 지급을 대신하는 직불기능과, 약정한 일정기간 동안 카드사가 상품 대금을 대신 지급하고 이를 나중에 갚아 나가는 할부기능을 갖고 있다. 다시 말해 언제든지 현금 대신 상품 구매대금을 지급을 할 수 있기 때문에 편리하고, 또 당장 현금이 없어도 자기의 미래수입을 현재가치로 전환하여 소비생활을 할 수 있는 편의성이 있다. 또 현금서비스를 받을 수도 있고, 최근에는 사용분만큼 포인트 적립, 부가서비스 제공 등 다양한 부대서비스를 이용할 수 있다는 점도 소비자의 카드이용이 증가하는 이유이다.

정책적인 측면에서 보면, 탈세방지 등 거래의 투명성을 높이기 위해, 그리고 (쉽게 돈을 빌리게 해서) 소비를 촉진하여 경제를 활성화하기 위해 신용카드 사용을 적극 권장한 점도 신용카드 이용이 늘어난 이유 중의 하나이다. 아이러니하게도 우리나라의 경우 이러한 정부정책과 맞물려 카드업체들이 소비자의 정확한 신용수준을 확인하지 않은 채 신용카드를 남발한 것도 신용카드 사용이 급증한 원인이 되었다.

신용카드 소비자문제

신용카드는 잘만 사용하면 신용사회에 걸맞은 유용한 경제생활 수단이 된다. 하지만 실제로 신용카드로 인해서 자신의 소득을 웃도는 과다한 소비와 충동구매를 하게 되어 개인이 파산하는 경우가 적지 않다. 또한 도난이나 분실로 피해를 보거나, 비밀번호를 강취당하거나 신용정보가 유출되어 의도하지 않은 재산적·정신적 피해를 입는 경우도 종종 발생한다.

지난 2003년에는 연간 1억 장이 넘는 신용카드를 남발하는 잘못된 신용카드 정책으로 카드부채와 금융채무불이행자(신용불량자)가 크게 증가하여 경제적 위기를 겪기도 했다. 그림에서 보듯이 카드대란이 발생한 2003년 말에는 그 수가 372만 명으로 급증했다. 특히 금융채무불이행자 급증의 주된 원인으로 지적된 청소년이나 무소득자 대상의 금융기관들의 신용카드 남발이 주된 사회적 이슈였다.

이러저러한 인센티브를 제시하며 신규 카드발급이나 현금인출 한도 상향 등을 권유하는 금융기관들의 치열한 마케팅 경쟁은 지금도 계속되고 있다.

미국과 같은 선진국의 경우 철저히 개인의 신용수준을 바탕으로 신용카드가 발급된다. 개인 간 금전거래를 포함하여 세금납부 기록이나 은행 거래실적에서의 신용이 불충분하면 아무리 은행이나 카드사 문을 두드려도 헛수고다. 신용카드 없이는 소비생활에 지장이 많기 때문에 소비자들은 신용카드를 발급받기 위해 착실히 신용을 쌓을

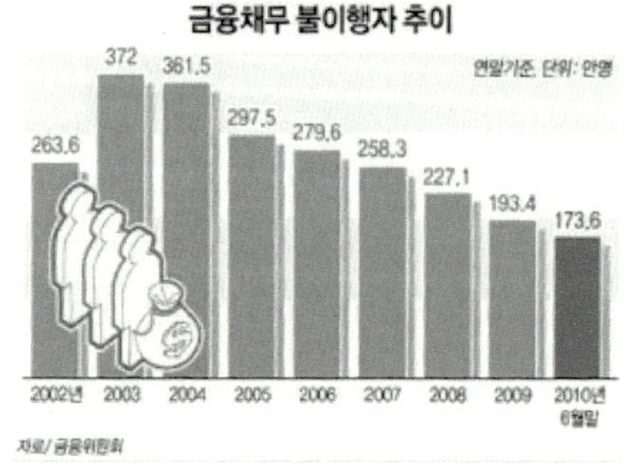

출처: 장성구 기자 2010. 9. 15.
　　yonhap-graphcs@(트위터)

수밖에 없다.

개인신용과 재정적 신용이 일정수준이 되면 금융기관에서 보통수준의 신용카드를 발급해 준다. 신용이 쌓일수록 현금서비스와 거래한도액이 높은 골드급, 프리미엄급 카드 발급자격을 주며, 사회적으로 인정받는 상급 신용자가 되는 것이다.

미국의 경우 이러한 엄격한 카드발급 현실에 더해 최근에는 소득이 불충분한 21세 미만자에 대한 카드 발급을 엄격히 제한하는 새로운 신용카드법을 만들어 시행하고 있다. 고액의 연회비만 내면 어렵지 않게 프리미엄급 신용카드를 발급받을 수 있는 우리와 비교된다.

화제를 바꿔 보자. 신용카드 이용자들은 어떤 불만들을 갖고 있을까?

저자가 일했던 한국소비자원에는 연간 수십만 건의 소비자상담과 수만 건의 피해구제 내지 분쟁조정 요청이 접수되는데 그중 신용카드에 관련된 사안도 적지 않다. 2008년 한 해 동안에 접수된 상담을 분석한 결과, 총 2,311건이 접수되었고 이 중 피해구제로 연결된 건수가 154건으로 집계되었다.

신용카드에 관련된 이용자피해 형태는 분실이나 도난으로 인한 타인의 부정사용으로 인한 피해나 불만이 가장 많았고, 카드이용대금의 이중청구나 사용하지 않은 카드대금의 청구 사례도 비교적 많았다. 기타 배달 중 분실로 인한 피해, 부정발급과 카드위조, 수수료나 마일리지 문제 등 다양한 불만과 피해를 호소했다. 특히 최근에는 보이스피싱 사기수법의 수단으로서 신용카드번호가 사용되어 피해 보는 경우도 종종 발생하고 있다. 카드 종류별로는 은행 발급 신용카드가 절반 이상을 차지하고, 전문회사카드, 백화점카드 순이었다. 이러한 신용카드에 관련된 이용자 불만 내지 피해의 유형은 여신금융협회나 금융감독원 등 관련기관의 자료에서도 크게 다르지 않다.

'대출카드'와 합리적 소비

　　소비자들은 대개 세 가지를 모르고 신용카드를 사용한다고들 한다. 자기 이름으로 등록된 카드가 몇 장인지, 한 달에 카드로 쓴 총액이 얼마인지, 그리고 지금 지갑에 현금이 얼마나 있는지 모른다는 말이다. 요즘 세태를 대변해 주는 우스갯소리지만, 맞는 말이기도 하다.

　　진정한 신용사회가 되기 위해서는 우리도 개인의 신용에 맞는 신용카드 관리가 필요하다.

　　은행들과 카드사들은 법에서 정한 자격을 충족한 경우에만 신용카드를 발급하되, 개인의 신용을 엄격히 분석하여 소비자의 실제 신용도를 발급 기준으로 해야 한다. 발급된 신용카드에 대해서도 카드소지자의 신용수준이 일정수준으로 낮아지면 지체 없이 회수하고, 원하는 경우 구좌에 잔고가 있는 경우에만 결제되는 직불카드로 교체해 주는 것이 바람직하다. 정부에서도 금융기관들의 신용카드 발급과 사후관리에 문제가 없는지 지속적으로 점검하여 신용카드로 인한 개인 피해와 사회적 부담이 줄어들도록 해야 한다.

　　신용카드 가맹점들 역시 신용카드 이용 피해를 줄이기 위한 노력이 필요하다. 신용카드 이용자의 본인 확인절차를 거치는 등 부정사용의 가능성을 줄여야 한다.

　　하지만, 무엇보다도 신용카드 이용자의 합리적인 카드이용 자세가 중요하다. 꼭 필요한 신용카드만 발급받아서 사용하고, 자신의 카드를 타인에게 양도해서는 안 된다. 수시로 분실 여부를 확인하고 도난이나 분실 시에는 즉시 신고해야 한다.

　　덧붙여 신용카드 사용에 따른 비용부담을 제대로 인식해야 한다. 신용카드로 결제하면 일정기간 후 대금이 빠져나가기 때문에 마치 무이자인 것으로 오해하게 된다. 따지고 보면 그 이자를 카드수수료라는 이름으로 가맹점이 소비자를 대신해 카드사에 대납하는 것이다. 또한 연회비, 할부수수료와 같은 신용수수료가 이자의 일부분이 된다. 기만적인 판매상술에 주의하고 충동구매와 같은 불합리한 소비를 자제하도록 해야 할 것이다.

신용카드는 다른 말로 하면 '외상카드' 내지 '대출카드'이다.

빚을 내 소비를 하더라도 개인재정을 잘 꾸릴 수 있다면 '외상카드'는 참 편리한 지불수단이고 국가 경제에 도움이 된다.

자신의 지출 가능한 소득범위 내에서 신용카드를 사용하는 합리적인 소비생활이 요망된다.

지난해 10월 초 송○○ 기자라는 사람으로부터 전화를 받았다. 처음엔 신문사 기자인 줄 알고 '진화하는 신용카드'에 관해서는 아는 것이 많지 않으며 다른 전문가 분들에게 여쭤 보시는 게 어떻겠냐고 대답했다. 사실 당시는 진행 중이던 연구과제들의 마무리 작업으로 눈코 뜰 새 없이 바빴다. 하지만 '특집기사'임을 강조하며 물러서지 않는 기자의 '직업정신'에 밀려 어쩔 수 없이 주제를 약간 변경하여 '신용카드와 합리적 소비생활'로 원고를 써 주기로 했다(비슷한 주제로 칼럼을 쓰기도 했고 KBS라디오에서 대담했던 적도 있던 터였다).

글이 실린 월간 「신용경제」 11월호가 발간된 후, 송 기자는 감사하다는 인사와 함께 소정의 고료를 보내왔다.

4. 신용카드 '노점상들'

요즘 신용카드 발급 요청이 부쩍 늘고 있다. 은행의 지인들을 통한 요청이 끊이지 않으며, 거리에서나 놀이동산 입구에서도 카드사들의 신용카드 마케팅 이벤트를 볼 수 있다. 저자도 도저히 거절할 수 없어 발급받은 몇 개의 신용카드를 연회비만 물고 책상 서랍 속에서 잠재우고 있다.

사실, 한국은 신용카드 천국이다. 성인의 경우 평균 4.4장의 신용카드를 소지하고 있으며, 대부분의 결제를 신용카드로 해결한다. 최근의 조사에 따르면 개인이 물건을 사거나 서비스를 이용할 때 신용카드를 이용하는 경우가 현금보다 훨씬 높다. 이제 신용카드로 극장표를 구매하고 공과금을 지불하며, 요식업소의 팁까지 결제하는 크레디트 머니 시대가 된 것이다.

신용카드는 잘만 사용하면 신용사회에 걸맞은 유용한 경제생활 수단이 된다. 하지만 실제로 신용카드로 인해서 자신의 소득을 웃도는 과다소비와 충동구매로 개인이 파산하는 경우가 적지 않다. 또한 카드 도난이나 분실로 피해를 보거나, 비밀번호의 강취나 신용정보 유출로 의도하지 않은 재산적·정신적 피해를 입는 경우도 종종 발생한다.

지난 2002년에는 연간 1억 장이 넘는 신용카드를 남발하는 잘못된 신용카드

정책으로 카드부채와 신용불량자(금융채무불이행자)가 급증하여 경제적 위기를 겪기도 했다. 특히 신용불량자 급증의 주된 원인으로 지적된 청소년이나 무소득자 대상의 신용카드 남발이 주된 사회적 이슈였다. 금융기관들의 치열한 마케팅 경쟁을 보면 지금도 그때의 상황이 재연되지나 않을까 걱정된다.

소비자 중에는 신용카드로 결제하면 일정기간 후에 대금이 빠져나가기 때문에, 무이자로 돈을 빌리는 것으로 오해하는 경우가 많다. 따지고 보면 그 이자를 카드수수료라는 이름으로 가맹점이 소비자를 대신해 카드사에 대납하는 것이다. 그 외에도 연회비, 할부수수료와 같은 신용수수료를 비용으로 인식하지 못하는 소비자도 많다. 이런 점들을 보면, 우리나라는 아직 신용의 중요성에 대한 인식이 충분하다고 할 수 없으며, 신용관리시스템에도 문제가 없지 않다.

진정한 신용사회가 되기 위해서는 우리도 개인의 신용에 맞는 신용카드 관리가 필요하다. 은행들과 카드사들은 법에서 정한 자격을 충족한 경우에만 신용카드를 발급하되, 개인의 신용을 엄격히 분석하여 소비자의 실제 신용도를 발급기준으로 해야 한다. 이미 발급된 신용카드에 대해서도 카드소지자의 신용수준이 일정수준으로 낮아지면 지체 없이 회수하고, 원하는 경우 구좌에 잔고가 있는 경우에만 결제되는 직불카드로 교체해 주는 것이 바람직하다.

정부에서도 금융기관들의 신용카드 발급과 사후관리에 문제가 없는지 지속적으로 점검하여 신용카드로 인한 개인 피해와 사회적 부담이 줄어들도록 해야 한다. 예컨대 신용카드의 도용과 부정사용 등 옳지 않은 방법으로 타인과 사회에 해를 미치는 개인과 기업의 부당한 범죄행위를 사전에 차단하고, 소비자피해에 대해서는 사후적 보상이 원활히 이루어질 수 있도록 법과 제도를 재점검해 봐야 한다.

소비자도 물론 신용카드 사용에 따른 비용부담을 제대로 인식하여 충동구매
와 같은 불합리한 소비를 억제하도록 해야 한다.

여담 · digressions

지난 2010년 3월에 모 인터넷신문 매체에 실었던 글이다. 내용에 있어서 이전
글과 중복된 부분이 있지만, 저자의 주장을 보다 강조하여 독자에게 전달하기 위
해 그대로 두었다.

늦은 감이 없지 않지만, 다행히도 금융 당국이 '길거리 카드 장사'에 대한 옐로
카드를 내밀고 있다. 금융감독원장이 카드사 최고경영자들을 한자리에 불러서 무
리한 외형확대 경쟁을 하지 말라는 구두메시지를 전달했다고 한다(2011. 3. 7일자
일간지 참고). 신용카드가 '빚쟁이카드'가 아니라 '신용 있는 사람이 쓰는 카드'의
줄임말이기를 기대해 본다.

5. 변동금리의 '두 얼굴'

시중 은행의 주택담보대출 금리가 제각각이다. 상반기 시장 여건과 정부의 금리인하 노력으로 기준금리인 양도성예금증서(CD) 금리는 지난해 말 연 4% 수준이었다가 한때 연 2% 초반까지 하락했다가 현재는 연 2.5% 수준을 유지하고 있다. 하지만 대부분의 은행들이 덧붙이는 가산금리가 연 3%를 넘어서고 있으며, 적용하는 가산금리가 서로 달라 실제 소비자가 부담하는 시중은행의 주택대출금리는 연 5~7%대로 은행마다 차가 크다.

경기회복 관련 각종 경제지표뿐 아니라 실제 국민들이 느끼는 체감경기도 점차 회복세를 보이면서 가계대출도 크게 늘고 있다. 특히 경기회복과 함께 내 집 마련과 주거공간 확대를 위한 서민들의 주택담보대출 비중이 커지고 있다.

오랫동안 높은 금리에 익숙해진 국민들은 은행에서 제시하는 연 6% 내외의 금리수준에 대한 부담감이 별로 없는 듯하다. 하지만 세계적인 경기회복 기조와 맞물려 향후 수년간 금리인상이 불가피할 것이다. 따라서 대출자들의 부담이 크게 늘어나고 결국 우리 경제에 나쁜 영향을 미칠 것임이 불을 보듯 뻔하다. 그럼에도 정책당국은 이러한 문제를 등한시하는 느낌이 없지 않고 심지어 일부 은행은 '눈앞의 저금리'만을 내세워 대출 세일즈를 하는 실정이다.

저자의 경험을 통해 문제의 심각성을 보이고자 한다. 수년 전 연 4% 후반의 금리에 주택담보대출을 받았다. 당시 적용된 연 3.5%의 CD금리에 가산금리가 연 1.5%였다. 비교적 저렴한 금리의 대출이었는데 점차 금리가 올라가 나중에는 연 7% 초반의 이자를 물게 되었다. 3년이 지난 후 원리금을 함께 상환하다 보니 그 부담은 이루 말할 수 없이 커졌다(물론 현재는 연 4% 초반의 낮은 금리를 부담한다). 어떤 사람이 지금 연 6% 정도의 금리로 대출받았다고 하자. 만일 지난해 금융위기 이전과 같이 CD 금리가 연 5%대로 높아진다면 소비자가 부담하는 금리는 자그마치 연 8~9%로 크게 늘어나게 된다. 이는 저자의 경험보다 훨씬 큰 이자 부담이 되는 것이다. 최근에 서민들에게 풀리는 주택대출의 대부분이 이러한 상대적 고금리를 적용한 것인데도 소비자들은 그렇게 느끼지 못하는 것 같다.

이런 문제에 대해 은행은 금융위기 이후 자금조달 여건이 나빠 가산 금리를 높일 수밖에 없었다고 설명한다. 실제로 연초 CD금리가 하락하면서 기존의 대출금리가 큰 폭으로 하락했고 은행들의 이윤도 많이 줄었다. 하지만 지금은 여건이 호전되어 이러한 은행들의 논리도 설득력이 미약하다. 한마디로 신규대출 소비자의 이자 부담만 늘어나는 것이다.

더욱이 최근의 총부채상환비율(DTI) 규제 등 대출 규제강화의 여파로 새로 집을 구입하거나 규모를 늘려 가는 경우 이자가 높더라도 대출이 가능한 제2금융권에 의존하는 사례가 많다. 이 또한 대출조건과 금리조건에 대한 이해가 부족한 상태에서 대출을 받아 피해를 보는 경우도 적지 않으며, 향후 CD 금리 상승으로 인한 이자 부담이 더욱 커질 것이다.

새로 대출받으려는 소비자는 금리 등 대출 조건을 꼼꼼히 살펴보고, 향후 예상되는 금리상승에 대비해야 한다. 장기간 대출일 때에는 이자가 조금 높더라도 변동금리 대신 고정금리로 받는 것이 금리상승에 따른 위험을 피할 수 있다. 은행들도 변동금리 대출을 권유하는 창구 관행을 지양하고 소비자들에게 금리상승에 따른 이자 증가 가능성에 대한 객관적인 정보를 제공해야 한다. 정책당국 역시 시중 은행의 예대마진이 지나치지 않은지 감시·감독하고, 은행들의 자금조달 여건을 객관적으로 반영하는 지표를 제시하는 등의 노력을 기울여야 할 것이다.

일부 수치를 제외하면 당초 독자에게 전달하려는 의도에 무리가 없어 보여 2009년 9월 10일자 동아일보 오피니언에 게재되었던 글을 수정 없이 실었다(금리와 같은 수치를 현재 수준에 맞추려고 했으나, 예전과 달리 추세도 없이 수시로 변하는 시장금리의 특성상 독자가 이 글을 읽는 시점과는 아무래도 시차가 있을 수 밖에 없을 거라는 생각으로 그대로 두었다).

어떻게 해서 고정 필진도 아니면서 조·중·동에 글을 싣게 되는지 물어 오는 경우가 여러 번 있었다. 수차례 기고했지만 빛을 보지 못했다는 푸념과 함께 아는 사람이라도 있으면 소개해 달란다.

오피니언이나 시론과 같은 독자의 글은 내용보다는 타이밍이 더 중요하다고 본다. 일간지의 경우 아무리 보석 같은 글이라도 시기를 놓치게 되면 게재될 가능성이 별로 없다. 지정된 코너가 없어도 꾸준하게 게재되어 온 저자의 글들은 내용보다는 '타이밍' 덕을 봤지 않았나 싶다. 위의 글과 같이 시중금리 인상에 대한 우려 섞인 눈초리를 한 독자의 시선(視線)을 의식했던 측면이 있었기에 일면식도 없는 데스크 담당자의 '눈길'을 잡을 수 있지 않았나 하는 생각이 든다.

이태 넘게 지속된 저금리 시대가 끝나는 것일까. 금융통화위원회의 기준금리가 연이어 인상됨에 따라 은행들의 주택담보 대출 금리도 줄줄이 인상되고 있다. 우리 경제의 시한폭탄으로 비유되기도 하는 가계부채 문제가 심각한 경제문제로까지 진행되지 않도록 정부와 금융회사, 소비자 모두 지혜를 모아야 할 때다.

주택을 담보로 하는 대출에 적용되는 금리는 대개 CD금리와 연동되는 기준금리에 위험을 회피하기 위한 가산금리를 덧붙여 정해진다. 즉 대출자가 부담해야 할 이자는 CD금리+가산금리로 정해지는 것이다. CD는 '양도성 예금 증서(Certificate of Deposit)'라고 설명하지만 한마디로 은행이 고객에게 빌려 줄 돈을 다른 곳에서 빌릴 때 언제까지 얼마를 갚겠다는 차용증서이다. 은행들은 이 CD를 발행해 돈을 빌리고 그 돈으로 고객들에게 대출해 주는데, 이때 이익을 보기 위해 CD금리에 덧붙이는 '덤'을 가산금리(加算金利, Spread)라 한다. 시장에서 정해지는 CD금리와는 달리 가산금리는 은행마다 달리 적용한다.

얼마 전부터는 코픽스금리가 CD금리와 함께 주택담보대출의 새 기준금리 역할을 하고 있다. 자금조달비용지수(Cost of Fund Index)를 의미하는 코픽스는, 은행들이 빌리는 CD를 포함한 여러 형태의 자금조달비용을 반영한 기준금리를 말한다. CD금리와 코픽스금리, 그리고 변동금리와 고정금리 중 어느 쪽이 유리한지는 대출받는 시점과 독자의 형편에 따라 다를 수 있으니 신중하게 판단하여 선택할 필요가 있다.

6. 부동산 거래세 낮춰야

우리나라 사람들이 갖고 있는 자산 1순위는 여전히 부동산이며, 그다음이 은행예금, 보험의 순이다. 부동산 중에서도 아파트와 같은 주택이 차지하는 비중이 가장 크다.

미국발 금융위기로부터 촉발된 경기침체는 부동산시장의 거래 침체를 가져왔고, 극도로 위축된 부동산투자 심리는 은행 빚을 낀 집 한 채가 자산의 전부인 서민들의 고통을 가중시키고 있다. 늘어나는 빚의 청산을 위해 집을 처분하려 해도 사려는 사람이 거의 없다.

집을 사려는 사람은 세금도 큰 부담이다. 아파트와 같은 부동산을 살 때 부담해야 하는 우리나라의 법정 세율은 등록세와 취득세가 각각 2%, 농특세 0.2%, 지방교육세 0.4% 등 총 4.6%에 달한다. 부동산경기의 부침이 심했던 참여정부 당시 보유세를 늘리는 대신 실수요자의 부담을 줄인다는 취지로 9억 이하 주택의 거래세율을 50% 낮추기도 했지만, 이도 올 연말까지의 한시적 조치여서 내년부터는 서민주택의 거래세도 원래의 세율로 환원될 가능성이 있다. 과거에는 실거래가의 절반에도 못 미치는 과세표준으로 거래세가 실질적 부담이 되지 않았지만, 내년부터는 2억짜리 아파트를 사려면 1천만 원 수준의 세금과 부대비용을 부담하게 되는 것이다.

그동안 공시가 기준의 과세표준을 실거래가액 기준으로 과세하게 되면서 사실상 부동산 거래세가 몇 배나 늘어났다. 일반주택과 농지의 경우도 세법상 일부 감면을 통해 2.7~3.4% 적용되고 있지만, 공시가와 실거래가 차이로 인한 세부담이 크게 늘어난 것이다.

이러한 거래세의 실질적 증가는 부동산거래 활성화를 위한 '거래세 인하와 보유세 인상'의 기본 방향에 역행할 뿐 아니라, 거래에 따른 부동산 취득과 임차비용이 높아져 가계살림의 부담을 가중시키고 있다. 특히 요즘과 같은 경기 침체기에는 시장거래의 위축을 가져와 경기흐름을 위축하는 요인으로 작용한다. 또한 래퍼곡선으로도 설명되듯이 거래 위축으로 정부의 조세수입은 오히려 감소하게 된다. 높은 부동산 거래세율은 이래저래 문제의 소지가 될 수 있는 것이다.

우리의 부동산 관련 세금은 전체적으로는 미국이나 일본 등 선진국에 비해 그렇게 높은 것은 아니다. 하지만 대부분의 선진국은 보유세의 비중이 높은 대신 거래세 비중은 매우 낮다. 우리나라 전체 조세 중 부동산 거래세 비율은 9.1%로, 일본(1.2%), 독일(0.7%), 프랑스(1.6%) 캐나다(0.5%), 미국(1~2%) 등 선진국보다 매우 높은 수준이다. GDP에서 차지하는 거래세 비중도 한국이 1.8% 수준임에 반하여 미국과 일본은 0.1%, 영국은 0.5%에 불과하다. 그러한 배경에서 경제협력개발기구(OECD)에서는 한국의 주택시장의 위축을 막기 위해서는 부동산 거래세를 낮추라는 권고를 '한국경제 보고서'를 통해 하기도 했다.

아무리 부동산 관련 세금이 나라의 중요한 세원일지라도 시장에서의 거래를 왜곡하고 서민생활을 불편하게 한다면 부동산세 제도를 바꿀 필요가 있다. 조세수입의 일시적 감소를 감수하더라도 선진국형 부동산 거래세 형태로 전환해야 할 시점이다.

거래세를 과감히 낮추는 대신 보유세를 단계적으로 인상해야 한다. 단기적으로는, 2012년 이후 감면계획을 가급적 조속히 마련하여 발표하여 확실한 세율정보를 제공하고, 중·장기적으로는 취득세와 각종 부가세를 포함한 거래세의 법정 세율상한을 2% 수준으로 한정할 필요가 있다. 덧붙여, '한시적 감면' 형태의 세법정책은 국민들에게 비정상적인 기대를 갖게 하는 바람직하지 않은 형태이다. 내년 이후 주택거래세 감면제도를 '올 하반기에 별도로 마련할 계획'이라는 정부 발표가 행정 편의적 발상이라는 비판을 듣게 되지 않았으면 한다.

책의 원고를 탈고(脫稿)한 직후인 3월 22일 정부에서는 부동산거래세를 올해 연말까지 한시적으로 현재의 절반으로 낮추기로 했다고 발표했다. 즉 9억원 이하 1주택자는 현행 2%에서 1%로, 9억원 초과주택이나 다주택자는 4%에서 2%로 인하하는 내용의 지방세특례제한법 개정안을 4월 임시국회에서 통과되도록 하겠다는 내용이다. 하지만 그 이후에도 지방세수가 줄어들 것을 우려한 지자체와 표를 의식한 정치권의 반발이 적지 않자, 중앙정부가 지자체 세수 부족분을 공적자금관리기금을 통해 보전하는 등의 방안을 제시하기도 했다.

아무튼 거래세를 낮춰야 한다는 저자의 견해가 부분적으로나마 반영되어 다행이다. 하지만, 근본적으로는 지금과 같은 한시적 감면 행태보다는 '거래세 인하와 보유세 인상'을 기본 방향으로 하는 선진국형 부동산거래세 형태로 제도를 개선할 필요가 있다.

7. 누구를 위한 부유세 주장인가

좀 잠잠해졌지만 얼마 전 정치권에서 사회복지를 위한 부유세 신설을 주장하여 세간의 주목을 받은 적이 있다.

부유세(富裕稅, net wealth tax)는 개인의 총자산에서 총부채를 뺀 순자산(net wealth)에 과세하는 세금이다. 대개 개인의 순자산이 일정액을 넘을 경우 그 초과 자산 가액의 일정비율을 부부 또는 세대별로 합산하여 과세하게 된다. 재산세나 소득세와는 별도로, 부동산, 금융자산, 가구, 미술품, 발명권, 개인 간 채권·채무 등에 부과되는 것이 일반적이다.

이러한 부유세는 1세기 전 스웨덴이 처음 도입했고 유럽 14개국으로 확대되기도 했다. 하지만 지금은 대부분 국가가 폐지한 상태다. 주된 폐지 이유는, 소득 재분배와 조세형평상 문제의 해소라는 도입취지와는 달리 그 부작용이 만만치 않았기 때문이다. 현재 프랑스와 노르웨이, 스위스, 남미의 아르헨티나와 우루과이 그리고 아시아의 인도에서 시행되고 있다.

부유세 도입 주장은 사실 새로운 것이 아니다. 지난 2002년 대선 때와 2004년의 17대 총선에서 한 야당의 핵심공약으로 활용되기도 했다. '부자에게 세금을 서민에게 복지를, 부유세·무상의료·무상교육' 등 조세개혁을 통한 복지혁명의 정책 속에 부유세 공약이 패키지로 활용되었다. 그간 언론이나, 학계 차원에서도 제도 도입의 타당성 문제가 논의되기도 했다.

정치적 효과에 치중한 정책은 제도도입의 취지를 살리기 어렵다. 그동안의 부유세 신설 주장을 들여다보면, 겉으로는 소득재분배와 조세형평성을 위한 것이지만 내면에는 '부유세=부자증세=복지확대'의 정치적 계산이 깔려 있는 것으로 보인다. 대부분의 소득계층 가구를 과세대상으로 하는 시행국들의 실상은 살짝 감추고, 특정 계층만을 타깃으로 삼는 것은 계층갈등을 조장하는 바람직하지 않은 행태이다.

굳이 시행국들의 경험을 빌리지 않더라도 부유세에는 여러 가지 문제가 있다. 무엇보다도 이중과세와 조세형평의 위배 등 조세원칙에 어긋난다. 법에서 정한 재산세와 소득세를 냈는데도 부자라는 이유로 다시 세금을 내도록 하는 것은 이중과세이다. 또한 부유세는 과세대상 자산에 대한 평가기준이나 방법에 자의성이 개입할 수밖에 없어 기본적 조세원칙의 하나인 형평성에 맞지 않는다. 예컨대 세원 파악이 쉬운 부동산과 금융자산과는 달리 미술품, 발명권, 개인 간 채권·채무관계의 확인과 공정한 평가는 현실적으로 어렵다. 또한 과도한 세무행정 비용에다가 사생활 침해 우려도 농후하다. 실제로 독일의 경우 과세대상 자산 간 서로 다른 평가방법이 과세형평에 위배된다는 이유로 헌법불일치 판정을 받아 결국 1966년에 부유세를 폐지했다.

자산에 대한 부가세(surtax) 형태의 부유세 과세는 높은 조세저항을 피할 수 없어 보인다. 현재 부동산의 경우 종합부동산세와 재산세가 이중 과세되고 있고, 과표현실화의 영향으로 중산층 이상의 세 부담이 급증된 상태이다. 여기에 세금이 덧붙는다면 가히 징벌적 조세라 할 만하다.

부유세가 투자와 저축의 위축과 자본의 국외 유출을 초래한다는 것은 이미 잘 알려진 사실이다. 어떤 명목이든 지나친 세금 부과는 개인의 근로의욕과 저축뿐 아니라 기업의 투자의욕을 위축시켜 과세 기반의 축소를 가져온다. 부유세의 경우도 마찬가지다. 결과적으로 세금도입의 취지인 소득재분배 효과도 무색해질 수 있다.

유럽의 시행국들은 기존의 소득세·재산세의 누진세율로는 이룰 수 없는 조세의 소득재분배·형평성 기능의 보완책으로 부유세를 도입했다. 또한 소득세와 재산세 그리고 상속증여세와 같은 기존의 세 부담을 조정하고 보완하는 작업을 동시에 추진했다. 하지만 낮은 세수, 재산과 인재의 국외 유출, 기업가 정신 쇠락과 저축 감소와 같은 역효과 때문에 대부분이 폐지하기에 이른 것이다.

조세의 형평은 공정 사회를 위한 기초(基礎)이며 효율적 조세는 선진(先進) 사회를 위한 버팀목이다. 이러한 조세의 형평과 효율 문제는 기존의 소득세제와 재산세제의 틀 속에서 추구하는 것이 바람직하다.

이미 시행 중인 종합토지세와 종합부동산세를 통해서 부유세의 취지를 상당 부분 살릴 수 있다.

무엇보다도 고소득자의 세원을 보다 투명하게 하고, 탈세범에 대한 경제·행정·사법적 제재를 확실하게 강화함으로써 문제가 되는 조세불균형 문제를 시정하는 것이 좋다. 늘어나는 복지 예산을 예상한 세수 확보의 문제는 부유세와 같은 무리한 증세보다는 경제성장을 통한 자연세수 증가를 통해 해결하는 것이 자본주의 시장경제에서 보다 바람직하다.

한때 유럽의 14개국까지 그 시행이 확대되었던 부유세는 지금은 프랑스와 노르웨이, 스위스 정도만 시행중이다. 남미의 아르헨티나와 우루과이, 아시아의 인도에서 유사한 조세 제도를 하고 있다.

역사적으로 볼 때 유럽의 부유세 시행 국들은 기존의 소득세·재산세의 누진세율로는 이룰 수 없는 조세의 소득재분배·형평성 기능의 보완책으로 부유세를 도입했다. 또한 소득세와 재산세 그리고 상속증여세와 같은 기존의 세 부담을 조정하고 보완하는 작업을 동시에 추진했다. 하지만 낮은 세수, 재산과 인재의 국외 유출, 기업가 정신 쇠락과 저축 감소와 같은 역효과 때문에 대부분이 폐지하기에 이른 것이다.

다른 독립된 세금(본세)에 일정한 비율의 세금을 부가하여 본세와 동시에 징수하는 세금을 부가세(附加稅, surtax)라고 한다. 우리나라 세법상 교육세와 농어촌특별세, 지방교육세가 이에 해당한다.

부가세는 정부나 이해당사자 입장에서 세수증대를 위한 편리한 방법이지만, 여러 가지 문제가 있어 환영받지 못하는 실정이다.

경우에 따라서 상품의 공급이나 수입과정에서 새로 만들어지는 가치인 '마진'에 대해 과해지는 세금인 부가가치세(VAT)를 부가세로 부르기도 하나, 양자는 서로 다른 개념이다.

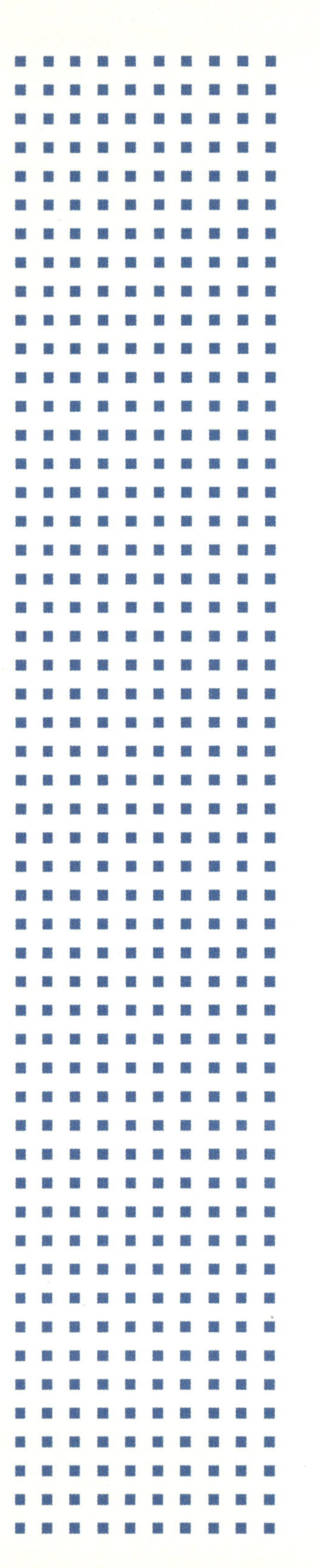

03

*e*세상 @이야기

1. 무엇이든 팝니다!
오픈마켓

급변하는 전자상거래 환경에서 최근 수년간 주목받는 대표적인 사업형태가 오픈마켓(open markets)이다. 판매자와 수요자가 인터넷에서 만나, 저렴하고 질 좋은 상품을 골라 거래한다는 장점 때문에 오픈마켓의 시장규모는 지속적으로 성장하고 있다.

지난 2003년까지만 해도 인터넷쇼핑몰 시장의 11%를 차지하는 7,800억 원 정도였던 오픈마켓 시장규모는 매년 2배 이상 늘어나 2007년에 7조 원대에 머물고 있는 인터넷 쇼핑몰 규모를 추월했고, 2010년에는 12조 원 규모로 성장했다(한국온라인쇼핑협회 및 통계청 자료). 전체 인터넷 쇼핑몰 시장에서도 G마켓과 옥션 등 오픈마켓 쇼핑몰이 매출 부분에서 각각 1, 2위를 차지하고 있는 실정이다.

오픈마켓의 규모가 확대되는 이면에는 이와 같은 선도업체들뿐 아니라 대형기업들과 영세중소업체들의 자유로운 시장진입도 한 몫을 차지하고 있다. 얼마 전에는 11번가가 성공적으로 진출했고, 최근에는 네이버(NHN)가 시장 진출을 선언하며 선도업체들과 싸움을 걸고 있다.

사실 오픈마켓에서는 거래되지 않는 상품이 거의 없다. 수익이 생기는 것이라면 무엇이든지 인터넷에 올라오는 것이다. 일반상거래나 인터넷쇼핑몰거래에서는 구매하기 어려운 골동품이나 희귀품, 가짜명품을 의미하는 짝퉁상품과 불법 복제물 등이 공공연히 거래되며, 외국에 서버를 둔 해외 사이트의 경우, 마약, 음란물, 무기류 등도 공공연히 거래된다. 일전에는 해외 유명 사이트에서 신체의 일부나 사람(연인)이 대상물로 올라와 오픈마켓의 윤리문제가 부각된 경우도 있었다(중국에서는 한돐 지난 여자아기가 온라인 경매 물품으로 오픈마켓에 올라오기도 했다). 정확하지는 않지만 약 5만여 종의 상품이 오픈마켓에서 거래되는 것으로 추정된다.

오픈마켓에서의 거래가 급증하다 보니 관련된 소비자 불만이나 피해도 늘고 있다. 저자가 종사했던 한국소비자원에 접수되는 소비자불만이나 피해사례를 보면, 다양한 형태를 보이고 있으나 최근에는 위조품, 가짜명품에 관련된 사례가 많다. 거래되는 상품이 다양하다 보니 피해 형태도 다양하다. 역시 거래량이 많은 의류나 신발, 가방과 같은 신변제품이 횟수 면에서 가장 많은 편이다. 송금하였으나 상품을 못 받았다, 배송해 준다는 약속을 지키지 않거나 늦어진다, 환불을 거절한다 등등의 사유가 일반적인 경우이다.

그런데 문제는 오픈마켓에서의 거래 경우, 소비자가 피해를 입어도 법상 적절한 보상이 어려울 수 있다는 점이다. 오픈마켓에서의 거래는 기본적으로 당사자 거래이며, 옥션이나 G마켓과 같은 업체(이를 중개업자라고 한다)들은 엄밀히 말해 중개업자의 위치일 뿐 거래당사자가 아니라는 점이다.

현행 전자상거래소비자보호법에서는 소비자피해에 대한 이러한 중개업자의 연대책임을 규정하고는 있지만, 법상 그 책임을 면할 수 있게 되어 있다. 즉 '중개업자는 판매업자에게 의뢰받아 통신판매 중개를 함에 있어서 의뢰자가 책임지는 것으로 약정하여 소비자에게 고지한 부분에 대해서는 의뢰자가 책임'임을 규정하여, 오픈마켓에서 판매자가 사기나 부당행위를 하더라도 오픈마켓업자는 법적

책임에서 면제된다. 그러므로 현행법상 일반적 인터넷쇼핑몰(B2C) 거래에서의 각종 안전장치에 비해 법의 사각지대에 놓여 있다고 할 수 있다.

하지만, 이들 중개업자들도 사회적 책임은 있다. 오픈마켓의 특성상 온라인 쇼핑몰보다는 신뢰도가 낮겠지만, 그렇다고 가짜 상품을 판매토록 하고도 책임지지 않아도 된다는 것은 아니다. 사실 일부 선도 업체들은 자체적인 안전장치를 마련하여 도의적 책임을 다하고 있는 실정이다.

지난 2006년 4월부터 시행된 에스크로제도가 이제는 어느정도 정착되어 오픈마켓에서의 소비자피해가 다소 줄어든 것으로 보인다. 정부에서도 제도의 활성화를 위해 노력하고 있고, 업계에서도 협회 등을 중심으로 소비자와 업계 대상으로 정보제공 노력을 기울이고 있다.

하지만, 오픈마켓에서의 소비자피해를 줄이고 관련 시장에 대한 소비자신뢰를 높이기 위해서는 중개자 책임문제 등에 관한 현행법 제도상의 문제점에 대해 연구하고 필요한 사항을 개선할 필요가 있다. 또한 시장에서 소비자들의 올바른 선택을 위해서 약관을 소비자가 알기 쉽게 만들어야 할 필요가 있다. 소비자들이 약관을 제대로 알아야 자신의 권리를 주장할 수 있는 것이다.

신뢰받는 오픈마켓을 만들기 위해서는 소비자들도 적극적으로 행동해야 한다. 신뢰받는 오픈마켓은 소비자 스스로 만드는 것이다. 소비자의 선택을 통해 오픈마켓업체나 판매자들의 옥석이 가려지므로 해당 사이트에서 댓글을 통해 비판이나 격려하면서 소비자들도 적극적으로 참여해야 한다. 오픈마켓과 같은 C2C거래에서의 피해는 일차적으로 당사자 책임임을 인지하고, 자신의 책임 아래 거래할 필요를 해야 할 것이다.

오픈마켓은 말 그대로 열린 장터다. 시중 장터 거래에서의 소비자피해는 거래당사자간의 문제이다. 하지만 인터넷 오픈마켓은 상황이 다르다. 소비자들은 장터 제공자('통신판매 중개자' 또는 '오픈마켓 사업자'라고 한다)를 믿고 오픈마켓에서 물건을 사는 경우가 많다. 옥션이나 G마켓의 이름을 믿고 사이트에서 거

래했는데 피해를 당한 경우 이들 '중개업자'들이 나 몰라라 하는 것은 문제가 있다. 이런 문제점을 '소비자칼럼'에 게재했었다.

정부에서도 중개자의 중개책임을 강화하는 법 개정을 추진하고 있다. 중개자가 중개의뢰자(입점자)의 신원정보를 소비자에게 제공하는 것을 의무화하고 그 관리책임을 강화하는 내용을 담고 있다. 즉 '책임 없음' 고지만으로 중개자 책임이 면해질 수 있는 현행의 규정을 중개자의 '상당한 주의의무'를 요구하고 중개의뢰자와 연대책임을 지도록 개정하고 있다.

국회에 상정된 이 전자상거래소비자보호법 개정안이 국회를 통과하면 피해 소비자가 오픈마켓에 책임을 물을 수 있게 돼 보다 쉽게 분쟁을 해결할 길이 열릴 것이다.

2. 인터넷약관과 소비자피해

인터넷 '요약약관' 필요하다

지난 90년대 중반에 처음 도입된 전자상거래가 이제 거래 규모가 연간 800조 원에 이를 정도로 크게 성장했다. 인터넷을 통한 다양한 형태의 상품 거래로 많은 소비자들이 혜택을 누려 왔지만 한편으로 뜻하지 않은 피해를 보는 경우도 왕왕 있다.

온라인 거래에서의 소비자 문제를 연구하면서 저자는 인터넷 이용자를 대상으로 인터넷 쇼핑에 관한 설문조사를 했던 적이 있다. 조사 결과 전체 응답자의 17%가 최근 6개월 내에 적어도 한두 번의 피해를 경험했고, 이들 중 판매자로부터 제대로 보상받은 경우는 34% 수준에 불과했다.

이러한 전자상거래 이용자 불만이나 피해의 배경에는 온라인 거래시장의 폭발적인 성장과 불충분한 제도 등 여러 원인이 있을 수 있으나 이용자가 온라인 거래에서의 계약이나 계약내용(약관)에 관해 관심이 적거나 잘못 이해하는 측면도 무시할 수 없다.

대부분의 인터넷 쇼핑은 거래 사이트에 제시되는 약관에 이용자가 '동의한다는 의사 표시를 함으로써 거래가 이루어진다. 이러한 약관에 의한 인터넷 쇼핑은 간편하고 신속한 거래를 가능케 하는 장점은 있으나 이용자가 자신이 동의한 내용을 제대로 알지 못할 경우 의도하지 않은 피해를 입게 되는 부작용도 뒤따른다.

자료에 따르면 우리나라 전자상거래 이용자의 절반 정도는 동의 약관의 의미를 잘 모르고 있으며, 사이트에 올라와 있는 약관의 내용을 개략적으로나마 읽어 보는 경우는 전체의 14%에 불과했다. 이유야 어떻든 대다수 이용자가 약관 내용을 무시하거나 읽더라도 이해하지 못한 상태에서 이루어지고 있는 것으로 판단된다. 따라서 이러한 거래는 늘 소비자피해의 발생 소지를 안을 수밖에 없다.

인터넷 거래를 할 경우에는 반드시 메인 화면에 표시되는 약관을 확인하고 그 내용을 잘 파악한 후에 거래에 동의할지 여부를 결정해야 한다. 다시 말해 소비자도 안전한 인터넷 쇼핑을 위해서는 우선 약관이라는 온라인 거래에서의 계약방식에 친숙해질 필요가 있다.

기업들도 사이트에 게재하는 약관의 내용을 쉽게 작성하여 누구나 이해할 수 있도록 하고, 소비자에게 꼭 전달할 사항으로 마련된 이른바 '요약 약관'을 게시하는 등 수요자 중심의 서비스가 필요하다.

정부에서는 기업들이 소비자에게 일방적으로 불리한 약관을 사용하지 않도록 지도하고, 법을 위반하여 이용자에게 피해를 준 기업이나 온라인 판매자에 대해서는 엄정한 벌칙을 가해야 할 것이다.

온라인 거래약관과 친구하기

얼마 전 온라인 거래분야 약관의 사용 실태와 소비자피해에 관한 연구를 수행했었다. 해당 연구에 관련된 한 설문조사 결과 전체 응답자의 16.8%가 최근 6개월 내에 구체적인 불만이나 피해를 경험했으며, 이 중에는 정당한 계약해제 요청 거절이나 일방적인 계약사항의 변경 등 불공정한 약관에 관련된 경우도 상당수 있었다.

또 대부분의 피해자가 해당 사이트를 상대로 피해구제를 신청했지만 보상받은 경우는 34.6%에 불과했는데, 보상받지 못한 사유 중에는 약관상 보상받을 수 없는 경우도 14.8%가 되었다.

이러한 것을 볼 때 전자상거래 소비자의 불만 내지 피해의 배경에는 온라인 거래시장의 폭발적인 성장과 제도의 미비 등 여러 요인이 있을 수 있으나, 소비자의 약관에 대한 이해 부족, 소비자에게 불리한 불공정한 약관조항, 불공정약관에 대한 감시소홀 등 온라인 거래 약관에 관련된 원인도 상당부분 있을 것으로 생각된다.

비슷한 거래가 반복적으로 이루어지는 오늘날의 대량소비사회에서는 약관에 의존하는 거래(계약)가 매우 빈번하다. 사실 인터넷을 통한 온라인 거래의 경우 거의 대부분 온라인 거래사이트에서 제시되는 약관에 이용자가 동의(user agreement)한다는 의사표시를 함으로써 거래가 이루어지고 있는 실정이다.

이러한 약관에 의한 계약은 집단적 거래를 간편하고 신속하게 이루어지게 하고, 관련법의 미흡한 점을 보완하여 기업의 합리적 경영을 가능케 하는 등 여러 장점이 있으나, 계약자유의 원칙을 제한할 뿐 아니라 불공정한 계약조항에 따른 소비자피해의 발생과 같은 단점들도 있다. 따라서 부당한 약관에 대한 규제는 공정한 시장경쟁의 확립뿐 아니라 소비자보호를 위해서도 매우 중요한 정책 수단의 하나라고 볼 수 있다.

저자는 온라인거래 약관에 관해 연구하면서 종합온라인쇼핑몰과 전문사이버몰, 인터넷 경매서비스사이트, 예약·교육콘텐츠서비스 등 여러 온라인 거래분야 업체들이 실제로 사용하고 있는 약관들을 살펴 보았다. 그 결과 일부 업체 약관에는 관련 법규에 위배되는 불공정한 조항을 담고 있다. 업체들 중에는 반품이나 피해보상규정을 의도적으로 제외한 소비자에게 불리한 사항들을 담고 있는 경우도 있었다. 또 인터넷 약관이 너무 길거나 어려운 법률용어로 되어 있어 누리꾼들이 쉽게 읽을 수 없거나 이해할 수 없는 경우도 많았다.

이러한 인터넷 약관상의 문제들이 해소될 수 있다면 온라인쇼핑에서의 소비자피해도 어느 정도 줄어들 수 있을 것이다. 그렇다면 어떤 방안이 가능할 것인가? 구체적인 해결책은 향후 관련 전문가나 정책담당자들이 고민해야 하겠지만 몇 가지 방향은 제시해 볼 수 있겠다.

우선, 인터넷약관의 형식을 간소화하는 것이다. 약관의 내용 중 소비자에게 꼭 전달해야 할 필수사항을 정부가 지정하거나 약관의 핵심요약본(요약약관)을 별도로 게시토록 하는 방안을 검토할 수 있다.

덧붙여, 약관의 문장을 법률가가 아니더라도 쉽게 이해할 수 있도록 쉬운 용어로 작성하도록 하고, 소비자가 알고 싶은 내용을 정확히 기재하도록 하면 좋겠다. 약관에 관련된 대부분의 소비자피해가 표준약관이 아닌 소비자에게 불리한 조항을 담고 있는 개별 약관을 사용하는 업체와 관련되어 있다. 따라서 쇼핑몰들이 표준약관을 가능한 한 준용토록 하는 것이 좋겠다.

약관이나 표준약관에 대한 이해가 부족하여 소비자에게 불리하거나 법규를 위반하는 업체들을 대상으로 부당·불공정약관에 대한 홍보를 통해서 사업자의 약관에 대한 관심과 이해를 높일 필요도 있다. 이 역할은 정부나 사업자단체뿐 아니라 소비자전문기관이나 단체에서도 담당할 수 있을 것이다.

소비자들 역시 온라인 거래약관에 대한 이해를 해야 한다. 온라인 거래에서 소비자가 약관의 기능과 그 내용에 관해 잘 알고 있다면 발생되는 피해를 효과적으로 예방하거나 줄일 수 있을 것이다.

조사 결과 소비자들의 절반 정도는 약관의 의미를 잘 모르고 있으며, 약관의 내용을 제대로 읽는 경우는 필요한 부분만 골라 읽는 경우를 포함하더라도 전체의 14.1%에 불과했다. 이유야 어떻든 이와 같이 약관내용을 무시하거나, 읽더라도 이해하지 못한 상태에서 이루어지는 거래는 늘 피해발생의 소지를 안고 있는 것이다.

인터넷을 통해 거래할 때에는 메인화면에 표시되는 약관내용을 반드시 확인하고, 내용을 숙지한 후에 동의 여부에 클릭해야 할 것이다. 복잡하고 어려운 약관내용 등 소비자를 불편하게 하는 여러 문제들은 정책 차원에서 개선되어야 하겠지만, 소비자도 부당한 피해를 막기 위해 약관이라는 온라인 거래에서의 계약 형태에 익숙해질 필요가 있다. 이제부터는 마음먹고 온라인 거래약관과 친구하기를 시도해 보면 어떨까?

약관의 경우 이러한 다양한 형태의 온라인 거래 분야에 포괄적으로 준용하는 데 다소의 무리가 따른다. 따라서 현행 표준약관을 개선하든지 아니면 이에 준하는 대응책도 필요하다.

그렇지만 전자상거래를 둘러싼 환경과 기술은 향후에도 지속적으로 변화하고 발전해 나갈 것이므로, 전자상거래표준약관을 그러한 변화와 발전 속도에 맞추어 계속 갱신해 나가기는 쉬운 일이 아니며 한편으로 비효율적일 수도 있을 것이다. 따라서 현행 전자상거래 표준약관의 제도운용 방향에 대한 충분한 검토가 뒤따라야 하겠다.

3. 스팸메일의 의미를 아시나요

스팸(spam)에는 두 가지 뜻이 있다. 다진 고기 통조림, 그리고 인터넷상의 다수 수신인에게 무더기로 보내진 전자우편이 그것이다. 스팸은 원래 미국의 호멜(Hormel)이라는 식품회사가 만든 다진 돼지고기 통조림의 이름에서 유래됐다. 호멜사는 1937년 당시로서는 파격적인 상품(스팸) 광고를 대대적으로 실시했는데 그 광고 공세가 사람들에게 하나의 공해가 되었던 것이다. 그때부터 사람들을 괴롭히는 대량의 광고를 스팸으로 부르게 되었다고 한다.

스팸메일은 전자우편(E-mail) 이용자가 받기 원치 않는 광고를 말하는데, 요즘은 불필요한 인터넷 메일뿐 아니라 불필요한 휴대전화나 SMS도 스팸이라 부른다. 스팸메일은 수신자의 불편을 유발하여 광고효과를 떨어뜨릴 뿐 아니라, 수신자의 사생활 침해와 업무 방해 등 여러 사회 문제를 초래한다. 스팸메일을 주제로 쓴 저자의 글 두 편을 소개한다.

온라인 스팸과 프라이버시

사회가 복잡해지고 정보의존도가 높아짐에 따라 다양한 형태의 개인정보가 수집되고 관리될 뿐 아니라, 대량으로 전파되고 있다. 문제는 그러한 개인정보의 활용 과정에서 당사자 의사와는 무관하게 개인의 프라이버시(사생활)가 공개되거나 상업적 목적으로 거래되어 심각한 피해를 입는 경우가 종종 발생하고 있다는 점이다.

요즘 사회문제가 되고 있는 보이스피싱의 대부분이 중국 해커들에게 넘어간 개인정보에 기인한다고 한다. 이름과 주민번호, 전화번호, 주소, 아이디와 비밀번호 등이 파일로 만들어져서 사이버상에서 거래된다니 무서운 세상이다.

이러한 개인정보 노출로 인한 프라이버시 침해 문제는 전자상거래의 발전에 따라 더욱 확산되고 있다. 특히 인터넷메일이나 휴대폰 SMS를 통해 하루에도 수십 통씩 전달되는 상업광고(스팸메일)는 소비자의 불편함을 넘어 심한 정신적 스트레스를 주게 된다. 특히 휴대폰의 경우 이용자의 사전 동의 없이 광고의 발송을 금지하는 이른바 '옵트인' 제도가 수년 전에 도입되었음에도 '정보쓰레기'는 계속 전달되고 있다.

문제의 심각성은 소비자들이 이러한 스팸 메시지를 받지 않기 위해 수신 거부 의사를 표명하고 휴대폰 서비스 중 필터링 기능을 사용하더라도 효과가 없는 경우가 많다는 점이다.

또한 최근에는 스파이웨어와 같은 신종 컴퓨터바이러스가 개인정보 유출의 주된 요인이 되고 있다. 이러한 악성 프로그램들이 인터넷 이용자의 주민등록번호나 패스워드, IP주소뿐 아니라, 이용자가 접속해 본 주소(URL) 목록 등 개인의 민감한 정보까지 몰래 빼내어 사생활을 침해하거나 사이버범죄에 악용하는 사례가 종종 발생하고 있다.

프라이버시 보호가 헌법으로 보장된 나라에서 개인의 신상정보가 제멋대로 유통된다는 것은 해당 당사자뿐 아니라 사회적으로도 심각한 문제가 아닐 수 없다. 특히 인터넷쇼핑이나 온라인 경매 등 전자상거래 과정에서 발생하는 프라이버시 침해 문제는 시급히 해결해야 할 소비자문제의 하나이다.

온라인상 프라이버시 침해 문제는 관련 산업의 발전과 서로 맞물려 있기 때문에 기업의 자율적인 기술개발과 서비스 제공, 정부의 법제도의 보완, 그리고 소비자의 적절한 호응이 서로 맞물려야 최적의 효과를 가져올 수 있다. 국경을 초월하는 전자상거래의 특성상 국내적 대처와 더불어 국제적 협력도 요구된다. 즉 OECD와 같은 국제기구와의 협력과, 국가·지역 간 협력채널의 구축을 통하여 전자상거래 프라이버시 문제에 공동 대처해야 할 것이다.

이메일 스팸도 수신자 동의를 받아야

주머니 속 휴대폰이 울린다. 발신자 전화번호가 051-934-××××로 뜬다. 051 지역번호면 부산인데 누굴까? 별 의심 없이 통화버튼을 누르니 '로또복권'에 관한 음성광고 메시지다. 얼른 전화를 끊은 후 발신자를 확인하니 착신이 금지되어 있다.

지난 2005년 3월 말부터 휴대전화나 팩스를 통한 수신자의 사전 동의 없는 상업광고를 금지하는 이른바 옵트인(Opt-in) 제도가 도입된 후 휴대폰으로 수신되는 광고(스팸)가 많이 줄었다. 이틀에 한 번 정도 들어오던 성인광고 메시지도 뜸해졌다. 소비자에겐 원치 않는 광고 메시지로부터 자유로울 수 있게 되어 다행한 일이지 싶었다.

그런데 며칠 전부터 새로운 형태의 광고성 메시지가 전달되기 시작했다. 소개한 사례와 같이 개인 전화번호를 이용한 광고방식, 전화를 걸어 발신자 전화번호를 남긴 후 바로 끊어 수신자의 호기심을 유발하는 방식, 문자메시지로 무선 인터넷주소를 보내 접속토록 유도하는 방식의 전화와 문자메시지가 계속 수신되고 있다. 옵트인 제도의 허점을 노린 신종 스팸들이다.

책상 위의 컴퓨터는 매일 아침 주인으로부터 언짢은 소리를 듣는다. 간밤에 쌓인 이메일 스팸 때문이다. 오랜만에 주인을 만나게 되는 반가운 날에는 스팸메일 때문에 수신용량이 초과되었다며 불평하는 주인의 찡그린 모습을 보며 아침을 시작한다.

스팸메일은 소비자를 불편하게 할 뿐 아니라, 생산적인 활동을 제약한다. 수없이 들어오는 이메일 속에서 스팸을 골라내고, 스팸메일함 속에 딸려 들어간 일반메일을 골라내야 하는 과정에 적잖은 시간과 정력이 소모된다. 또한, 스팸메일은 개인의 프라이버시(사생활)를 침해한다. 스팸 발송자가 내 전화번호나 이메일주소를 어떻게 알았을까? 다른 신상정보나 금융정보까지 갖고 있는 것은 아닐까 염려된다. 15년 전 엽기적 살인행각으로 우리에게 큰 충격을 주었던 '지존파 사건'에서 범인들이 백화점에서 빼낸 고객의 신상정보를 이용해 범행대상을 골랐다는 사실을 떠올리자 머리가 오싹해진다.

유무선전화나 팩스에 대해서는 수신자의 사전 동의를 필요로 하는 옵트인 방식의 스팸억제 제도가 시행되었지만, 인터넷을 통한 이메일 스팸에 대해서는 아직까지 수신자의 사전 동의 없이도 메일의 전송이 가능하다. 법에서 정한 대로 '광고'라는 표시를 하고 본문에 수신거부방법까지 표시한 경우에는 법적으로 막을 방법이 없다. 따라서 근본적인 대책은 유무선전화 스팸과 같이 이메일스팸에 대해서도 수신자의 사전 동의를 받도록 하는 것이다.

하루빨리 옵트인 방식의 인터넷 이메일스팸에 대한 규제가 이루어져야 하겠다. 또한 현행 유무선전화 등의 옵트인 규제를 교묘히 피해 가는 신종 스팸에 대해서도 소비자의 적극적인 신고와 정부의 엄격한 제재가 뒤따라야 할 것이다.

 | 소비자의 시선(視線)으로 시장경제를 바라보다

조선일보 독자칼럼에 이 글이 실린 후 직장의 높은 분이 주재하는 회의에 참석하여 식사할 기회가 있었다. 식사 도중에 원장께서 "이 박사는 원장급 직원이야" 하며 덕담을 했다. 내용인 즉, 그간 원장인 당신도 몇 차례 일간지에 기고했으나 게재가 어려웠는데, 비중 있는 신문에 저자의 글이 연이어 실리고 있어 조직 홍보에도 좋은 일이라는 것이다. 그러면서 신문사에 친한 사람이나 형님이라도 계시냐고 진지하게 묻는다. 동참한 간부 직원들의 표정이 바뀌는 것을 직감한 저자는 어떻게 답해야 할지 적지 않게 난처했었다.

요청의 경우가 아닌 기고의 경우 사실 적잖은 신경이 쓰인다. 신문의 일반 독자에겐 꼭 필요한 정보라 하더라도 포함된 내용이 정책당국이나 혹시 있을지도 모를 이해관계자를 자극(!)할 수 있기 때문이다. 친한 사람이나 동료의 스크린을 거치기도 하지만 용기의 다른 측면에서는 일말의 불안감이 없을 수 없다.

미국에서는 이메일스팸으로부터 소비자를 보호하기 위해 2008년에 전화금지개선법(Do-Not-Call Improvement Act)을 제정해 광고용 스팸문자나 전화를 금지했다. 물론 이 법을 어긴 사람은 처벌을 받는다. 물론 우리나라도 스팸메일을 법으로 규제하고 있다. 제목 앞에 '광고'나 '성인광고'와 같은 문구가 없는 광고성 이메일은 불법이며 원치 않는 사람에게는 보낼 수 없다. 또한 청소년 유해물은 광고메일 자체를 보낼 수 없다. 위반한 경우 1천만 원 이하의 벌금 등을 문다.

법적 장치를 교묘히 피해 가는 다양한 스팸메일 수법들 앞에 피해를 줄이기 위해서는 일반 이용자 스스로 조심할 수밖에 없다. 자신의 전자우편주소와 개인 정보를 주의해서 관리하고, 이메일 프로그램의 여러 수신차단 기능을 사용할 수 있다. 또, 인터넷서비스 가입 시 광고메일 '수신하지 않음'을 선택하도록 하고, 스팸메일 발신자에게는 수신거부 의사를 전달한다. 불법적 스팸에 대해서는 적극적으로 신고하도록 한다.

4. 전자상거래 피해 막을 수 있다

소비자들은 온라인 시장에 관심이 많다. 지난해 우리나라 인터넷 쇼핑몰의 시장규모가 무려 24조 8천억 원으로 전년도에 비해 20.4% 성장률을 보였고 2011년에는 평가기관에 따라 다르지만 29조~37조 원에 이를 것으로 예상하고 있다.

온라인 거래에는 위험이 많다. 파는 사람과 사는 사람이 서로 대면하지 않은 채 거래가 이루어지기 때문에 쉽게 사기를 당할 수 있다. 구매대금을 송금했는데도 상품을 보내 주지 않거나 엉터리 상품을 보내 주고, 환불과 교환을 요구해도 묵묵부답인 경우도 있다. 실제로 지난 2003년 초, 모든 상품을 시중의 반값에 판매한다는 이른바 '하프몰(half price Mall) 서비스'를 표방한 한 온라인 쇼핑몰의 비정상적인 영업으로 10만여 명이나 되는 구매자들이 총 300억 원이 넘는 큰 피해를 본 사건이 있었고, 그 후에도 크고 작은 피해사례가 계속 발생하고 있다.

하지만 판매자가 사기성 부도를 내거나 잠적한 경우 또는 악덕 판매자의 경우에는 피해보상을 받기가 매우 어렵다. 현금이나 전자화폐로 구매대금을 지급한 경우에는 현행법 테두리 내에서 보상받기가 거의 불가능한 실정이다.

온라인 거래에서 구매자 피해를 예방하고, 발생된 손해를 실질적으로 보상해 줄 수 있는 장치 중의 하나로 '에스크로(escrow)'라는 것이 있다. 금융기관과 같은 믿을 수 있는 제3자(에스크로 에이전트)가 구매자의 결제대금을 맡고 있다가 상품이 정상적으로 구매자에게 배송된 후 대금을 판매자에게 보내 주는 결제대금 예치제도이다. 외국에서는 부동산 거래와 같은 오프라인 거래뿐 아니라 온라인 거래에서도 구매자 선택사항으로 활용되는 경우가 많다. 얼마전 정부 차원에서 이러한 제도를 도입해 시행중이지만, 시스템구축 등 추가적 비용 부담을 우려한 업계의 반발이 만만치 않아 보인다.

구매자 보호뿐 아니라 전자상거래를 발전시키기 위해서도 지난 2006년에 도입된 에스크로 제도가 잘 정탁되는 것이 바람직하다. 안전한 거래가 보장된다면 소비자들은 편리하고 저렴한 온라인 시장을 더 많이 이용하게 될 것이다.

5. 온라인거래 소비자피해 예방

요즘 TV나 신문에 자주 보도되는 뉴스 가운데 하나는 인터넷쇼핑에 관련된 소비자피해이다.

고가의 상품이나 유명 브랜드의 상품을 싸게 판매한다는 광고성 e메일로 고객을 유인한 뒤 대금을 챙겨 사라지는 인터넷쇼핑몰 사기 사건이 종종 발생하고 있다. 수년 전 '경매+복권' 형식과 '시중의 절반 값'이라는 비정상적인 영업으로 많은 소비자에게 큰 피해를 준 '하프플라자(halfplaza.com)' 사건 이후에는 초대형 사건이 없었지만, 최근에도 소비자들에게 약속한 날짜에 물건을 보내지 않고 특정일에 갑자기 사이트를 폐쇄하여 많은 소비자를 울린 '리치투유(rich2you.com)' 사건 등 크고 작은 사기사건으로 소비자들이 피해를 입고 있는 실정이다.

실제 소비자단체나 한국소비자원 등에 접수되는 온라인 거래에 관련된 소비자피해는 매년 증가하고 있다. 지난 한 해 한국소비자원에 접수된 전체 소비자불만 중 온라인 거래 분야 비중이 8.5%나 되고 있으며, 피해구제를 요청한 건수도 3천여 건으로 매년 수십 %의 증가추세를 보이고 있는 실정이다.

이러한 소비자피해 사례를 보면 그 형태가 매우 다양하다. 앞서 언급한 광고성 e메일에 현혹되어 송금하고 상품을 받지 못하는 피해가 그 대표적인 경우이며, 배달된 상품의 품질이 형편없거나 광고와는 다른 상품이 배달되어 피해를 입거나 정당한 반품 요구가 거절당하는 경우도 많다. 또한 자신도 모르게 서비스이용 사이트에 가입되거나 가입기간이 연장되어 금전적 손해를 보는 경우도 있고, 게임사이트 등에서 명의가 도용되어 프라이버시를 침해당하는 경우도 있다.

이러한 피해에 대해 소비자들은 제대로 보상을 받지 못하는 것으로 보인다. 한 조사에 따르면 약 65.4%의 소비자가 피해보상을 받지 못하였다고 응답하였는데, 특히 인터넷경매사이트와 전문사이버몰의 경우가 그 비율이 높게 나타났다.

이와 같이 적절한 보상을 받지 못하는 이유 중에는 법이나 제도상의 허점이나 사업자의 비협조 등이 큰 비중을 차지하고 있겠지만, 무엇보다도 소비자가 온라인거래에서의 피해 위험을 과소평가하거나 스스로의 권리를 포기하기 때문으로 보인다.

오프라인 거래와 마찬가지로 인터넷 거래에서도 불법적이거나 교묘하게 사기를 치는 업체들이 많다. 예컨대 일시적으로 사이트를 개설하여 대금만 거둬들인 후 사이트를 폐쇄하는 경우에 소비자는 꼼짝없이 피해를 당할 수가 있는 것이다.

하지만 이러한 피해를 예방할 길이 없는 것은 아니다. 지금까지 발생했던 사기성 사건들을 보면 대개 고가의 명품 브랜드를 지나치게 싼 가격을 제시하거나, 현금입금을 유도하고, 추첨식이나 선착순과 같은 사행심을 조장하며, 배송날짜를 의도적으로 늦추는 등의 특징을 보이고 있다.

따라서 이러한 비정상적인 형태를 보이는 업체는 가급적 피하는 것이 좋으며, 일단 의심스러운 사이트는 구매결정을 하기 전에 해당 사이트 이용자들의 댓글을 확인할 필요가 있다.

조심을 하였음에도 피해를 입었을 경우에는 즉시 업체나 해당 쇼핑몰에 연락을 취하고, 거래에 관련된 증빙자료를 꼼꼼히 챙겨 놓을 필요가 있다. 또한 약속된 배송이 늦어지거나 환불이 안 되는 경우에는 결제대행업체나 금융기관 등에 확인을 요청해 놓아야만 피해를 줄일 수 있다. 만일 판매자와의 해결이 원만히 해결되기 어려울 것으로 판단되면 즉시 한국소비자원이나 민관의 소비자상담창구 등에 도움을 요청하여야 할 것이다.

무엇보다도 소비자 스스로 피해를 입지 않도록 세심한 주의를 하는 것이 온라인 거래에서의 피해로부터 자유로울 수 있는 상책(上策)이다.

여담 · digressions

인터넷을 통한 온라인쇼핑이 놀라운 속도로 성장하던 때 우리나라 대표 경제지인 매일경제신문에서도 전자상거래에 관한 기획기사가 넘쳐났다. 당시 인터넷시장의 성장과 더불어 크고 작은 소비자피해 문제가 연이어 터졌다. 때마침 공정거래위원회에서 온라인거래 가이드북의 필요성을 피력했고 매경과 한국소비자원에서 공동으로 읽기 쉬운 소책자를 만드는 데 공감했다. 하지만 아쉽게도 실무적인 부분에서는 누구도 적극성을 갖지 않았고 어쩔 수 없이 저자가 집필을 전담하고 매경을 후원하는 모 쇼핑업체 실무자가 보조하여 겨우 소책자의 원고가 마련되었다.

마음고생이 많았지만 50여 쪽의 '신뢰로 사고파는 인터넷 쇼핑가이드-안심거래 길라잡이' 가이드북이 출간되었고, 매경의 요청을 받아 이 글을 발간사의 하나로 싣게 되었다. 이 소책자가 안전하고 즐거운 인터넷쇼핑 문화가 정착되는 데 어느 정도는 기여했을 것으로 믿는다.

에스크로(escrow)제도

온라인 사기거래 예방장치

"인터넷에 가짜 쇼핑몰을 차려 놓고 돈만 챙겨 가는 사기 행각이 극성을 부리고 있습니다." 요즘 TV나 신문에 자주 보도되는 뉴스의 하나다.

실제 소비자보호단체나 기관에 접수되는 피해 사례를 보면, 고가의 상품이나 유명 브랜드의 상품을 싸게 판매한다는 광고성 e메일로 고객을 유인한 뒤 현금을 챙겨 사라지는 인터넷쇼핑몰 사기 사건이 최근 자주 발생하고 있다.

인터넷을 통한 온라인 거래는 상품을 파는 사람과 사는 사람이 대면하지 않고, 대금 결제 후 상품을 배송받는 '선 지불 후 배송'이 관행이어서 뜻하지 않게 사기를 당할 수 있다. 실제 대금을 송금했는데도 상품을 받지 못하거나 엉터리 제품을 받는 경우, 그리고 환불과 교환을 요구해도 이런저런 핑계로 미루다 결국 해당 사이트가 폐쇄돼 피해를 보는 경우가 해마다 늘고 있다.

이런 사기성 온라인 거래 피해는 당사자인 판매자에게 (또는 쇼핑몰과 연대해) 그 책임을 지우는 것이 당연하지만, 판매자가 사기성 부도를 내거나 잠적한 경우엔 보상 받기가 쉽지 않다. 특히 온라인송금 같은 현금 결제의 경우는 현행법 테두리 안에서도 보상이 어렵다. 따라서 신용이 불량하든가 문제의 소지가 있는 쇼핑몰은 이용하지 않는 등 사전에 예방하는 게 상책이다.

예컨대, 해당 사이트 게시판에 '빨리 환불해 주세요.' '왜 배달이 늦나요' 등의 소비자 불만이 자주 올라오면 일단 주의해야 한다. 또 지나치게 낮은 가격에 판매상품의 수와 기간이 제한되어 있고, 현금 결제만 가능한 경우, 선착순 추첨식 복권식 판매와 같은 사행심을 자극하는 판매자도 일단 조심해야겠다.

그렇다고 이런 인터넷쇼핑 사기로 인한 피해 부담을 구매자에게만 지울 수는 없다. 왜냐하면 이런 경우의 소비자피해는 대부분 법이나 제도의 허점을 이용한 사기이기 때문에, 정부에서는 해당 법과 제도를 보완하고 소비자에게 올바른 정보를 제공해 예상되는 피해를 줄여 나가야 한다. 현재 정부에서 도입하려고 추진 중인 결제대금예치제(escrow)는 이런 인터넷몰 사기를 줄일 수 있는 바람직한 제도다. 즉 금융기관 같은 믿을 수 있는 제3자(에스크로 사업자)가 구매자의 결제대금을 맡아 두었다가 상품이 정상적으로 구매자에게 배송된 뒤 대금을 판매자에게 보내 주는 제도가 도입되면 '선 지불'로 인한 위험을 예방할 수 있다.

결제대금예치제도는 온라인 거래 사기에 무방비로 노출된 구매자들을 보호할 뿐 아니라 온라인 거래의 신뢰를 높여 전자상거래를 활성화하기 위해서도 빨리 도입할 필요가 있다. '안전 거래'가 보장되면 소비자들은 편리하고 저렴한 온라인 시장을 더 많이 이용하게 돼 우리나라의 전자상거래 시장은 더욱 확대될 수 있을 것이다.

온라인 결제대금예치제 보완을

인터넷쇼핑몰에서 결제대금을 떼이는 소비자의 피해가 줄어들지 않고 있다.

2003년의 하프플라자 사이트 사기사건 같은 대형 사고부터 악덕업자의 소규모 사기 판매까지 온라인 사기 판매 사건이 이어지고 있는 것이다.

인터넷을 통한 온라인 거래는 대금을 지불한 후에 상품을 배송받는 '선(先) 지불 후(後) 배송' 관행이 많기 때문에 뜻하지 않게 피해를 볼 수 있다. 이를 막기 위한 방편의 하나로 2006년 4월부터 결제대금예치제가 시행되었다. 기존의 전자상거래소비자보호법과 시행령을 개정해 에스크로(escrow)라고 불리는 제도가 시행된 것이다.

이 제도는 은행과 같은 공신력 있는 제3자(에스크로 사업자)가 소비자의 결제대금을 예치하고 있다가 물건이 정상적으로 구매자에게 배송된 후 그 대금을 판매자에게 보내 주는 방식이다.

하지만 소비자보호 측면에서 결제대금예치제가 제대로 정착하기 위해서는 몇 가지 보완 대책이 필요하다. 우선 현행법(시행령)에서 결제대금예치제가 면제되는 10만 원 미만의 소액 거래에 대한 소비자피해 보상 대책을 검토해야 한다. 온라인 거래의 상당 부분이 10만 원 미만의 소액 거래인 점을 감안할 때 이 문제는 향후 관련 규정의 개정이나 행정조치를 통해 반드시 보완되어야 할 사항이다.

또 게임이나 인터넷콘텐츠 등 서비스 구매에는 이 제도를 적용하지 않는 것도 재검토되어야 한다. 젊은 층을 중심으로 콘텐츠 구매가 점점 늘고 있기 때문이다.

에스크로 사업자의 자격 범위도 문제가 있다. 현재는 제3자뿐만 아니라 일정 조건을 갖춘 대규모 쇼핑몰 사업자도 에스크로 자격을 가질 수 있도록 하고 있는데 이는 원칙상 올바르지 않다. 소비자 보호를 위해서는 장기적으로 제3자만이 대금을 예치하도록 해야 한다.

결제대금예치제는 1차적으로 온라인 거래 소비자들을 보호하기 위한 것이지만 장기적으로는 온라인 거래의 안전성을 높여 온라인 시장의 활성화에 기여할 것이다.

제도의 성공은 정책 담당자의 의지만으로는 불가능하다. 소비자의 적극적인 제도 활용과 업계의 적극적인 서비스 제공 노력이 뒷받침돼야 한다.

동아일보 독자칼럼에 지난 2005년 1월과 2006년 3월 초에 각각 실린 위의 두 글이 독자들에게 에스크로 제도를 알리는 데 다소나마 역할을 했다고 본다.

결제대금예치제(에스크로)가 시장에서 기능하지 못하는 실패한 제도라고 보는 시각도 없지 않다. 법에 따라 많은 인터넷 상거래 사이트들이 에스크로를 포함한 거래안전서비스를 안내하고 있지만, 정작 소비자들은 관심이 없다는 시각이다.

저자의 생각은 좀 다르다. 제도 도입에 직접 관여한 당사자로서, 당초 구상하고 제안했던 것과는 거리가 있기는 했지만 2006년 시행된 에스크로 제도는 현재까지 순방향으로 기능하고 있다고 생각된다. 역설적이긴 하지만 법을 어기는 사람이 없어서 사람들이 그 법의 존재를 의식하지 못할 때에도 해당 법의 존재가치는 없어지지 않는다. 에스크로 제도도 마찬가지이다. 비록 소비자들의 이용이 신통찮더라도 그러한 법적 장치의 존재는 안전한 거래 환경을 유지시키는 데 일정 부분 역할을 하고 있는 것이다.

물론 시장 시스템 이외의 에스크로 제도가 무용지물이 되어 언젠가 폐기되는 것이 바람직함은 두말할 나위가 없다.

7. Strict Legal Measures Needed to Prevent Online Fraud

Lately, Korean newspapers and TV stations have been reporting negative feelings toward the growing frequency of online fraud in Korea.

According to complaints received by consumer protection organizations, scam artists have set up Internet shopping malls that use e—mail messages to advertise the sale of popular brand items at discounted prices. Then, after receiving cash payments from the unsuspecting consumers, the Internet shopping sites disappear into cyberspace. About a year ago, Korea experienced its biggest incident of Internet fraud, perpetrated by "halfplaza.com", in which 90,000 individual consumers were defrauded of some 31 billion won. This particular scam involved a combination of auctions and prize lotteries along with ads trumpeting the sale of popular brand products at half price. Naturally, the general public is worried that these kind of fraudulent schemes will continue to exist unless effective measures are undertaken.

"Pay first, deliver later" is the accepted practice for online transactions conducted via the Internet, which requires buyers to pay in advance for the merchandise they ordered. This leads to cases in which sellers fail to deliver the subject merchandise and other instances when purchasers receive products of inferior quality. Then, when these buyers demand a refund or exchange, all they get are excuses and the run—around. And eventually the sellers shut down their site and vanish.

There is no question that Internet shopping mall operators must be held accountable for any damages or wrongdoing for which they are responsible. However, when they end up bankrupt for whatever reason, or disappear without a trace, there is no way for the consumers to receive compensation. Even if they should be apprehended, it is difficult to obtain any form of compensation from these guilty parties, let alone a full refund. Of particular note, under Korea's current legal provisions, compensation for cash remittances related to online transactions cannot be readily assured even in cases of fraud. Therefore, it is incumbent upon consumers to take precautionary measures, including checking out the track record of online shopping malls and avoiding any sites without a proven reputation.

If consumer complaints are known about an Internet site regarding the late delivery of products or failure to pay refunds for returned items, this is likely to be an indication that the shopping mall is experiencing financial trouble, or is engaged in deceptive practices, In addition, consumers should proceed with caution when shopping malls advertise that they are selling limited quantities of high—quality products at extremely low prices for a brief period of time on a cash—only payment basis, or when the shopping mall sites seek to attract consumers through deceptive marketing gimmicks such as "first come, first served" or special lotteries.

Such fraudulent practices on the part of certain online shopping malls can be expected to continue unless legal measures are strictly enforced. As such, the government should streamline relevant laws and regulations, and adopt additional provisions if necessary, so as to prevent these unscrupulous shopping mall operators from taking advantage of legal loopholes. At the same time, the government should also provide detailed guidelines on the dos and don'ts of online shopping in order to better protect consumers.

In this regard, the escrow system that the Korean government is seeking to introduce would be a desirable means of preventing Internet shopping fraud. Under this system, purchaser payments for merchandise are held in escrow by an independent third party, such as a reputable financial institution, until the merchandise is delivered and accepted by the buyers. In this way, consumer fraud related to advance payment before delivery could be prevented.

Such an escrow system will help to protect unsuspecting consumers, who are highly susceptible of falling victim to online shopping mall fraud, as well as contribute to an expansion of online commercial transactions based on enhanced consumer confidence. Accordingly, this system should be introduced as expeditiously as possible. When the safety of online transactions can be assured, more people will be willing to take advantage of the lower prices and convenience provided by online shopping, thereby expanding the benefits of Internet usage.

한국국제교류재단에서는 국내 주요 일간지나 시사저널 등에 게재된 시사성 있는 글들을 선별하여 소개해 오고 있는데, 이 글은 재단에서 발행하는 격월간지 Korea Focus에 수록된 글이다(KOREA FOCUS on Current Topics, Vol.13, No.2, 2005. 4, Korea Foundation). 이 글은 〈동아일보 컬럼〉(2005. 1. 27)에 게재된 저자의 글을 영문으로 재구성한 것이다.

8. 농산물 인터넷쇼핑 피해 예방을 위해

바쁜 현대인에게는 상품을 싼값에 신속하고 구매할 수 있는 인터넷쇼핑이 상당히 매력적이다. 초고속인터넷 보급률이 경제협력개발기구(OECD)의 평균치보다 무려 다섯 배나 넘는 세계 최고 수준일 정도로 인터넷이 보편화되어 있는 우리나라에서 소비자들은 언제 어디서든지 인터넷을 통해 국내뿐 아니라 세계의 수많은 쇼핑몰을 방문하여 물건을 살 수 있게 되었다.

특히 최근에는 휴대용전화를 이용한 모바일(mobile)쇼핑과 소셜(SNS)쇼핑도 젊은 층을 중심으로 새로운 풍속으로 확산되어 가고 있는 실정이다. 불과 몇 년 전만 해도 상상도 할 수 없었던 인터넷쇼핑은 이제 소비자의 관심을 끌기에 충분한 거래수단이 되었다.

그동안 일반 생활용품이나 전문용품의 쇼핑에 많이 활용되던 인터넷쇼핑은 이제 농산물이나 농산가공품의 거래에도 문호가 활짝 개방되어 있다. 건강과 웰빙을 중요하게 생각하는 요즘 소비자들은 인터넷이라는 사이버공간을 통해서 신선한 먹을거리, 건강에 좋은 농산품을 검색하고 구매하는 경우가 많다. 최근에는 '유기농', '무공해그린식품', '친환경농산물' 등 건강한 먹을거리를 소개하고 판매하는 농산물 사이트가 많이 생겨났으며, 과일과 채소 그리고 특용작물의 생산자가 직접 홈페이지를 만들어 온라인판매를 하고 있는 경우도 크게 늘었다.

지난 주말에 지인에게 선물한 홍삼세트를 사려고 인터넷에 들어가 봤다. 여러 농산물 쇼핑몰을 둘러본 후 마음에 드는 브랜드와 모델을 정한 다음, 가격정보사이트에 가서 해당 상품의 가격을 알아봤다. 비교적 가격이 저렴하고 신용도가 높은 사이트에 제품구매 신청을 하고 온라인으로 송금했더니 이번 주 초에 제품이 배달되어 왔다. 배달료를 감안하더라도 시중가보다 저렴하게 살 수 있었고 또 직접 매장에 나가는 시간을 절약할 수 있었기 때문에 매우 만족스러웠다.

하지만, 인터넷쇼핑이 늘 만족스러운 것은 아니다. 경우에 따라서는 예기치 못한 피해를 입을 수 있다. 시장이나 할인점에서 물건을 살 때와는 달리 인터넷쇼핑으로 물건을 살 때는 판매자가 누구인지, 상품의 모양이나 품질이 어떤지 정확하게 알 수 없는 경우가 많으며, 상품을 받아 보기도 전에 돈을 먼저 보내 주어야 하는 관행으로 인해 사기를 당하는 경우도 종종 발생한다.

또한 사고 보니 생각과는 달리 별 쓸모가 없거나 물건이 맘에 들지 않는 경우에는 돈만 낭비하는 결과를 가져오기도 한다.

인터넷쇼핑의 소비자피해의 형태로는, 대금을 보내 주었는데도 상품이 제때 안오거나 엉터리 상품이 배달되는 경우와 아예 상품이 오지 않는 경우가 있고, 소비자가 해당 사이트에 들어가 환불과 교환을 요구해도 묵묵부답이거나 사이트가 폐쇄되는 경우도 있다. 이런 경우 소비자는 보상받기가 불가능한 경우도 많이 있으므로 주의해야 한다. 다시 말해 현실적으로 판매자가 누군지 알아야 계약을 이행하라고 법적으로 요구할 수도 있고, 사기나 횡령과 같은 경제범죄 혐의로 고소할 수도 있다. 하지만, 개별 소비자가 얼굴도 모르는 판매자를 찾아내기란 여간 어려운 일이 아니다. 판매자가 처음부터 많은 사람에게 피해 입힐 의도를 가지고 사이트를 개설해서, 한몫 챙기고 줄행랑을 친 경우라면 더더욱 문제해결이 어렵게 된다. 이런 경우에는 경찰청 사이버테러대응센터(www.netan.go.kr)에 신고하게 되면 보상받을 수 있는 길이 생길 수도 있고, 또 같은 피해가 확산되는 것을 막을 수 있겠다.

현행법에는 이러한 소비자의 억울한 피해를 예방하기 위한 조치들이 마련되어 있기는 하다.

예컨대, 소비자가 상품의 구매대금을 신용카드 할부로 지급한 경우에는 현행 할부거래법에는 쇼핑몰의 사기나 이행불능 행위에 대해 피해자가 카드사에 '매수인의 철회권'을 주장하여 피해를 보상받을 수 있다. 하지만, 할부 결제라도 상품 구입액수가 20만 원 미만인 경우에는 법의 보호를 받지 못하고, 이미 지급한 할부금도 돌려받을 수 없는 경우가 있기 때문에 주의해야 한다.

또 다른 소비자피해 형태로, 구매자의 사행심을 자극하는 추첨식이나 복권식 구매 사이트에서 피해를 보는 경우가 종종 있다.

지난해 초 어떤 소비자가 한 쇼핑 사이트에 들어갔는데, 상품의 1%만 입찰금액으로 넣으면 당첨자에게 공짜로 상품을 보내 준다고 해서, 유명 상표의 최신식 홈 시어터에 입찰했다. 며칠 후 당첨되었다는 메일과 함께 상품의 22%에 해당하는 제세공과금 29만 원을 현금으로 입금하라고 하여 온라인 송금했는데, 기다려도 상품은 오지 않고 연락도 되지 않았다.

이 경우도, 횡령과 같은 경제범죄 혐의로 고소할 수 있고, 또 복권(및 복권기금)법에서 금지하고 있는 (유사)온라인복권 판매대행 위반과 같은 판매자의 위법행위를 이유로 법적인 책임을 물을 수 있다. 하지만, 판매자가 누구인지 알아내기가 현실적으로 어려우니 보상받기 어렵다.

이러한 인터넷쇼핑에서의 소비자피해는 오프라인 거래에서와는 달리 법적으로도 구제받기 어려운 경우가 있어 소비자의 각별한 주의가 요망된다. 다시 말해 사전에 예방하는 것이 상책이다.

일상적인 거래와 마찬가지로 인터넷쇼핑에서도 1차적인 책임은 당사자에게 있다. 구매자의 입장에서는 무엇보다도 판매자(인터넷 쇼핑몰)의 신용도를 잘 파악해서 문제소지가 있는 쇼핑몰은 이용하지 않는 것이 피해예방의 지름길이면서 합리적인 소비행태라고 할 수 있다.

예컨대, 해당 사이트의 게시판에 소비자불만이 자주 올라오면 일단 주의하는 것이 좋다. 그리고 온라인 송금과 같이 현금거래만을 하겠다는 쇼핑몰도 일단 주의해야 한다. 또, 고가의 상품을 파격적인 할인가로 판다면서 유혹할 때는 의심해 봐야 한다. 예컨대 유명한 스위스 명품시계를 5만 원에 판다고 하면, 십중팔구 가짜이거나, 범죄와 관련된 장물일 가능성이 높다. 또 선착순 판매나 추첨식, 복권식 판매와 같이 구매자의 사행심을 자극하는 판매자를 특히 주의해야 한다.

최근 정부에서도 이러한 인터넷쇼핑에서의 소비자피해를 막기 위해 소비자피해보상보험을 확대하도록 업계에 권유한다든지, 중개자(오픈마켓 개설자)의 책임을 강화하는 등 안전한 인터넷쇼핑을 위한 여러 정책을 마련 중에 있는 것으로 보인다.

시장경제체제 아래서 인터넷쇼핑은 일반 오프라인 거래에서와 마찬가지로 판매자와 구매자 간의 사적 거래이다. 따라서 개인 간 거래에서 야기되는 경제적 혜택과 손해는 우선적으로는 당사자의 몫이며, 인터넷쇼핑에서의 소비자피해도 피해자인 소비자에게도 책임이 있다.

인터넷쇼핑이 소비자에게 큰 만족을 줄 수도 있는 반면, 주의를 소홀히 하면 피해를 입을 수 있다는 사실을 항상 염두에 두어야 할 것이다.

농민신문사의 요청으로 시론에 게재했던 것을 바탕으로 쓴 글이다. 인터넷쇼핑이 확산되면서 농산물 판매 전용의 사이트들이 많이 생겨났다. 고향의 한 친구는 인터넷으로 농약을 쓰지 않는 유기농포도의 판로를 개척하여 적지 않은 수익을 내고 있다. 저자의 '농산물 인터넷쇼핑' 강좌를 들었던 영농후계자들 중에서도 토마토와 배, 심지어 한약재로 쓰이는 특용작물을 인터넷을 통해 전국의 단골들과 연결하고 있었다.

그런데 이들의 가장 큰 고민은 소비자들로부터의 무리한 클레임(불만)을 받을 때의 대처방법이었다. 물건을 받고도 또 보내 달라고 하고, 빈번하게 단순변심 반품을 요구하여 영업에 지장이 많다는 것이다. 그분들의 애로를 십분 이해하지만, 현행법 규정을 이해시키고 때론 제도개선을 위해 노력하겠다는 말로 위로하기도 했다.

새로운 행태의 인터넷거래 수단으로 모바일쇼핑과 소셜쇼핑이 있다. 모바일쇼핑이란 휴대폰을 이용하여 무선 인터넷에 접속해 쇼핑을 할 수 있는 서비스를 말한다. 이용자들은 휴대폰을 이용해 이동 중에도 쇼핑이 가능하고, 백화점이나 마트에서 물건을 살 때 인터넷 쇼핑몰에 접속해 해당 물건 가격을 비교할 수도 있다. 바코드를 전송해 주면 매장에서 상품으로 교환할 수 있는 '기프티콘'으로 간편하게 선물을 주고받을 수 있다. 스마트폰시대의 등장으로 모바일쇼핑과 기존의 인터넷쇼핑과의 경계가 무너지고 있는 중이다.

소셜쇼핑이란 인터넷에서 특정 품목을 정해진 기간(주로 하루) 동안만 파격적으로 낮은 가격에 판매하되 사이트 운영자가 사전에 정한 최소 물량이 팔려야만 거래가 성사되는 비즈니스 방식으로 소셜커머스(social commerce)라고도 한다. 최소 구매 물량 판매를 위해 소비자들이 자발적으로 SMS뿐만 아니라 트위터와 페이스북과 같은 소셜네트워크서비스(SNS)를 이용해 정보를 확산시키며, 이를 통해 소비자는 할인혜택을, 판매자는 대량 판매와 홍보 효과를 동시에 누릴 수 있다. 지금까지는 주로 배송이 필요 없는 외식권, 상품교환권, 서비스 이용권 등이 거래되지만, 앞으로 다양한 상품의 거래도 예상된다.

세계화, 정보화, 과학화에 따라 과거 공급자 중심에서 수요자 중심의 시장경제가 정착되어 가고 있으며, 바야흐로 소비자가 경제의 중심주체로 부상되고 있다. 이러한 시대적 변화의 원동력에는 IT(information technology) 분야의 급격한 발전과 이용이 그 중심에 놓여 있다.

이에 따라 일반상거래에서 발생되는 여러 소비자문제와는 특성이 다른 다양한 IT이용에 따른 문제들이 생기고 있거나 향후 새로운 형태의 소비자문제가 발생될 것으로 보인다. 예컨대 IT이용에 관련된 이용자피해는 '불특정 다수에 노출되어 정확한 피해규모의 파악이 어렵고 따라서 피해복구나 보상이 어려운 점' 등 이전의 '소비자피해'와는 다른 성격을 가지는 경우가 많다. 따라서 지금까지의 '소비자문제'에 대응하는 정책방안과 구별되는 IT이용자 문제에 대응하는 새로운 개념의 소비자정책이 마련되어야 할 것이다.

IT이용에 관한 소비자문제를 살펴보기 위해서는 우선 관계법상 소비자의 개념을 확장한 이른바 'IT이용자'라는 개념을 새로 정립할 필요가 있다고 본다. 다시 말해 일반적인 사업자와 소비자 간의 상거래 이외에도 개인 간(C2C) 거래, IT인프라나 서비스의 이용, 그리고 미래의 향후 u−IT환경에 의지적으로 참여하는 당사자까지 소비자의 범위에 포함시켜야 할 것이다. 요약하자면 일반상거래에서의 소비자문제를 IT환경 아래서의 국민생활 문제로 전환할 필요가 있다는 것이다.

이러한 소비자문제의 개념과 변화추세에 맞추어 소비자문제를 다시 정의해 보면, '기업과 소비자 간 거래관계를 포함한 다양한 경제주체 간 거래관계 및 IT 서비스 이용관계에서 소비자 내지 이용자의 권리가 침해됨으로써 발생되는 제 문제'로 규정지어 볼 수 있겠다.

덧붙여, 이러한 확대된 소비자 및 소비자문제의 개념 아래 소비자의 권리와 역할 문제도 다시 검토해 볼 필요가 있다.

그리하여 IT이용자의 의미를 포함한 소비자정책의 개념을 정립해야 하며, 이 때 소비자문제의 범위를 단순한 피해구제에서 국민생활자의 종합적 문제로 파악하여, 이들의 니즈를 충족하는, 종합적 의미의 소비자정책방향을 제시해야 할 것이다.

안전한 생활

1. 급발진사고, "내 탓이오?"

미국의 저명한 법경제학자이자 연방법관을 역임한 예일대의 귀도 캘러브레이지(Guido Calabresi) 교수는 자동차를 악마의 선물에 비유한 적이 있다. 자동차는 현대인들에게 없어서는 안 될 문명의 이기이지만, 재미있고 스릴감 넘칠수록 더 많은 생명을 담보하는 악마의 유혹이라는 것이다. 최근에 빈발하는 자동변속 차량의 급발진 사고도 이러한 비유로부터 무관하지 않을 것이다.

지난 2005년 김영란 대법관이 탄 관용차가 급발진해 부상을 입었고 1998년에는 유명 탤런트의 승용차가 갑자기 후진해 가족이 사망하는 등 급발진 관련 사건·사고가 끊이지 않고 있다. 저자가 일했던 한국소비자원에 접수된 급발진 사고 상담건수는 2004년 80여 건에서 2006년 112건, 2008년 99건, 2009년 78건(2010년 5월 말까지 145건) 등으로 줄지 않고 있으며, 사고의 피해자가 차량 제조업체나 수입업체를 상대로 한 소송도 잇따르고 있다.

급발진은 주로 자동변속기가 장착된 차량의 시동 때 가속페달을 밟지 않았음에도 차량이 갑자기 돌진하는 현상을 말한다. 1980년대 초 미국에서 처음으로 법정논쟁까지 가서 세계적으로 알려졌지만 지금까지도 그 원인에 대해서는 여러 가지 요인이 추정될 뿐 속 시원히 알려진 것이 없다.

우리나라의 관련 소송에서는 차량의 결함 때문에 급발진이 발생한다는 주장을 인정하지 않고 있다. 하지만 운전자의 조작 미숙이라고 결론짓기엔 미심쩍은 부분이 많다는 것은 누구나 공감하는 일이다. 많은 운전자들이 급발진 사고의 원인이 차체의 설계나 제조과정에서의 결함이라는 의혹의 눈초리를 보내고 있으나 그 누구도 정확한 원인을 입증할 수 없는 상황이다.

이런 현실에서 이번에 서울중앙지법이 급발진 관련 사고의 원인을 운전자가 아니라 차량을 제조·판매한 회사가 입증해야 한다는 매우 의미 있는 판결을 내렸다. 이번 판결은 민법 제750조의 과실책임법리에 따라, 운전자가 자신의 과실 없음을 증명해 보여야 한다는 기존의 대법원 판례를 뒤집은 것이어서 주목된다.

우리나라와는 달리 미국은 이미 90년대 후반 이후부터 급발진 사고에 관련된 소송에서 '차체 결함이 없음'을 제조사가 입증하도록 하고 있다. 우리나라도 지난 2001년 입증책임이 소비자가 아닌 자동차 회사에 있다는 판결이 있었으나 업체의 즉각적인 항소로 인정되지 못한 적이 있었다. 이번 판결에 대해서도 업계에서는 항소의사를 보일 것으로 예상되지만, 이 판결이 미국과 같이 입증책임이 소비자에게서 제조사로 상당 부분 전환되는 계기가 되기를 기대한다.

그리하여 그동안 사고를 당하고도 적절한 보상을 받지 못했던 소비자들의 억울함과 혹시 자신도 급발진 사고를 당하여 '악마의 유혹'의 희생양이 되지 않을까 염려하는 소비자의 불안이 해소되는 한편, 자동차회사들도 급발진 사고 제어장치 설치 등 보다 안전한 차량을 생산할 수 있게 되었으면 한다.

특히 중앙 일간지의 경우는 하루에도 수십, 수백 건의 기고 글들이 쏟아진다고 한다. 신문사 데스크에서 일하는 사람의 말로는 사회의 저명인사들은 자기 이름을 앞세우고 기관의 장들이나 기업의 CEO들은 직위를 내세워서, 대학교수들은 자칭 전문가라는 자기 PR과 함께, '부실한 내용이나 타이밍을 놓친 글'들을 실어 달라고 애원하는 일도 다반사란다. 부탁 한 번 하지 않았음에도 이메일로 기고한 글이 일간지에 수십 편씩이나 게재되었으니 행운이다.

조선일보에 게재된 이 글은 이메일로 보낸 몇 시간 뒤 오피니언 데스크로부터 게재확정 전화를 받은 것이다. 자동차를 악마의 선물에 비유한 캘러브레이지 교수의 프롤로그가 재밌고, 당시 독자들의 관심사인 급발진 사고와 타이밍이 절묘했다는 설명과 함께.

지금까지도 급발진에 관련된 사고는 끊이지 않고 있지만, 이 글에 소개된 판결 이후에는 이렇다 할 뉴스가 없는 것을 보면 '심증은 가도 물증이 없는' 소비자 입장에서는 억울할 수밖에 없는 현상이 당분간 지속될 듯싶다.

예일 대학의 캘러브레이지(Guido Calabresi) 교수는 법경제학(law and economics)의 대가(大家)이다. 그의 1961년 『사고비용의 법경제적 연구』는 현재까지도 불법행위법에 대한 경제학적 분석의 가장 기본적이면서 대표적인 연구로 꼽힌다. 뿐만 아니라 후속 논문과 저술을 통해 재산권, 책임법리, 불법행위법 등에서의 인과관계에 대한 경제적 분석에 큰 공헌을 했다. 저자도 법경제학을 전공하면서 그의 연구에 큰 감명을 받았다.

신속한 리콜과
소비자신뢰

소비자 신뢰는 기업의 생명줄

얼마 전 세계적인 자동차회사 도요타가 자동차 결함을 알고서도 '리콜'을 하지 않은 사건이 알려졌다. 특히 일본 사정 당국의 조사 결과, 실무책임자뿐 아니라 회사의 고위간부도 자사의 자동차에 중대한 결함이 있음을 알고 있었지만, 이를 8년간 숨겨 왔다는 사실이 밝혀져 수십 년 지켜 온 회사의 신뢰성에 타격을 입게 되었다.

리콜(recall)이란 문제가 있는 제품을 수리해 주거나 교환해 준다는 말이다. 법적으로는, 제품 이용자에게 위해를 끼치거나, 끼칠 우려가 있는 결함이 발견된 경우에 사업자가 소비자에게 제품의 결함내용을 알리고 환불이나 교환, 그리고 적절한 수리를 해 주도록 하는 소비자 안전제도의 하나다.

선진국의 경우 우리와 비교해 볼 때, 리콜이 매우 활성화되어 있을 뿐 아니라 강력히 시행되고 있다. 미국의 예를 들면, 어떤 지역에서 잡힌 생선 몇 마리에서 위생상 문제가 발생되면, 해당 지역에서 잡힌 모든 생선을 리콜할 정도이다. 실제로, 1997년에 미국의 한 식품회사에서 납품하는 햄버거에 병원성 대장균이 발견된 적이 있었는데, 당시 위생당국에서 리콜을 권고했고, 30만 파운드의 햄버거 전량을 수거하여 폐기하는 리콜조치가 있었다. 해당 회사로서는 큰 부담인 셈이다. 사정이 이렇다 보니, 선진국의 기업들은 문제의 소지가 있는 경우에 실제로 문제가 발생되기 전에라도 자발적으로 미리 리콜하는 경우가 많다.

실제로 벤츠나 현대와 같은 세계적인 자동차 메이커도 결함 있는 일부 부품을 리콜하겠다고 공개적으로 홍보하고 있다. 자동차 외에도 다양한 소비자제품의 리콜이 공개적으로 실시되고 있는 실정이다. 소비자도 자발적으로 리콜하는 기업에 더 좋은 점수를 주는 경향이 있다.

요즘 리콜 광고의 내용을 보면, 대부분 소비자만을 위해 리콜하는 것같이 표현하고 있다. 하지만, 실제로는 기업의 이익을 위해서다.

소비자 관점에서 보면 제때 리콜하는 기업과 리콜하지 않고 있다가 나중에 문제가 드러나는 기업 중 소비자가 어느 쪽을 선호하게 되는지는 자명하다. 물론 문제가 발각되지 않고 그냥 넘어갈 수 있다면 좋지만, 진실은 어떤 경로를 통해서든지 밝혀지게 마련이다. 도요타의 경우가 좋은 예다. 소비자의 안전을 생각하는 기업은 소비자의 신뢰를 얻게 되어, 경쟁력이 높아진다는 것을 알면, 제때 리콜하는 것이 기업에게는 궁극적으로 이득이 된다.

소비자의 신뢰는 기업의 생명줄이기 때문이다.

도요타와 결함제품 리콜

자동차 없는 미국생활은 상상하기도 힘들다. 출퇴근뿐 아니라 식당이나 마트, 심지어 미용실 갈 때도 자동차를 이용한다. 아이들도 16세가 되면 운전을 하며, 입학이나 결혼 선물의 일 순위는 단연 자동차이다. 그만큼 자동차가 일상생활에서 차지하는 비중이 크다 보니 미국인들이 자동차의 품질이나 디자인 그리고 안전성에 민감할 수밖에 없다.

저자는 2000년 초 미국 체류 시 도요타(豊田)사의 캠리를 탔다. 출고된 지 7년이나 지난 중고차였지만 한국에서 몰던 신차보다 성능이 우수했다. 귀국할 때는 산 가격 그대로 되팔 수 있었다. 그만큼 도요타는 품질이나 안전성에서 신뢰받던 차종이었다.

연일 계속되는 도요타의 결함과 리콜에 관한 뉴스가 이제 식상한 감도 없지 않다. 세계인들의 선망이던 렉서스에 이어 주력 하이브리드카인 프리우스의 브레이크 결함 리콜 결정이 나오더니, 이제는 도요타의 저가 브랜드인 코롤라의 핸들 결함 리콜 가능성 소식까지 들린다. 뛰어난 품질로 세계 자동차 시장을 선도하던 회사의 수십 년간 지켜 온 명성과 소비자신뢰가 한꺼번에 추락할 위기에 처한 것이다.

사실 도요타는 과거에도 리콜지연 문제로 곤욕을 겪은 적이 있다. 당시에는 특히 일본 사정 당국의 조사결과 실무책임자뿐 아니라 회사의 고위간부도 자사의 자동차에 중대한 결함이 있음을 알고 있었지만, 이를 8년씩이나 숨겨 왔다는 사실이 밝혀지면서 회사의 신뢰성에 타격을 주었다. 도요타의 경우도 지난 2000년대 초 일본의 미쓰비시(三菱) 자동차의 결함은폐사건과 유사한 면이 있다. 당시 미쓰비시는 막대한 리콜비용과 회사 이미지 훼손으로 인한 손실을 염려해서 결함사실을 숨겼지만, 그 결과는 엄청났다. 일본을 포함한 전 세계 소비자들의 외면으로 회사부도 위기까지 몰렸고, 아직도 옛날의 명성을 회복하지 못하고 있다.

사정이 이렇다 보니, 선진국의 기업들은 문제소지가 있는 경우에는 문제가 발생되기 전에라도 자발적으로 리콜하는 경우가 많다. 실제로 벤츠나 포드와 같은 세계적인 자동차 메이커도 결함 있는 부품을 리콜한다는 홍보까지 하고 있다. 자동차 외에도 다양한 소비자제품의 리콜이 공개적으로 실시되고 있다.

과거와는 달리 소비자도 자발적으로 리콜하는 기업에 호감을 갖는다. 수년 전 LG의 전기압력밥솥이 내솥 결함으로 폭발하는 사건이 발생했고, 초기에는 대처에 다소 미온적이던 회사가 광고를 통해 포상금까지 걸면서 리콜조치를 하겠다는 적극성을 보이자 소비자들은 LG전자에 좋은 점수를 주었다.

소비자의 관점에서 보면, 제때 리콜하는 기업과 결함을 숨기고 있다가 나중에 발각되는 기업 중 어느 쪽을 신뢰할 것인가는 이번 도요타 사태를 보더라도 자명하다. 은폐된 채로 넘어갈 수 있다면 좋지만 진실은 어떤 경로를 통해서든지 알려지는 것이 세상 이치이며, 인터넷을 발달한 요즘은 더욱 그렇다. 저자가 수행한 조사에서도 비록 기업들은 리콜을 통한 소비자의 신뢰하락을 우려하고 있지만, 소비자들은 적극적으로 리콜하는 기업에 더 큰 호감을 나타냈다.

소비자의 안전을 생각하는 기업은 소비자의 신뢰와 사랑을 얻게 되어 경쟁력이 높아진다는 것을 알면, 제때 조치하는 것이 최선의 방책이다.

도요타의 경우도 이번의 뒷북치는 리콜조치로 막대한 부담을 안게 되었지만, 장기적으로는 회사의 신뢰회복에 득이 될 것이다. 회사의 확실한 리콜조치가 진행된다면 여론의 뭇매에도 불구하고 수십 년간 쌓인 품질에 대한 소비자 신뢰는 점차 회복될 것이다.

리콜제도는 잘 정비되어 있지만, 실제로 결함 제품의 리콜에 소극적인 감이 있는 국내 기업들도 이번 도요타의 경우를 귀감(龜鑑)으로 삼아야 한다. 다시 말해 제품의 품질향상과 더불어 안전상 문제 있는 제품의 신속한 리콜조치에 각별히 신경 써야 한다.

조선일보 독자칼럼에 실린 첫 번째 글과는 달리, 두 번째 글에는 사연이 좀 있다. 도요타 리콜사건이 막 이슈화되는 시점(始點)인 2010년 2월 초 동아일보 오피니언에 기고했으나 기사가 넘친다는 이유로 거절되어 부득이 조선일보사로 보냈다.

조선일보 데스크에서 '발언대' 게재라는 당초의 통보를 바꿔 비중있는 시론으로 게재 검토 중에, 동아일보사로부터 '내일 나간다'는 갑작스런 게재 통보를 받았다. 황당스러운 일이지만 자초지종 설명과 함께 게재하지 말 것을 요청하고, 조선일보의 '결정'을 기다렸다. 공교롭게도 조선일보에서도 기사가 넘친다는(짐작건대 비슷한 주제의 저명인의 글들이 쇄도하는) 이유로 밀려나는 '수모'를 겪은 글이다.

저자는 결함제품 리콜에 대한 연구를 해 왔던 터라 마침 온라인 저널의 요청이 있어 그곳으로 보냈다.

3. 제품 리콜의 경제학

지난해 말 저자는 일터에서 가까운 모 자동차회사 건물에서 들려오는 소음 공해(!)로 여러 날 동안 일손을 놓아야 했다. 자동차의 결함에 항의하고 해당 제품의 성의 있는 리콜을 촉구하는 운전자들의 항의 집회 때문이었다. 일하는데 지장은 많았지만, '제대로 된 리콜'을 요구하는 소비자들의 커진 목소리를 실감 나게 들을 수 있어서 업무에 참고가 되기도 했다.

최근 들어 소비제품을 리콜조치를 한다는 뉴스와 광고를 종종 듣게 된다. 자신들이 만들어 판매한 제품상의 하자를 무상으로 고쳐 주거나 새 제품으로 교환해 준다는 것이다.

리콜의 법적인 개념은, 제품 이용자에게 위해(危害)를 끼치거나, 끼칠 우려가 있는 결함(하자)이 발견된 경우에 사업자가 이용자에게 그 결함내용을 알리고 환불이나 교환, 또는 적절한 수리를 해 주는 것을 의미한다. 이때 사업자가 스스로 리콜을 결정하면 '자발적 리콜'이 되고, 정부의 요청에 의한 수동적인 경우는 '강제리콜'이 된다. 강제리콜은 또 '리콜권고'와 '(긴급)리콜명령'으로 구분된다. 요즘은 대부분 사업자 스스로 리콜을 하고 있으며, 정부에서도 가급적 강제리콜 대신 사업자의 자발적 리콜을 유도하고 있다.

저자는 미국의 캘리포니아 주에 몇 년간 거주했던 적이 있다. 당시에 캘리포니아 주지사인 데이비스(Gray Davis)라는 사람이 주 재정 문제에 관련된 사안으로 결국 물러나는 일이 있었다. 리콜(recall)이라는 말은 원래 이 경우와 같이 선거직 공무원을 임기 중에 투표를 통해서 해임시키는 '국민소환제'를 의미한다. 이것이 소비제품에 관련해서도 쓰이기 시작했는데, 문제가 있는 제품들을 소환(리콜)한다는 의미로 사용되어 왔다.

미국, 유럽 등 선진 외국의 경우 리콜 문제는 제조물책임(Product Liability)과 더불어 기업들의 가장 큰 관심사 중의 하나이고, 활성화되어 있는 편이다. 미국의 한 예를 들면, 공산품의 경우 연간 약 300여 건, 식품은 연간 약 1,700여 건, 자동차의 경우 연간 약 400~450여 건 정도 리콜을 실시하고 있지만, 대부분 법으로 보장된 규제당국의 명령 이전에 기업이 자발적으로 리콜을 행하고 있다(미국의 소비자제품안전위원회(CPSC), 식품의약품안전청(FDA), 국립고속도로교통안전국(NHTSA)의 홈페이지에서 분야별 리콜통계를 살펴볼 수 있다).

이와 같이 미국의 기업들은 실제로 문제가 발생되기 전에라도 문제발생 소지가 있으면 자발적으로 미리 리콜하는 데 익숙하며, 소비자들도 이러한 자발적 리콜 기업들에 더 좋은 점수를 주는 경향이 높다.

국내의 경우는 어떨까? 리콜 제도가 처음 도입된 90년대 초에서 중반까지는 사실 자발적이든 강제이든 리콜 사례가 거의 없었다. 그러다가 90년대 말 이후로 리콜 건수가 점차 증가되고 있는 추세이다.

최근에는 서두에서 소개했듯이 자동차에 관련된 리콜이 가장 많은데, 대표적인 경우가 자동차 안전벨트의 기능 결함과 변속기 결함이었다. 요즘에도 국내외 유명 자동차 모델들이나 가전제품 등 소비제품의 결함 있는 부품들을 리콜하겠다고 공개적으로 광고를 통해서 홍보하고 있는 것을 종종 볼 수 있다.

기업의 입장에서 볼 때 문제의 소지가 있는 제품을 리콜하는 것이 좋을까 아니면 그냥 넘어가는 것이 유리할까 고민거리일 것이다. 사실 사고를 일으킨 제품 한두 개를 수거하여, 무상수리나 환불해 주는 데는 큰 부담이 없지만, 이미 팔려나간 동일 모델의 모든 제품을 리콜하게 되면, 기업으로서는 큰 부담이 아닐 수 없다. 경우에 따라서는 회사의 존립이 휘청거리기도 할 것이다. 하지만, 소비자의 입장에서 잘 한 번 생각해 보면, 리콜을 제때에 하는 기업과 리콜하지 않고 있다가 나중에 문제가 드러나는 기업 중 어느 쪽을 더 신뢰하게 될 것인가?

물론 문제가 드러나지 않고 그냥 넘어갈 수 있다면 좋지만, 진실(fact)은 어떤 경로를 통해서든지 밝혀지게 마련이다. 최근에 일본의 미쓰비시라는 회사가 자사의 자동차에 중대한 결함이 있음을 알고 있었지만, 오랫동안 이를 숨겨 오다가 발각되어 큰 타격을 입은 뉴스가 있었다. 그 회사가 오죽하면 숨겨 왔을까? 막대한 리콜비용과 이미지 훼손으로 인한 손실이 우려되어 고심 끝에 리콜하지 않는 것으로 결정했을 것이다.

자발적 리콜이 단기적으로는 기업에 회수비용이나 보상비용, 그리고 이미지 훼손과 같은 비용요소로 작용하지만, 미쓰비시 자동차회사처럼, 제때 리콜하지 않음으로써 한순간에 큰 비용을 부담하는 경우에 직면하지 않기 위해서는, 적기에 리콜조치를 하는 것이 비용을 줄이는 '효율적(efficient)'인 조치가 될 것이다. 덧붙여, 결함 제품을 리콜하는 기업은 소비자의 안전을 생각하는 기업이라는 이미지를 높일 수 있게 되어 소비자의 신뢰(사랑)를 얻을 수 있어 시장경쟁력도 높아질 것이다.

이러한 '리콜의 경제학'이 성립하기 위한 필요충분조건 중의 하나는 소비자들의 리콜에 대한 인식 변화이다. 어떤 기업이 일부 불량제품을 생산했더라도 그것을 공개적으로 회수하고 보상하겠다는 것은, 일단 소비자의 안전을 우선으로 생각하는 조치로 간주해 줄 수 있어야 하겠다. 사회적으로 이슈가 되지도 않았으며 정부의 리콜 권고가 없는데도 불구하고 자발적으로 리콜하거나, 경미한 안전사항인데도 리콜하는 기업에 대해서는 보다 많은 신뢰를 보여 줄 필요가 있다.

미국, 일본, EU 등에 비해 매우 저조했다. 미국의 리콜건수는 2008년 564건, 2009년 466건에 달했고 같은 기간 일본은 106건, 94건의 리콜이 발생한 반면, 우리나라는 2008년에는 단 한 건의 자발적 리콜도 없었으며, 그나마 2009년에 29건이 집계되었을 뿐이다(물론 제품의 품질과 안전성이 좋아져서 리콜 사유가 줄어들었을 수도 있었겠다).

4. 제품 사고와 기업의 대응 태도

요즘, TV 화재가 발생했다거나 학교 단체급식 식중독 사고 등 소비자제품이나 식품에 관련된 사고 소식을 신문이나 뉴스를 통해 이따금 접하게 된다. 또 아직까지 뚜렷한 원인을 찾지 못하고 있는 자동변속 자동차의 급발진 사고 등 제품의 안전성 결함으로 인한 신체나 재산상의 피해가 끊이지 않고 있다.

다른 소비자문제와는 달리, 이러한 제품 안전에 관련된 문제는 당사자 간의 자발적 해결이 쉽지 않다. 왜냐하면 자동차 급발진 사고와 같이 일단 사고가 발생하면 그 피해가 적지 않으며, 경우에 따라서는 상해나 사망과 같이 회복이 어려운 상황이 초래된다. 또한 사고의 원인이 제품의 결함 때문인지 아니면 피해자의 과실 때문이지 여부를 명확히 가리기 어려워 당사자 간 분쟁을 피할 수 없게 된다.

정부에서는 이러한 제품에 관련된 사고를 미연에 방지하거나 최소화하기 위한 여러 안전 제도들을 시행하고 있다. 예컨대, 리콜제도가 그 좋은 예이다.

수년 전에 모 가전회사가 폭발 가능성이 있는 문제의 밥솥들을 5만 원의 보상금까지 지급하면서 회수(recall) 한다고 대대적으로 광고한 적이 있다. 이는 결함 제품으로부터 소비자를 보호하기 위해 회사가 자발적으로 시행하는 리콜제도의 한 형태이다.

다행히 전기밥솥의 경우는 회사의 적극적인 조치로 문제가 커지기 전에 사고를 예방할 수 있었지만, 소비자 입장에서 볼 때 아직도 소비자안전이 무시되거나 등한시되는 제품 사고를 종종 보게 된다. 일부 업체이긴 하지만, 제품의 구조적인 문제로 사고가 발생되어도 숨겨 오거나 발생된 사고에 대해서만 음성적으로 무마하려는 사례가 적지 않다. 대기업의 경우도 예외는 아니다. 더 이상 사고가 발생되지 않으면 다행이지만, 진실은 어떤 경로를 통해서든 밝혀지기 마련이다.

도요타(Toyota)사나 미쓰비시(Mitsubishi)사가 자사의 자동차에 중대 결함이 있음을 알고 있었지만, 안전조치를 하지 않고 숨겨 오다가 들통이 나 결국 회사가 위기에 처했다는 소식은, 안전을 등한시하는 일부 업체들에 경종을 울리는 좋은 사례이다.

아무리 좋은 기술로 최선을 다한다 해도 사람이 만드는 제품은 완벽할 수 없다. 따라서 제품의 하자나 결함에 의한 안전사고가 생기기 마련이다. 하지만, 소비자가 신뢰하는 경우는, 이러한 문제를 숨기고 있다가 나중에 드러나는 기업이 아니라, 문제가 발생되었지만 제때에 리콜과 같은 안전조치를 하는 기업이다. 기업들은 자사 제품에 문제가 발견되면 소비자가 모르더라도 가급적 빨리 리콜조치를 취하는 것이 바람직하다. 단기적으로는 회수비용이나 보상비용, 그리고 이미지 훼손과 같은 손실이 발생되겠지만, 도요타나 미쓰비시 자동차와 같은 곤경을 당하지 않기 위해서는 적절한 시기에 조치하는 것이 보다 유리하다.

자동차 급발진 사고와 같이, 정확한 사고원인을 알 수 없는 경우에는 제조사의 입장에서도 선뜻 리콜과 같은 안전조치가 곤란한 경우도 있을 것이다. 하지만, 유사한 사례가 많이 있었던 미국에서는 급발진 사고에 관련된 소송에서 제조사가 패소하는 경우도 종종 있었고 제조사들도 기술적 원인규명에 적극적인 것을 볼 때, 우리나

라 제조사들도 차체의 설계 및 제조상의 결함 가능성에 대해 보다 정밀히 분석해 보

고 또 피해자들의 억울함에 귀 기울이는 등 보다 적극적인 대응이 필요할 것이다.

5. 의료사고 & 의료분쟁

국내에서도 드라마화되어 인기리에 방영된 적이 있는 야마자키 도요코(山崎豊子)의 〈하얀거탑(白い巨塔)〉에서도 볼 수 있듯이, 현대인들에게 의료서비스는 생활의 필수상품(necessary products)이다. 대부분의 아이들이 병원에서 태어나고, 몸이 아프면 치료받으러, 건강하더라도 정기검진을 위해 병원을 출입한다. 다사다난한 인생을 병원에서 마감하는 경우도 많아지고 있다.

이와 같이 의료서비스는 우리의 건강을 지켜 주는 소중하고 중요한 것이다. 하지만, 이러한 의료서비스를 제공하는 병원과 의사들에게 감사하지 못하고 오히려 다툼으로 비화되는 경우가 있다. 바로 의료서비스분쟁이다.

사실 과거에는 의사들의 진료 잘못으로 사고가 발생해도, 병원이나 의사를 상대로 보상받기가 극히 어려웠으며, 유일한 방법이 소송이었다. 하지만, 소송에서 환자가 의사의 과실을 입증해야 했기 때문에 여러 가지 어려움이 따랐다. 더우기 의료소송의 평균 소송기간이 26.3개월로서 일반 소송의 4배가 넘고 항소율이 71%가 넘어 최종심까지 가는 경우가 대부분이다. 결과적으로 의료서비스의 피해자인 원고가 승소하더라도 개인적 실익이 없는 경우가 많다. 그래서 피해자들은 몸으로 항의하여 병원으로부터 위로금 형태의 보상이나 합의금을 받거나,

아니면 포기하는 경우가 대부분이었다.

　하지만, 최근 들어 의료소송에서 법원이 피해자의 입증책임을 어느 정도 줄여 주고 있어 피해자의 권리회복이 여건이 다소 나아졌고, 이 점이 의료분쟁이 늘어나는 하나의 요인으로도 작용했다고 볼 수 있다. 다시 말해, 피해자가 병원 측의 과실을 모두 입증하지 못하더라도 법원이 병원 측의 과실을 인정하는 경우가 과거에 비해 늘고 있는 것이다.

　실제로, 최근 2년간 의료소송사건 중 피해자(원고)의 약 30%는 패소했지만, 26% 정도는 승소했고, 또 나머지 44%는 조정이나 화해를 통해 일정 수준의 배상을 받았다. 또 정부기관이나 민간단체들이 의료사고 피해자 돕기에 적극적인 점도 의료분쟁 증가의 한 요인이 되고 있다. 이 또한 의료분쟁에서 소비자의 안전할 권리를 향상시켜 주는 결과를 가져왔다. 또한 의료법에서 정한 여러 조정절차를 통해 피해자들이 비용이 많이 드는 소송을 통하지 않고도 상담과 조정을 통해, 이른바 재판외분쟁해결(ADR; Alternative Dispute Resolution)의 절차를 통해서도 의료분쟁의 효과적인 해소가 가능하다.

　어쨌든, 이러한 사법적 환경변화와 소비자기관이나 소비자단체의 도움 그리고 피해당사자의 적극적인 권리행사를 통해 의료사고로 인한 소비자의 억울함이나 피해가 어느 정도 회복될 수 있는 여건이 마련된 것은 다행한 일이다.

　한 가지 현실적인 문제는 의료분쟁 시 잘못을 입증할 책임이 여전히 피해자에게 있다는 점이다. 피해자가 고도의 전문분야인 의료서비스에 대해 가해자의 과실을 입증하기란 불가능에 가깝다. 따라서 (재판과정에서) 피해자의 입증책임을 더 줄여 줄 필요가 있다. 미국의 경우를 보면 과실 여부의 입증책임을 상당부분 가해자 측에 물리고 있는 실정이다.

최근에는 일반 제품에서의 제조물책임과 같이 의료사고의 경우에도, 무과실(no-fault) 제도로 바꿔야 한다는 개혁방안이 논의되고 있다. 제도적으로 의료인의 진료권이 존중되어야 하지만, 의료 서비스에 대한 소비자의 권리도 당연히 보장되어야 한다.

정부에서도 이러한 내용을 담은 이른바 의료분쟁조정법 내지 의료사고피해구제법을 제정하려고 노력해 왔다. 이 법이 제정된다면(여러 현실적인 문제점에도 불구하고) 의료배상책임보험도 활성화돼서 더 많은 피해자들이 소송으로 가지 않더라도 피해구제를 받을 수 있게 될 것이다. 더불어 재판에서도 피해자의 입증책임이 줄어들어 보다 객관적인 해결이 가능해질 것이다.

여담 · digressions

저자는(제7부에서 소개하듯이) KBS라디오 경제프로그램인 '성기영의 경제투데이'에 정기 출연했던 적이 있다. 그때 방송국에서 요청한 연속 기획 주제 중의 하나가 '의료서비스 분쟁'이었다.

당시 준비한 자료를 바탕으로 글을 쓰고, 선택진료제도의 문제점 등 저자의 연구와 보건복지부의 TF 활동 등을 바탕으로 3회에 걸쳐 소비자칼럼에 시리즈로 게재했다. 이 글은 시리즈 내용을 함축하여 다시 정리한 것이다.

저자가 업무뿐 아니라 개인적으로도 의료분쟁에 관심을 갖게 된 것은 일본의 후지TV에서 방영된 〈하얀거탑(白い巨塔)〉 드라마를 보고 나서이다. 내용뿐 아니라 출연한 배우들의 섬세한 감정 처리가 너무나 훌륭해 아무도 없는 고즈넉한 히토쓰바시(一橋)대학 연구실에서 여러 편을 몰아 보다가 새벽을 맞기도 했다. 내용은

한국판과 별 차이가 없지만, 시청자를 울리고 웃기는 재미에 더해 의료사고의 진면목을 느낄 수 있는 좋은 드라마였다.

최근 의료사고에 관한 분쟁에서도 '과실'에 기초한 제도를 이른바 '무과실주의'로 바꿔야 한다는 보다 급진적인 개혁방안이 제시되어 왔다. 예컨대 국회에서는 의사나 병원 측의 입증책임을 강조하는 '의료사고피해구제법'이 몇 차례 상정되어 입법화가 시도돼 왔었다. 또한 시민단체가 중심이 되어 입증책임 전환을 핵심 내용을 한 의료사고피해구제법 제정을 위한 국민청원이 제기되기도 했다. 이러한 움직임의 주된 내용은 의료과실로 인한 피해자가 해당 진료행위의 과실 여부에 관계없이 보상받을 수 있어야 한다는 것이다. 이른바 무과실(no-fault) 보상제도이다.

무과실 보상제도는 의료소비자를 위한 많은 장점이 있지만, 한편으로 경제적인 측면에서 적지 않은 문제가 있다. 이 점은 저자가 깊이 고민했던 분야이지만 지면상 생략한다. 관심 있는 독자는 한국법경제학회에서 발간된 '법경제학연구' 제6권 제2호에 게재된 '의료과오에 있어서의 배상책임에 관한 법경제학적 고찰'을 읽어 보시기 바란다.

위에서 말한 법이 지난 2011. 3. 11일자로 국회를 통과했다. 정식명칭은 '의료사고 피해구제 및 의료분쟁조정 등에 관한 법률'이다. 하지만 이 법에는 위에서 소개한 '무과실주의'는 포함되지 않았고 대신 '의료분쟁조정중재원'이라는 독립기구를 만들어 분쟁이 생겼을 때 소송이 아닌 중재로 해결토록 하고 있다.

이 법에는 사고입증 책임을 환자와 의사 중 누구에게 지우는지 불분명하게 되어 있어 문제가 있어 보인다. 하지만 23년이란 긴 기간 국회 상정과 폐기를 반복하면서 표류해 온 것이니 만큼 의료소비자의 문제가 해소되는 데 조금이나마 도움이 될 것으로 기대해 본다. 분쟁해결에 있어서 책임입증의 주체 문제는 다음 기회에 보완하면 될 것이다.

6. 인터넷약국과 소비자의 시선

정보기술의 발달과 인터넷의 대중화로 e-비즈니스가 급격히 성장하고 있고 의약품 분야도 예외가 아니다. 인터넷을 통해 약을 사고파는 의약품의 온라인 거래(B2C)는 10년 전 미국에서 시작되었고 지금은 세계적으로 활발해진 상태다.

미국은 대형 약국체인들이 경쟁적으로 인터넷 약국 사업에 진출해 왔다. 현재 1,000여 개의 온라인 및 오프라인 업체가 인터넷 약국을 운영 중이고, 이러한 인터넷 약국을 전통적인 오프라인 약국과 같은 수준에서 인정해 주고 있다. 환자가 온라인을 통해 의사의 처방을 받고, 약사와 화상 상담이나 우편, 팩스, 인터넷을 통해 처방약을 주문하며, 오프라인으로 배송 받는 온라인약국상담과 조제서비스가 활성화되어 있다. 대표적인 경우가 Drugstore.com, PlanetRx.com, Walgreens.com 등이다.

영국이나 독일도 인터넷약국을 상당부분 허용하고 있으며, 캐나다, 아일랜드, 네덜란드, 덴마크, 스웨덴, 스위스, 홍콩, 대만 등에서도 제한적으로 허용한다.

우리나라의 사정은 좀 다르다. 의약품은 국민의 생명과 직결된다는 이유로 그 제조와 유통에 요구되는 엄격한 자격이나 절차기준이 마련되어 있으며, 소비자의 오남용이나 불법 거래도 엄격히 금지되고 있다. 그러한 맥락에서 의료 당국은 아직 소비자를 대상으로 한 의약품의 온라인 거래 자체를 허용하지 않고 있다. 약사법 제50조에서 인터넷 약국 개설 자체를 인정하지 않고 있는 것이다.

하지만 의약품도 일반 소비제품과 마찬가지로 온라인으로 살 수 있어야 한다는 목소리가 커지고 있다. 농촌지역이나 산간벽지 그리고 신체상의 문제로 시중 약국의 출입이 곤란한 경우나, 편리하고 다양한 서비스를 원하는 소비자들이 많아지고 있기 때문이다. 또한 연휴나 명절에는 대부분의 약국이 문을 닫아 소화제나 해열제와 같은 간단한 약도 구입할 수 없어 불편함이 크다.

일본의 경우 10여 년 전부터 팩스를 통한 환자와 약국 간의 의약품 거래를 허용했고 같은 맥락에서 의약품의 인터넷 판매가 일정부분 허용되었다. 그러다가 지난 2009년 시판 약의 인터넷 판매를 사실상 금지했으나 비타민과 강장제, 소화제와 같은 일반용 의약품은 여전히 가능하다.

보건당국이나 일부 이해집단의 주장과 같이 의약품의 온라인 거래는 조악한 품질의 불량의약품과 마약류가 불법 거래되는 등 부작용도 만만치 않을 것이다. 하지만 문제는 온라인을 통한 의약품 구매가 원천적으로 불허되는 현재에도, 사후적 제재 이외에는 인터넷을 통한 의약품 구매를 제한하거나 금지할 마땅한 수단이 없다는 점이다.

이러한 여건에서 현실적으로 일반인을 대상으로 한 의약품의 온라인 거래를 '기본적으로는' 허용하는 것이 바람직하다.

다만 불법적 거래와 의약품 소비자의 불안과 피해 최소화를 위해 비처방 일반의약품과 기본적인 응급약품 그리고 의약외품을 우선적으로 검토하는 것이 좋겠다. 소화제와 감기약, 외용약, 자양강장제, 소독약 등의 상비약과 비타민제 등은 약사의 전문적 복약지도가 없어도 그렇게 위험하지 않을 것이다.

인터넷 약국의 허용 여부는 소비자의 시선(視線)에서 바라봐야 한다. OTC(비처방)의약품을 둘러싼 이해집단 간의 작금 논쟁과 같이 이 문제도 소비자의 관심을 비껴간 '그들만의 주장'으로 비춰질 수도 있다.

소비자의 안전과 편의를 우선시하되, 제도시행의 현실성을 감안하여 약사법 개정 등을 통한 바람직한 해법이 얻어지기를 기대해 본다.

의약품의 온라인거래 중 제조(판매)기업과 소비자 간 거래(B2C거래) 형태는 처방전에 의한 약국과 의료소비자(환자) 사이의 약품공급과 의료용구 제조회사와 의료소비자 간에 가정에서 사용 가능한 의료용품의 거래를 인터넷 등을 통한 온라인거래로서, 소비자들이 제품을 저렴한 가격에 구입하는 것을 의미한다. 구체적으로는, 의료소비자가 온라인으로 약국에 처방전을 전달하고, 약국은 전송받은 처방전에 따라 약을 조제하며 경우에 따라 직접 배송까지 하는 형태이다.

이러한 B2C 의약품거래를 온라인 약국을 통한 거래라고 한다. 온라인 약국은 경우에 따라 인터넷 약국, 사이버약국, e-약국(e-pharmacy), 가상약국(virtual pharmacy) 등으로도 불린다.

7. 환경사고 피해에의 대응

1960년대 베트남 전쟁에서 미군(美軍)은 정글을 없애 베트콩의 게릴라전을 저지할 목적으로 2·4·5-T계 고엽제(枯葉劑)를 사용했다. 오렌지 작전으로 불린 고엽 작전은 명목상 말라리아를 매개하는 모기나 거머리를 퇴치하기 위한 것이었지만 실제는 베트콩이 정글에 숨을 수 없게 하기 위해서였다.

전쟁이 계속된 1962년부터 1971년까지 미군은 총 7만 9천 톤이 넘는 고엽제를 비행기로 베트남 전역에 살포했다. 당시 사용된 고엽제(Agent Orange)에는 발암물질로 알려진 다량의 다이옥신류가 함유되어 있었으며, 피해 입은 베트남인이 400만 명에 달했다. 전후 베트남에서는 태아의 반이 사산되고, 기형아 발생율도 전쟁 전에 비해 10배에 달했다.

참전 군인들의 피해가 40년이 지난 지금도 진행형인데, 대표적인 예로 한국의 경우 고엽제 후유증 환자가 2만 4천여명, 후유의증환자가 7만 5천여명으로 집계되고 있다. 이들은 대부분 치유할 수 없는 신체피해와 정신질환을 앓고 있으며 일부는 2세에까지 피해가 유전된 사실이 입증되었다.

지구촌의 환경사고는 고엽제사건에 비교될 수 없는 대규모 피해를 낸 경우가 많다. 1980년대 인도에서 발생하여 수만 명의 인명을 사상케 한 보팔사건(MIC

화학물질 누출 사건)이나 1986년 구소련의 체르노빌에서 발생해 수십만 명의 사상자와 막대한 경제적 손해를 가져온 원자력발전의 방사능 누출 사건, 그리고 2007년 말의 서해안 원유누출사고가 대표적인 환경오염사고이다. 이러한 초대형 사고 외에도, 산업화 과정에서 다양한 환경오염사고가 계속적으로 발생하고 있으며 그에 따른 피해가 크게 증가하고 있다.

이러한 환경 사고에서 피해보상에 관련된 문제 중의 하나는, 피해자 전체의 총손해액이 대규모임에 반해 개별 피해자의 피해는 상대적으로 적어 가해자에 대한 개별적 법적 대응이 어렵다는 점이다. 예컨대 소송에서 이기더라도 소송비용이 더 많이 들기 때문이다. 이 경우 해법은 집단적 대응을 하는 것이다. 집단소송은 어느 행위나 사건의 피해자가 다수인 경우 일부 피해자가 전체를 대표해 소송을 제기하거나 혹은 각 피해자의 손해가 소액인 경우 다수 피해자의 손해를 일괄해 청구하는 방식이다. 이러한 집단소송은 개별 피해자의 법적 구제를 가능케 해 줄 뿐만 아니라 소송 중복으로 인한 행정비용을 줄일 수 있다.

환경오염 피해는 오염물질로 인한 간접적 피해이기 때문에 피해자는 오염자의 고의나 과실 행위와 오염물질 배출과의 인과관계뿐만 아니라, 자신의 손해와 오염물질과의 인과관계를 함께 입증해야 한다. 특히 사고에 관련된 드러나지 않는 많은 오염자가 존재하여 사고 야기자의 확인이 곤란하여 그 인과관계의 입증이 더욱 어렵다. 이 경우에는 "사업장이 2개 이상 있는 경우에 피해자의 피해가 어느 사업장에 의하여 발생한 것인지를 알 수 없을 때에는 각 사업자는 연대하여 배상하여야 한다"라는 연대책임 즉 공동불법행위책임을 물음으로써 문제를 해결할 수 있다.

환경오염사고의 또 다른 문제는 피해의 누적성과 반복성, 그리고 격지성을 들 수 있다. 다시 말해 오염물질에 노출된 시점과 그에 따른 신체상의 위해(危害)가 발생하기까지 상당한 기간이 걸릴 뿐 아니라 실제 피해의 발생이 반복적으로 이루어지며, 거리상으로도 오염 발생지와 피해 발생지가 떨어져 있는 경우가 많다. 이 문제는 민법적 수단으로서 '소멸시효(消滅時效)'라는 제도를 이용할 수 있다. 앞서 소개한 고엽제의 예에서 해당 피해자가 고엽제에 노출된 사실과, 현재의 질병 내지 후유증 사이의 인과관계의 입증문제를 차치하고서라도, 전쟁이 끝난 지 40여 년이 지난 지금에도 재판을 통한 피해구제가 매우 어려운 실정이다. 일본과 같이 소멸시효를 20년으로 늘리거나 입법론적 관점에서 피해의 잠재적·진행적 특성을 감안한 시효를 분명하게 규정하든지, 실제 판결에서 그러한 사실을 반영해 시효 기산점을 정할 필요가 있다.

이 글은 저자의 전공분야인 '법경제학(law and economics)'적 시각에서 환경오염의 문제를 바라본 것이다. 딱딱해 보이는 법이야기를 반기는 사람은 많지 않을 것이다. 쓴 약이 몸에 좋다고 하면 지나친 비유일까? 가만히 들여다보면 일상의 생활에서 법을 떼 놓으면 할 말이 별로 없다. 다만 법으로 의식하지 않을 뿐이다. 현대의 지구촌민들은 환경오염을 피할 수 없으며, 이에 대응하는 최소한의 법적 지식은 갖고 있는 것이 좋겠다.

퇴고를 앞둔 3월 중순, 일본의 토호크토가이(東北東海) 지방에서 진도 9.0이라는 초대형 지진과 이어진 대형 쓰나미(tsunami)로 수만 명의 사망자와 실종자가 발생한 대참사가 있었다. 지구상에서 가장 완벽한 재해대응체계를 갖추고 있던 일본도 어찌해야 할 바를 알지 못할 정도로 환경대재앙이었다. 그 와중에 후쿠시마(福島) 현의 원자력발전소도 부분 붕괴하여 적지 않은 방사능이 누출됐다. 다행히 체르노빌 사고와 같은 대규모 환경사고로 가지는 않았지만 대자연 앞에 인간이 얼마나 무력한지, 그리고 철저한 예방과 대비가 필요한지를 다시 한 번 일깨워준 사건이었다.

1. 치솟아 버린 집값과
내 집 마련의 꿈

밤사이 내린 눈발이 멀리 관악산 자락의 암벽들과 어울려 한겨울의 정취를 더해 준다. 창밖으로 보이는 크고 작은 집들을 바라보면서, 이미 크게 올라버린 집값과 서민의 우울한 일면을 생각해 본다.

대부분의 서민들은 번듯한 집 한 채 장만하는 것을 일생의 목표로 삼고, 꼬박꼬박 주택부금을 넣거나 목돈을 장만하는 데 게을리하지 않는다. 그 이유는 아마도 부모세대의 집 없는 설움을 보아 왔거나 전·월세의 애로를 직접 경험하면서, 집 한 채의 가치가 일생의 생활안정에 얼마나 긴요한 요소인가를 잘 알고 있기 때문일 것이다.

그동안 수도권을 중심으로 치솟아 버린 집값을 보면 웬만한 소형 아파트도 억 단위이고 괜찮은 지역의 집들은 십단위가 더 붙는다. 내 집 장만을 꿈꾸며 매달 월급에서 얼마씩 떼어 주택구입 저축을 해 오던 서민들에게는 이런 집들이 이제 쳐다볼 수도 없는 그림의 떡이 된 것이다. 도대체 무슨 이유로 집값이 그리도 뛰어버린 것일까?

우리나라 주택보급률은 2002년에 이미 100%를 넘어 106% 가까이 되고 있으며, 수도권의 경우도 최근에는 100%에 가까워졌다. 5년 후면 전국 보급률이

115% 내외로 늘어나 집이 남아도는 공급초과현상이 심화될 것이라고 한다.

공급이 수요를 초과하면 당연히 가격이 하락하게 되는 것이 경제상식이다. 지역에 따라 수요가 공급을 초과하는 경우도 있겠지만, 지난 2천년대 후반에 지역을 가리지 않고 동반 급등세를 타 온 기현상은 전문가들도 쉽게 설명하지 못한다. 열심히 일해서 받는 월급으로 생활비와 자녀 교육비 지출에도 빠듯하지만, 서민들이여 희망의 끈을 놓지 말자.

주택도 하나의 소비재로서 시장의 수요공급법칙을 따를 수밖에 없다. 가격이 오르기만 하고 내리지 않는 소비재는 이 세상에 존재하지 않는다. 세간에서 말하는 주택정책의 실패도 분양가 인하나 공급 증대 그리고 금리조정과 같은 정책들로 보완될 것이다. 폭등했던 수도권 지역의 집값이 이미 하향안정세로 돌아섰으며, 지방의 경우는 수년전부터 안정세를 보이고 있다.

고진감래(苦盡甘來)라는 말도 있지 않던가. 또 오를 것이라는 불안 심리에 편승하기보다는, 열심히 저축하면서 내 집 마련의 꿈을 꾸자.

모를 일 아닌가? 부지런하게 청약한 보금자리 아파트가 당첨돼 내 집 마련의 시기가 앞당겨지는 행운이 찾아와 줄지? 알고 보면 행운도 적극적인 노력의 산물인 것이다.

집값이 하향안정세를 보이는 지금은 오히려 얼마간의 목돈이 있어도 매매보다는 전세를 선호하는 서민도 많은 것처럼 세태가 많이 바뀌고 있는 것 같다.

통계청에서 2011년 초 새롭게 작성해 발표한 주택보급률의 경우 전국보급률에는

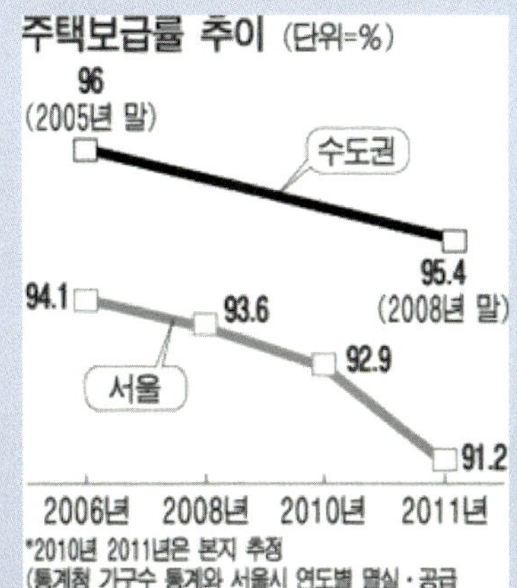

큰 차이가 없지만 수도권 주택보급률은 2005년 이후 그림에서 보듯이 오히려 떨어지고있다고 한다.

그동안 주택보급률은 주택 수를 가구 수로 나눈 비율로 산출했는데 기존 통계는 총가구 중 20%에 이르는 1인 가구를 제외해 실제보다 과장됐다는 지적이 많았다.

이에 대해 정부에서는 1인 가구를 가구 수에 반영하는 대신 기존에 한 채로만 계산하던 다가구주택을 거주공간 개수만큼 여러 주택으로 계산하는 방식을 도입했다. 새 방식에서 주택보급률이 떨어진 까닭은 기존 통계에서 '빠른 상승'을 보였던 서울이 '소폭 하락'으로 바뀌었고 경기도가 종전 통계보다 3% 정도 보급률이 하락했기 때문이다.

어떤 방식이 현실을 보다 잘 반영하는지 알 수 없지만, 주택보급률이 높아지고 있어 별문제 없다던 정부가 이제 어떤 대책을 내놓을지 궁금해진다.

2. 집 한 채와 함께 왔다 가는 인생 : 역모기지론 활성화를 위해

봄바람과 함께 들과 산에는 아침부터 밤까지 걷고 달리는 사람들로 붐빈다. 바야흐로 건강한 심신과 여유로운 삶으로 대표되는 웰빙(well-being) 바람을 타고 있다. 하지만 열심히 일해서 받는 월급으로 생활비와 자녀 교육비로 쓰기에도 빠듯한 서민들에게는 이러한 바람이 그다지 달갑지 않다. 아직 내 집 장만의 꿈을 이루지 못한 경우 더욱 그럴 것이다.

대부분의 서민들은 집 한 채 장만하는 것을 일생의 목표로 삼고 꼬박꼬박 주택구입부금을 넣거나 주택구입용 목돈을 마련하는 데 게을리하지 않는다. 그래서 결혼 후 몇 년 만에 집을 구입했다는 것이 주된 화두가 된다. 이처럼 자기 집에 대한 애착이 큰 이유는 아마도 부모세대나 이웃의 집 없는 설움을 직접 겪거나 보아 왔으며, 집이라는 것이 서민들의 생활안정에 필수품임을 알고 있기 때문일 것이다. 하지만 집값을 보면 웬만한 소형 아파트도 억 단위이다. 매달 월급에서 수십만 원씩을 떼어 주택구입 저축을 해 오는 서민들에게는 이런 집들이 쳐다볼 수 없는 그림 속의 떡으로 보인다.

그래도 살다 보면 좋은 일도 있으리라. 열심히 저축하고 모은 돈과 은행대출금 (또는 부모님의 도움)으로 집을 사거나, 수익성 있는 곳에 청약한 아파트가 당첨되는 행운이 찾아와 그리던 내 집을 장만하게 된다. 하지만 집장만을 위해 금융기관 등에서 빌린 대출금은 은퇴할 시기가 되어서야 겨우 다 갚을 수 있게 된다. 평생을 집 한 채 장만을 위해 살았고 그 집 한 채가 재산의 전부인 것이 일반 서민의 일생이라고 해도 지나치지 않을 것이다.

선진국인 미국도 우리와 별로 다르지 않다. 오히려 출발점은 우리보다 더 불리하다.

예외적인 경우가 있긴 하지만 대부분의 미국인은 고등학교를 졸업하는 시점에 부모로부터 경제적으로 독립하는데, 취직해 월급 타 봤자 생활비로 쓰고 나면 남는 것이 별로 없다. 이런 서민을 위해 미국은 일찍부터 모기지론(mortgage loans)이라는 장기주택저당대출을 도입해 집값의 10~20% 종자돈(down payment)만 있으면 집을 마련할 수 있도록 하고 있다. 다만 이것도 형태만 다를 뿐 부채이므로 길게는 30년 동안 매월 일정 금액씩 갚아나가야 한다. 보통의 샐러리맨들은 은퇴 전후 60줄이나 돼야 빚을 다 갚고 진정한 내 집을 갖게 되는 것이다.

우리나라도 이미 모기지론이 도입됐으니 내 집 마련을 위한 제도 면에서는 미국과 다를 게 없다. 다만 미국과 우리가 다른 것은 집에 대한 사고방식이다.

우리는 집을 노후생활의 불안감 때문에, 또는 자식에게 물려줄 상속분으로 생각해 무덤에 가는 날까지 붙들고 있어야 할 필수 재산으로 보지만 미국인들은 그렇지 않다. 물론 미국의 경우 노인연금을 포함한 사회복지가 상대적으로 잘되어 있어 은퇴 후의 생활에 대해 큰 염려를 하지 않는 편이지만, 한편으로는 집을 담보로 노후대책을 보장해 주는 제도 덕분이다. 상당수 미국인들은 은퇴 후 공적연금으로 최저생활수준을 유지하며, 소유하고 있는 집을 '역(逆)모기지 (reverse annuity mortgage, RAM)'하고 금융기관에서 매달 융자금을 받아 비교적 여유 있는 노후생활을 보낸다.

역모기지는 집을 금융기관에 담보로 잡히고 매달 연금식으로 생활비를 받으며 일정기간 이후 또는 사후에 집 소유권을 금융기관에 넘기는 금융상품이다.

원칙적으로 은퇴한 노인을 대상으로 하며, 미국과 캐나다 등 선진국은 이미 20년 전에 정부 차원에서 이를 사회보장시스템의 하나로 도입했다. 전형적인 예를 들면, 5억 원 담보 가치의 집을 가진 62세 노인이 10년간 집값의 50%를 받기로 역모기지론 계약을 하면 매달 200만 원, 20년간 받기로 하면 매달 100만 원 정도를 받을 수 있다. 계약기간이 지나면 지정금융기관은 집을 처분하고 남은 돈을 계약자에게 돌려주며, 계약자는 언제든지 재계약을 할 수 있다.

우리나라에서도 일부 은행이 일종의 역모기지 상품을 내놓은 적이 있고, 정부 차원의 제도 시행과 한국금융공사를 통한 관련 상품의 판매가 이뤄지고 있다. 하지만 아직 그다지 활성화되지 않고 있다. 내 집에 대한 집착이 특별하기 때문이기도 하지만, 역모기지제도의 사회보장적 기능에 대한 정부 일각이나 서민들의 인식부족 때문일 게다.

65세 이상 노령인구가 10%가 넘는 선진국형 고령화시대로 접어들었다는 점을 고려하면 노인들이 자녀에게 생계를 의존하지 않고 떳떳하고 안정된 노후를 보낼 수 있도록 하기 위해서도 좀 더 역모기지 제도가 활성화되도록 할 필요가 있다. 이를 위해서는 선진국처럼 역모기지 주택에 대한 세금(재산세, 거래세 등) 감면과 보험 상품 개발과 가입 권유와 같은 제도적 지원책도 강구돼야 한다.

미국의 경우 연방정부(연방주택국: FHA)와 모기지전문기관인 패니메이(FNMA)가 주체가 되어 이 제도를 시행하고 있으며, 지정한 금융기관을 통하여 62세 노인들에게 연금형태의 융자금을 지급해 준다. 물론 지급형태, 액수, 기간 등은 상품종류와 계약조건에 따라 다르다. 만일 계약자가 역모기지에 관련된 종신보험에 든 경우라면 계약기간이 지나더라도 사망 시까지 보험사로부터 월 연금액을 계속 받게 되어 계약 종료 시까지 생존해 있을 위험(!)을 피할 수도 있다.

'집 한 채와 함께 왔다 가는 인생'인 것같이 보여 역모기지제도가 호감이 가지 않을 수 있다. 하지만, 수십 년 동안 열심히 수고하여 마련한 집 한 채로 인해 노년의 안정된 생활에 어느 정도 보탬이 될 수 있다면 얼마나 다행한 일인가. 바람직한 자녀 교육을 위해서라도 이제는 집을 상속재산으로 보는 사회적 관념은 깨져야 할 때이다. 덧붙여, 장유유서(長幼有序), 부모봉양(父母奉養)은 옛말이요, 친자녀에게까지 소외당하며 고통받는 노인들에 관련된 기사를 흔하게 접하는 오늘날 역모기지제도는 이러한 사회적 병리현상을 치유할 하나의 좋은 대안이 될 수 있다.

지금은 한국주택금융공사와 일반 시중은행들이 '주택연금'이나 '주택담보연금대출' 등의 이름으로 이른바 역모기지론을 상품화하고 있지만, 저자가 동아일보의 오피니언 여론마당에 역모기지에 관한 글을 처음으로 소개했던 2004년 초만 하더라도 '역모기지'라는 개념은 매우 생소했다. 당시 글이 게재된 후에 독자뿐만 아니라 정책을 담당하는 사람들로부터 여러 번 문의를 받기도 했다(저자는 미국 캘리포니아 주립대에서 부동산도시계획학을 공부했고, 학위 논문의 주제가 역모기지 주택금융을 포함한 저소득 서민을 위한 주택정책에 관한 것이었다).

3. 반복되는 전세대란 해법은

'전세대란'을 지켜보며

요즘 사회 면의 주된 쟁점은 '전세문제'이다. 신문지상에는 이번 전세대란의 원인이 무엇인지 과거와 어떻게 다른지, 그리고 어떤 대책이 필요한지에 관한 기획 기사와 전문가 글들이 자주 보인다. 저자도 서민주택 정책을 고심해 오던 터라 관심 있게 보지만 속 시원한 대안은 눈이 띄지 않는다.

이른바 '전세대란'의 실체는, 지난해 8~9월 이사철 급등 조짐을 보였던 전셋값이 비수기인 연말연시가 지나면서도 연속 상승세를 이어 가, 최근에는 집값의 절반수준 넘게 상승됨으로써 서민가계의 부담이 크게 증가된 것이다. 여기다가 집주인들이 전세를 월세로 바꾸는 바람에 전세입자 서민가계 부담이 급증했다. 더딘 경기회복과 고농산물 파동, 그리고 중동(中東)의 재스민혁명의 여파로 치솟는 유가 문제와 겹쳐 서민가계의 주름살이 더욱 깊어지게 된 것이다.

그동안 집값이나 전세가격의 오르내림은 일정한 기간을 두고 반복되어 왔지만 이번에 유독 심각해 보이는 배경에는 몇 가지 이유가 있다. 그중 하나는 신규주택과 전세용 임대주택 공급 부족에 따른 세입자 불안심리가 촉발되어 앞당겨 전세를 얻으려는 가수요 심리가 크게 늘었다는 점이다.

집주인들이 저금리 추세로 재산이익이 줄어들자 이를 보전할 요량으로 은행이자보다 높은 임대수익이 가능한 월세로 전환하려 하는 점도 전셋값 상승의 원인이 됐다. 물론 금년 1월부터 시행된 전세보증금에 대한 과세조치도 월세 전환 움직임엔 미미하지만 영향을 미쳤다.

현실적으로는 장기간의 주택가격 안정으로 자금여력이 있는 사람들도 집을 사기보다는 전세를 선호하는 경향도 수도권 중심의 전세가격 폭등의 주된 요인일 것이다.

초기엔 별다른 대책이 필요 없다던 정부도 정치권의 요구로 임대주택 공급시기를 앞당기고 다가구 건설자금을 저리로 융자해 주는 등 주로 소형 위주 공급 확대 정책(1·13대책)을 폈다. 예상과 달리 2월 들어서도 전셋값 상승세가 꺾이지 않자 단기적 효과를 기대하는 전세대책을 추가로 내놓기도 했다.

2월 11일 발표된 추가대책을 보면 연소득 3천만 원 이하 무주택자 대상 전세자금대출상한액을 기존 6천만 원에서 8천만 원으로 올리고, 대출금리를 4.5%에서 4.0%로 낮추며, 주택임대업 요건을 기존 5채 이상에서 3채 이상으로 줄여 주는 것을 골자로 하고 있다. 이러한 정부대책에 대한 전문가들의 공통된 견해는 '별 효과가 없을 것'이라는 것이다. 오히려 풀리는 전세자금으로 전세가가 높아져 저소득 서민의 빚만 늘릴 수도 있다는 부정적 견해도 없지 않다.

눈에 띄는 효과가 있는 정책을 보여주고 싶은 점은 정치권과는 입장 차는 있지만 정부도 마찬가지일 것이다. 문제는 현시점에서 문제를 잠재울 확실한 정책 대안이 마땅치 않다는 점이다. 주택임대차 대책을 포함한 부동산 정책은 어느 정부에서나 뜨거운 감자였다. 고심하여 내놓은 정책의 효과는 고사하고 기대와는 정반대 효과로 정책당국을 당혹스럽게 하는 경우가 적지 않았다.

전세가를 포함한 주택임차료 문제는 장기적으로는 시장에 맡기는 것이 보다 현명한 정책이다. 그렇더라도 임대주택에 대한 시장수급, 임대료 등락의 실질적 원인 등에 관한 정보를 적시에 제공하고 시장에서 잘 기능하지 않는 저소득층을 위한 임대주택의 공급과 임대료규제와 같은 역할은 정부의 몫이다.

이러한 정부 역할의 하나로, 서민의 주거복지 차원에서 몇 가지 방안들을 긍정적으로 검토할 수 있을 것이다. 우선, 최근의 연이은 중앙정부 및 서울시 등 지자체의 공공(임대)주택 공급확대 계획 발표와 같이 소형 주택의 공급이 지속될 것이라는 시그널을 지속적으로 시장에 보내는 것이 좋다. 이는 중·장기적으로 서민주택의 수급불균형 해소와 서민층 주거안정에 일조할 것이다.

요즘과 같은 저금리와 집값 안정기에는 주택 매매나 월세보다는 전세를 선호하는 경향이 뚜렷하다. 이럴 경우 주택 매매수요를 확대하는 대책을 제시함으로써 적어도 단기적 전세수요를 줄여 줄 수 있을 것이다. 물론 그동안 많은 정책실패(!)를 경험했듯이 인위적인 주택시장 부양정책은 여러 문제를 불러일으킨다.

공정한 임대수익률이 정착되도록 하는 제도적 방안도 생각해 볼 문제이다. 전세대란의 한 원인인 전세의 월세전환 추세를 늦추려면 전환하더라도 임대수익이 크게 늘어나지 않도록 유도하는 것이다. 예컨대 월세수익률이 '시중금리+2% 내외가 유지될 수만 있다면 전세를 선호하는 집주인이 많아질 것이다.

중·대형주택의 구조변경을 허용함으로써 셋집수를 늘리자는 일각에서의 주장은 실익이 없어 보인다. 상가와 같이 임대료 상승률의 상한을 두자는 견해 역시 경제원칙을 무시한 정치권의 주장에 불과하다. 싱가포르와 같은 공공(임대)주택 시스템 아래서는 효과가 있지만 우리와 같은 민간 위주의 주택시장에서는 그 효과가 미미하다.

무주택자의 주택소유 밑천으로, 집주인의 집 규모 확대의 수단으로 활용되어 온 우리만의 '전세' 브랜드는 주택가격의 안정세가 지속된다면 점차 (보증부) 월세화되어 갈 것이다. 이에 대비한 정부의 중장기적인 서민주택 정책이 필요한 시점이다.

서민주거와 '주택바우처' 제도

부동산은 언론의 단골 메뉴다. 정부의 부동산투기 억제 대책이 약발을 받고, 집값 폭등을 선도했던 재건축대상 아파트 가격이 내리기 시작했다는 기사들은 내 집을 마련하지 못한 서민의 관심을 끌기에 충분하다. 그런데 이러한 부동산에 관한 기사들 중에는 서민대중들의 생활과는 거리가 먼 내용들이 지나치게 자주 소개되는 경향이 있다. 예컨대 수십억 원대의 주상복합아파트나 고가의 재건축 아파트에 관한 사항은 부동산에 관한 내용을 다룰 때마다 빠짐없이 등장한다.

전체 독자들의 입맛에 맞추다 보니 어쩔 수 없다고는 하지만, 언론이 이와 같은 중상류층을 위한 부동산시장정보에 치중하는 데는 독자의 한 사람으로서 유감이다. 언론이 서민을 위한 주택정책이나, 도시 빈민의 주거안정을 위한 실질적인 정보를 제공하는 데 인색하지 않았으면 한다.

일부에서는 국내 주택보급률이 1995년만 해도 86.1%밖에 되지 않았지만 이제 100%를 넘었기 때문에 과거와 같이 주택의 절대량 부족과 급격한 주택가격 상승으로 인한 서민의 주거 불안은 더는 문제가 되지 않는다고 한다. 과연 그럴까?

전체 인구의 3분의 1 넘게 모여 사는 수도권을 보면 주택 부족 문제는 여전히 심각하다. 소득에 비해 매우 높은 수준인 주택 임차료 비율과 전세금 제도는 저소득 빈곤층의 주거생활에 큰 부담을 준다. 대도시의 경우 공공임대주택처럼 저소득층을 위한 서민주택의 공급이 절대적으로 부족하다.

정권이 바뀌거나 관련 부처 고위공직자가 교체될 때마다 제시되는 단골 메뉴 중의 하나는 몇 년 이내에 수십만 호의 공공주택(국민임대주택, 장기임대주택)을 지어 무주택 저소득층의 주거안정 기반을 마련하겠다는 것이다. 하지만, 그러한 약속은 예산부족이나 정책의 우선순위에 밀려 제대로 지켜지지 못했다. 그러다 보니 지금까지 공급된 공공주택의 수는 정작 이러한 공공주택시설을 이용해야 할 많은 사람들의 수요를 채우기에는 역부족이었다. 더군다나 지어진 지 오래된 공공주택 거주민들은 건물의 관리 소홀과 시설 노후화로 매우 열악한 여건에 노출되어 있다. 미국 뉴욕의 할렘가(Harlem street) 수준은 아니지만 슬럼화가 우려되기도 하는 지역도 없지 않다.

공공임대주택을 공급하는 정책은 도시 빈곤층이나 서민의 주거안정에 어느 정도의 역할을 했지만 여러 문제점을 안고 있기 때문에 좀 더 효과적인 대책을 마련해야 한다. 대안 중 하나는 소득이 낮은 세입자에게 현금성의 주거비용을 직접 보조하는, 이른바 수요자지원 주택제도(demand-side housing assistance programs)를 도입하는 것이다.

지원해야 할 저소득층을 선별해 가계소득의 일정 부분(예컨대 40%)을 초과하는 임차료(월세)를 정부에서 임차보조금으로 지급하는 내용이다. 저소득층은 보조금과 자기 소득의 일부를 갖고 정부가 제시하는 적정 수준의 집을 선택해 임차할 수 있다.

이러한 저소득 임차인의 임차료를 보조하는 형식의 주택정책은, 공공주택의 공급자(주택공사, 민간건설회사)에게 주택건설비용을 지원하는 지금까지의 공급자지원 정책의 문제점을 해소할 수 있을 뿐 아니라, 저소득층 스스로 원하는 집을 임차함으로써 주거여건을 개선시킬 수 있다.

임차보조금 제도는 미국과 같은 선진국에서 주택바우처(housing voucher program)라는 이름으로 이미 오래전부터 시행중이다. 소득이 낮은 서민의 주거안정에 상당히 기여했다고 평가받는다.

국내에서 이런 정책을 시행하기에는 여러 가지 제약이 있다. 월 단위 임차금을 일부 보조하는 형태의 제도를 일시불의 목돈이 요구되는 전세제도에 적용하기가 쉽지 않다. 또 저소득층의 소득원을 투명하게 알 수 없으면 제도 시행에 어려움이 따른다. 무엇보다 제도 시행을 위한 정부의 예산 확보가 전제돼야 한다.

하지만 기존 공공주택정책의 문제점 해소를 위한 대안이 절실한 실정이고, 이미 선진국에서 서민의 주거안정에 일조하는 점을 볼 때 서민의 주거비용을 보조하는 주택바우처 제도의 시행을 굳이 미룰 필요가 없다. 특히 주택가격 안정세의 지속으로 전세의(보증부) 월세 전환비율이 높아지고 소득 입증체계가 정착되어가는 등 제도 도입의 여건이 마련되고 있다고 하겠다. 예산의 문제는 기존의 공공임대주택 예산의 전용을 통해서도 가능할 것이다.

업 논문(2002. 12. 10)과 한국주택학회지(제11권 제2호, 2003년 11월)에 발표되었던 논문에 바탕을 둔 것이다.

참고로, 미국은 미국연방주택법(National Housing Act, 1937) 제정 이후 서민을 위한 여러 주택정책을 펴 왔는데, 그중 대표적인 것이 이 글에서도 소개된 지방정부와 지역사회 중심의 이른바 '수요자지원 정책'이다. 이 정책은 저소득 서민의 임대료부담을 낮추고, 주거여건을 개선하였으며, 임차인의 선택폭을 넓혀 주는 등의 효과를 얻기도 했으나 한편으로 시장임대료가 상승하고 수혜자의 도덕적 해이와 상당한 행정비용이 드는 등 문제점도 지적되고 있는 실정이다.

전세대란의 소용돌이 속에서 어려움을 겪고 있는 우리나라 저소득 서민층의 주거안정을 위해 미국의 주택정책의 역사를 비추어 볼 필요가 있겠다.

4. 안심·안전한 부동산 거래

대부분의 사람들은 '소비가 미덕'이라는 말에 동의하지 못한다. 주어진 소득 범위 내에서 현재의 소비생활을 해야 하기 때문이고, 장래에 발생할 자금 수요를 감안하여 저축해야 하기 때문이다. 본능적 소비욕구를 억누른 채 저축에 매달리는 우리나라 소비자들의 모습이 안쓰럽기까지 하다. 대부분의 사회 초년생들이 바라는 꿈은 사랑하는 가족을 위한 보금자리를 마련하는 것이고, 사회 중년생의 기대는 안락한 노후를 위한 고정된 수입원을 마련하는 것일 게다.

이십여 년간 소비자 기관에 종사했던 저자는 이러한 소박한 소비자들의 꿈이 한순간에 날아가는 경우를 종종 보아 왔다. 특히 집이나 상가, 토지와 같은 부동산을 거래할 때 예상못했던 사기를 당하거나, 크고 작은 실수로 큰 손해를 보는 경우도 적지 않았다.

부동산을 사고팔 때는 그 어느 때보다 신중한 자세가 필요하다. 일반 상거래와는 달리 수개월의 계약이행기간이 소요될 뿐 아니라, 소비자가 이해하기 쉽지 않은 법률문제가 개입된다. 대부분의 소비자들은 중개인이나 법무사가 제시하는 정보에 의존하여 거래를 하는 경우가 많다 보니 뜻하지 않은 손해를 입기도 한다.

피해사례는 매우 다양하다. 계약 시 열람해 본 등기부등본에는 아무 문제가 없었지만 잔금을 치르고 입주할 시점에 보니 이미 다른 사람에게 권리가 넘어갔거나 경매에 넘겨진 사례, 팔리지 않는 부동산을 판매대행업자에게 의뢰했다가 사기를 당하고 해당 부동산의 권리를 빼앗긴 사례, 개발기대지역에 횡횡하는 이른바 '딱지'라는 입주권을 샀다가 나중에사 이중거래임을 알게 되어 수십 년 모아 온 재산을 날린 사례, 기획부동산의 권유에 따라 지적도와 같은 서류들만 믿고 샀던 부동산의 가치가 설명과는 전혀 달라 피해를 본 경우 등등.

사실상 관행처럼 이루어지는 부동산 매매와 임차계약에서는 이중거래와 같은 사기나 계약의 중도파기 등에 따른 피해가 발생될 소지가 적지 않다. 일반 서민의 경우에는 부동산을 매매해본 경험이 별로 없기 때문에 그 가능성이 더욱 커진다.

거래당사자인 소비자의 주의가 무엇보다 중요하지만, 한편으로 이러한 부동산 거래에서의 위험한 관행으로 인한 피해를 줄일 수 있는 제도적 장치가 필요한 시점이다.

부동산거래에 있어 위조나 이중거래, 사기로 인한 권리상 하자를 예방하고, 매수·매도자 간의 계약 파기로 인한 거래위험 등 사후적인 피해를 보상받을 수 있는 장치로 에스크로(escrow)라는 것이 있다. 에스크로란 부동산이나 금전, 채권, 권리증서 등을 사고팔거나 대여할 때, 금융기관과 같은 믿을 수 있는 제3자(escrow agent)가 매수인의 매매대금을 맡고 있다가 계약이 종결되는 시점에서 매도인에게 전달해 주는 일종의 담보장치이다.

에스크로를 이용하면 부동산 거래에 필요한 대부분의 업무를 에스크로 사업자가 대행하기 때문에 위조나 사기, 계약서의 분실에 따른 위험을 피할 수 있다. 계약이 중도 파기될 경우에도 에스크로 사업자가 계약 내용에 의해 보관된 매매대금을 분배하게 되므로 분쟁의 소지가 없어진다.

이미 관련법(부동산중개업법)에 이 에스크로 서비스가 가능하도록 되어 있다. 최근에는 일부 은행권을 중심으로 이러한 에스크로 서비스 도입이 추진되고 있어 조만간 본격적인 서비스가 제공될 수 있을 것으로 보인다. 하지만, 에스크로 업자의 자격기준과 같은 제도정착을 위한 적절한 정부지침이 없어 시행상에 혼란이 예상된다.

부동산 거래에서의 사기나 계약파기 등에 따른 소비자피해 예방을 위해서는 이러한 에스크로 서비스가 활성화되는 것이 바람직하다. 에스크로 서비스는 부동산 금융을 취급하는 기관 등에서 관련 법 테두리 내에서 자율적으로 제공될 수 있지만, 제도의 안착을 위해서는 그래서 소비자들이 안심하고 정부에서 적절한 모델을 만들고, 에스크로 사업자의 자격기준을 마련하는 등 기본적인 가이드라인을 제시해 줄 필요가 있다.

5. 부동산 매매대금 예치제 도입을

부동산 에스크로란?

주택을 임차하거나 건물을 매매할 때 한국인은 '간 크게' 행동한다. 달랑 매매계약서 한 장만 믿고 거액의 계약금을 지불하고, 권리이전도 안 된 상태에서 중도금을 낸다. 이러다 보니 이중거래 사기나 계약의 중도파기에 따른 피해가 종종 발생한다.

현행 법률상 이런 피해를 보상받을 수 있는 경우는 제한적이다. 중개업자의 고의나 과실이 분명한 경우에는 5,000만 원 한도 안에서 보상받을 수 있지만 나머지는 모두 당사자 책임이다.

부동산 거래에서 이러한 비합리적인 관행으로 인한 피해를 줄일 수 있는 제도적 장치인 에스크로 서비스(escrow service)가 활성화돼야 한다. 에스크로란 부동산이나 금전, 권리증서 등을 사고팔거나 대여할 때 금융기관 등 믿을 수 있는 제3자(escrow agent)가 매수대금을 맡았다가 계약 완료 시점에 매도인에게 전달하는 일종의 매매대금 예치제도다.

미국의 경우 대부분의 부동산 거래에서 이러한 에스크로 과정을 거친다. 예컨대 주택 매매 시 에스크로 사업자는 중립적인 입장에서 매매 과정이 계약서대로 이뤄지도록 관리해 주며, 계약금과 중도금 잔금을 보관했다가 에스크로 종결과 함께 매도인에게 전달한다. 따라서 위조나 사기, 계약서 분실에 따른 위험을 피할 수 있고, 계약이 중도에 파기될 때도 에스크로 사업자가 계약 내용에 의해 보관된 돈을 분배하므로 분쟁의 소지가 없어진다.

우리나라도 부동산중개업법에 에스크로 서비스가 가능하도록 돼 있으며 최근엔 일부 은행권을 중심으로 서비스 도입이 추진되고 있다. 하지만 에스크로 사업자의 자격기준 등 제도의 자리매김을 위한 적절한 가이드라인이 아직 없다. 정부는 에스크로 서비스가 잘 정착될 수 있도록 모델을 제시하고 사업자 자격기준을 마련하는 등 준비를 서둘러야 할 것이다.

에스크로 서비스 정착되어야

위의 글이 "부동산 매매대금예치제 도입이 필요하다"라는 제목으로 동아일보 칼럼에 게재되자 여러 곳으로부터 전화가 왔다. 대부분 부동산을 거래하면서 이런저런 불안함을 느꼈고, 그래서 그 제도가 빨리 도입되어 안전한 거래가 되었으면 좋겠다는 독자들의 의견이었다. 그런데 어떤 중개업을 하시는 분께서는 "그런 제도가 없어도 중개인이 다 알아서 한다"며 칼럼기사에 대한 불만을 말씀하셨다. 동일한 어떤 사안에 다양한 생각과 주장이 있을 수 있음을 다시금 느꼈다.

어쨌든, 우리나라 부동산 거래 관행을 한 번 살펴보자. 집을 사거나 팔 때 매매계약서를 작성하고 난 뒤면, 권리이전이 되지 않은 상태에서 수천만 원 내지 수억 원의 매매대금을 지불하게 된다. 또한 아직 이사 들기도 전에 수천만 원의 전세 계약금과 중도금이 오고 간다. 더욱이 언제나 일어날 수 있는 계약의 중도파기와 같은 위험 상황을 고려하지 않고, 동일한 날짜에 매매나 전세자금을 연쇄적으로 주고받기로 계약을 맺으며, 실제로 그렇게 진행이 된다. 외국의 경우에는 상상하기 힘든 거래 행태이다.

부동산 거래에서 계약의 내용들이 문제없이 잘 지켜지면 다행이다. 하지만 집을 사거나 임차를 할 때 이중거래와 같은 사기를 당하거나 계약의 중도파기 등에 따른 예기치 않은 피해를 입는 경우가 우리 주변에서 종종 발생한다. 현재 관행처럼 이루어지는 부동산 매매와 임차계약에서는 이러한 피해가 발생될 소지가 적지 않다. 일반 서민이 집을 장만하는 경우에는 부동산매매 경험이 별로 없기 때문에 피해 볼 가능성이 더 높다고 생각된다.

현행 법률상 이러한 피해를 보상받을 수 있는 경우는 제한적이다. 중개업자의 고의나 과실이 분명한 경우에는 개인의 경우 5천만 원 한도 내에서 보상받을 수 있지만 나머지는 대부분 당사자 책임이다. 또한 법 테두리 내에서 보상받을 수 있는 경우에도 현실적으로 적절한 보상을 받지 못하는 경우가 허다하다.

이러한 부동산 거래에서의 위험한 관행으로 인한 피해를 줄일 수 있는 제도적 장치가 필요한 시점이다. 부동산거래에 있어 위조나 이중거래, 사기로 인한 권리상 하자를 예방하고, 매수·매도자 간의 계약 파기로 인한 거래위험 등 사후적인 피해를 보상받을 수 있는 제도가 바로 에스크로(escrow service)이다.

위에서 말했듯이 우리나라에서도 조만간 본격적인 서비스가 제공될 수 있을 것으로 보이지만, 에스크로 사업자의 자격기준과 같은 제도의 정착을 위한 적절한 가이드라인이 없어 시행상에 다소의 혼란이 예상된다.

부동산 거래에서의 계약파기나 사기 등에 따른 소비자피해 예방뿐 아니라, 편안하고 안전한 부동산 거래를 위해서도 이러한 에스크로 서비스가 활성화되는 것이 바람직하다. 에스크로 서비스는 부동산 관련 금융기관 등에서 관련 법 테두리 내에서 자율적으로 제공될 수 있지만, 제도의 안착을 위해서는 정부에서 적절한 모델을 만들고, 에스크로 사업자의 자격기준을 제시하는 등 기본적인 가이드라인을 제시해 줄 필요가 있다.

에스크로 서비스는 부동산 등기제도와 통일된 부동산법이 없는 미국에서 처음 고안되었으며, 구매자와 판매자 간 신용관계가 불확실할 때 제3자가 상거래가 원활히 이루어질 수 있도록 중계를 하는 매매 보호 서비스를 의미한다. 미국에서 부동산 에스크로 서비스가 어떤 모습인지 간단히 소개한다.

미국에서는 에스크로업체, 변호사, 은행, 권원보험회사 등이 제3자의 입장에서 부동산거래에 관한 전반적인 사무수속 서비스를 제공하는 것을 일반적으로 에스크로라고 부르고 있다. 에스크로업자는 매수인은 계약금을, 매도인은 권리증서를 받아서 부동산의 권리 내지 물적 하자, 관련 세금의 체납, 거래조건의 이행, 매매대금의 완납 등 거래절차상의 모든 과정을 확인한 후 아무런 문제가 없다고 판단될 때 비로소 거래를 완결시키게 된다.

한 번 굳어진 관행은 쉽게 바뀌지 않는다. 하루 동안 큰돈이 여러 손을 거치는 위험해 보이는 우리의 부동산 거래 관행도 쉽게 바뀌지 않을 것이다. 미국과 같이 비교적 높은 수수료 아래서는 에스크로가 쉽게 자리 잡지 못할 것이다.

06

국경을 넘어

1. 생활자 중심의 일본 소비자정책 전환

바다 위에 건설된 인공섬 간사이(関西) 공항에서 혼슈(本州)의 남쪽 해안을 따라 열차로 한 시간 남짓 내려갔다. 일본변호사연합회(우리의 대한변호사회에 해당)에서 주최하는 세미나에 참석하기 위해 지난해 11월 4일 밤비행기로 와카야마(和歌山) 시에 도착했다. 3일간의 여정 중 이틀을 회의석상에서 보낸 빡빡한 일정이었다.

이번 세미나는 신설된 '소비자청' 등 일본의 소비자행정의 변화가 사업자 중심에서 소비자시민 중심으로 전환되는 역사적인 전환점임을 강조하면서, 향후 10년, 20년 후를 내다보며 바람직한 소비자 정책의 방향을 제시하고 토론하는 자리였다. 소비자위원회 위원장과 내각부 관계자, 학계와 언론계, 법조계 등에서의 소비자보호 전문가들이 패널(토론자)로 초빙되어 소비자청의 현재와 미래상을 포함한 소비자정책에 관한 많은 논의가 있었다.

일본은 그동안 후쿠다(福田) 내각과 하토야마(鳩山) 내각, 그리고 간 나오토(菅直人) 내각으로 이어지는 정치적 어려움에도 불구하고, 국민의 생활에 밀접한 중요한 정책의 변화가 조용히 진행되고 있다.

일본에서는 지난 수년간, 독성 농약이 함유된 중국산 만두나 곤약젤리, 그리고 결함 있는 가스순간온수기 등으로 여러 희생자가 생겨나고, 소비기한 위조사건이나 국민연금자료의 증발사건과 같은 소비자문제가 연이어 발생하자 소비자 행정을 개혁해야 한다는 목소리가 높아졌다. 이어 소비자 정책의 사령탑 역할을 할 소비자청(消費者庁) 설치 법안이 2009년 4월의 중의원 통과에 이어 5월에 참의원 본회의에서 전원 일치로 통과됨으로써, 9월 초 소비자청이 설립된 것이다. 또한 소비자청의 감시기구인 소비자위원회도 설치되어 활동을 시작했다.

신설된 소비자청은 당초 계획했던 직원(공무원)은 별도로 채용되지 못한 대신, 내각부, 공정거래위원회, 경제산업성, 농림수산성, 후생노동성 등의 부처에 종사하던 200여 명의 소비자담당 공무원들을 함께 모아 구성했으며, 기타 변호사, 소비생활상담원, 관계전문가(학자) 등 약 60여 명의 비상근직원을 순차적으로 채용해 왔다. 이러한 소비자청은 지방 조직(소비생활센터)을 통해 접수되는 전국의 다양한 소비생활정보와 위해정보를 심층적으로 조사·분석하고, 사업자의 부당·위법 행위에 대한 현장조사를 통해, 필요한 행정처분을 하고 관계부처에 권고하는 기능을 수행하고 있다. 또한 소비자위원회의 초대 위원장에는 민간의 소비자보호전문가인 히토쓰바시(一橋) 대학의 마쓰모토 츠네오(松本恒雄) 교수가 지명되었다.

그동안의 청 설립 과정에는 여러 어려움이 따랐다. 2009년 5월 29일 여당과 야당이 수정·합의한 결과 설립에 관련된 법안 3개가 모두 참의원에서 통과되어 가결되었지만, 청 설립 후 직접적인 업무 연계관계에 있는 지방자치단체들의 소비생활센터(消費生活センタ)에서 근무하는 비정규 계약직 상담원들의 처우개선 문제, 청의 업무수행을 감시할 목적으로 설치될 전문가조직인 소비자위원회의 인선문제 등이 해결되지 않은 상태였다. 또한 청 인선과 조직 구성 과정에서 관계 부처 간의 알력과 저항이 매우 심했다.

일본 소비자청의 발족과 이어지는 정책들은 우리나라의 정책과 소비자 행정에도 적지 않은 영향을 미칠 것이다. 역사적으로 볼 때 우리나라는 소비자기본법의 도입이나 전담기구(한국소비자원)의 설립 등 소비자정책과 행정에 있어서 상당부분을 일본으로부터 배워 온 측면이 많았다. 그러던 것이 1990년대 후반부터는 일본을 앞서 가는 분야도 나타났는데, 일본은 소비자청의 설립 등 자국의 정책 추진 과정에서 우리나라의 선진 면모에 경각심을 가지거나 일부 정책을 벤치마킹한 측면도 없지 않다.

일본의 소비자청 설립은 2007년 말 당시 여당인 자민당과 후쿠다(福田) 내각의 지도력 회복을 위한 정치적 목적에서 비롯된 측면이 강했다. 그동안 수상의 사임과 여당의 잇따른 실책으로 기구 설립 자체가 거의 불가능한 상황까지 갔었지만, 우여곡절 끝에 청의 발족이라는 결실을 얻은 것이다. 논의가 시작될 즈음만 해도 일본의 정책 관계자들 간에는 "한국의 소비자정책으로부터 배우자"라는 기류가 적지 않았지만, 이제 "국민을 위한 행정과 정책에 관한 한 일본이 세계를 리드하자"라는 분위기가 역력하다.

소비자정책의 추진이 우여곡절 끝에 공정거래위원회와 한국소비자원을 중심으로 이루어지고 있는 우리의 경우 이러한 일본의 최근 소비자정책과 행정의 향방을 주의 깊게 살펴볼 필요가 있다. 특히, 신설된 일본의 소비자청과 국민생활증진을 위한 독립기관인 국민생활센터와의 기능과 역할분담 그리고 상호 협력체계를 주시해야 할 것이다. 덧붙여 이러한 일본의 정책변화가 국민의 안심·안전과 삶의 질 향상에 어떠한 영향을 미치는지 예의 주시해야 할 것이다.

수십년간 일본의 소비자법과 정책을 연구하고 가르쳐온 마쓰모토(松本恒雄) 교수는 일본에서뿐 아니라 해외 여러나라에도 잘 알려진 소비자문제 전문가이다. 저자도 선생과 적지 않은 인연이 있다. 히토쓰바시(一橋)대학 법학연구과의 객원연구원 시절 저자의 지도교수였고, 선생의 대학원수업과 ゼミ(세미나식 수업)에 참여하여 함께 논문을 썼다. 개인적으로는 선생의 지도 아래 법학박사논문을 진행하고 있다.

2. 소비자문제의 국제화에 적극적으로 대처해야

근래 소비환경을 둘러싼 국내외적인 환경이 변함에 따라 소비자문제도 과거와는 다른 형태를 보이고 있다. 특히 양자·지역 간 무역협정(FTA) 체결이 늘어남에 따른 시장개방과 유·무선 형태의 인터넷 사용의 급속한 확산에 따라, 국경을 넘는 B2C 국제 상거래가 크게 늘고 있다. 지금까지의 자국 중심의 소비생활 패턴이 국경을 넘나드는 소비의 세계화로 전환되고 있는 것이다.

이와 같이 소비자문제는 이제 더 이상 국내의 문제가 아닌 국제적 이슈로 전환되어 가는 추세이다. 예컨대, 가상의 인터넷 공간에서 국적이 다른 판매자와 소비자가 직접 거래함으로써 발생되는 국제 거래에서의 소비자피해가 늘고 있으며, 경제체제가 세계화되어 감에 따라서 각 경제주체가 속하는 국적, 법과 제도, 문화 등의 차이에 따른 소비자피해도 증가하고 있다.

또한 국내법의 규제를 피하기 위해 내국인이 외국의 인터넷사이트를 개설하여 영업함으로써, 형식상 국제거래이지만 실질적으로는 내국인 간의 거래에서 소비자분쟁이 발생하는 경우도 상당수 있는 현실이다.

더욱이 이웃나라와의 국경을 넘은 상거래가 증가함에 따라 새로운 형태의 소비자문제도 늘어나고 있다. 유전자변형 농산물의 수입이나 무분별한 유해중금속 함유 공산품의 수입 등으로 소비자안전 문제가 우려되는 것이 좋은 예이다.

광우병이나 구제역, 유행성 조류독감과 같은 외국지역과 연계된 소비자문제가 재연될 소지도 없지 않다.

이와 같이 소비자문제가 국제화되어 가고 있음에도 이에 대한 대응은 사실 미흡하다. 예컨대, 소비자보호에 관한 법과 제도들을 보면 대부분이 국내 소비자문제 중심으로 되어 있어 국제적 표준(global standards)에 부합하지 않으며, 주요 교역대상국의 각종 소비자보호에 관한 법과 제도의 운영현황에 대한 분석과 자료화가 충분하지 않다.

우리는 소비자보호뿐 아니라 국익의 차원에서, 국내의 관련법과 제도를 국제화 추세에 부합하도록 보완하는 등 소비자문제의 국제화에 대해 적극적으로 대처할 필요가 있다.

국제 분쟁의 재판관할권과 준거법, 그리고 국제소비자피해를 해결하기 위한 대안적 분쟁해결(ADR)수단과 나라 간 협력, 지역 간 협력협정과 같은 여러 소비자분쟁 해결 수단들에 대한 현실적 문제들과 그 해결방안을 검토해야 한다.

현실적 대안 중의 하나는 소비자문제에 관련된 국제기구의 활동에 적극적으로 참여함으로써 소비자정책의 국제적 동향을 파악하고, 필요한 경우에는 우리의 견해를 반영시키는 것이다. 그럼으로써 국내 소비자보호와 국익향상에 기여할 수 있을 것이다.

예컨대, 경제협력개발기구(OECD)의 소비자정책위원회(CCP) 회의나 국제소비자보호집행기구네트워크(ICPEN), 국제소비자기구(CI)와 같이 국제적 소비자정책과 활동들의 흐름을 잘 읽을 수 있는 국제회의나 실무 작업에 참석하여 의견을 개진함으로써 국제적 소비자문제에 대한 이해를 높일 수 있을 것이다. 더불어 그 흐름을 선도할 수도 있게 될 것이다.

3. 해외 인터넷쇼핑몰 이용 소비자피해

인터넷 온라인 쇼핑은 국경을 초월해 싼 가격의 다양한 상품을 원하는 소비자들의 욕구를 충족하는 데 적당하다.

특히 최근의 FTA에 따른 시장개방과 인터넷 이용 확산은 더 많은 소비자들에게 해외 인터넷 쇼핑몰로 눈을 돌리게 하고 있다. 하지만 이러한 국제 전자상거래의 급증에 따라 뜻하지 않게 피해를 보는 국내 소비자가 늘고 있다. 한국소비자원에 접수된 국제거래에 관련된 소비자피해 중 약 60%가 국제 전자상거래 피해에 관한 것이다.

해외 인터넷 쇼핑몰은 국내 사이버몰 거래에 비해 피해 구제가 쉽지 않다. 상품이 배달되지 않거나 가짜 상품이 오더라도 해결책이 없는 경우가 많다. 판매자의 협조가 있더라도 환불이나 교환하는 데 만만치 않은 비용이 들고, 반송기간도 수십 일이 걸린다.

피해를 본 소비자가 당국에 법적인 해결을 요구하더라도, 소비자와 판매자가 속한 국가 간의 서로 다른 법제와 상관습으로 인해 그 해결이 매우 어렵다. 일례로 홍콩이나 중국 등 해외에 서버를 둔 인터넷 쇼핑몰이지만 실제로는 내국인이 운영하는 사이버몰에서 피해를 본 경우 어느 나라 법원에서 어떤 법을 적용할 것인지에 대한 의견 일치가 쉽지 않다.

　이러한 실정에서 해외 인터넷 쇼핑을 하는 소비자는 스스로 주의하는 것이 상책일 수밖에 없다. 가급적이면 인지도가 높은 해외 쇼핑몰을 이용하는 것이 좋다. 고가의 브랜드를 지나치게 싼 가격에 제시하거나 선착순과 같은 사행심을 조장하는 사이트, 판매자의 주소와 전화번호, 이메일 등 신원이 명시되지 않은 사이트는 특히 주의해야 한다. 구매대금은 은행계좌이체보다는 가급적 신용카드로 결제해야 피해발생 시 즉시 카드사에 지급정지를 요청해 피해를 줄일 수 있다. 거래 시 매매보호장치(escrow)를 이용하는 것도 피해를 예방할 수 있는 방안이다.

　정부나 사법 당국에서도 해외 인터넷 쇼핑에 따른 소비자피해를 줄이기 위한 실효성 있는 대책을 마련해야 한다. 인터넷 쇼핑에 관련된 국제분쟁을 효과적으로 해소할 수 있는 법·제도적 방안을 검토하고, OECD와 같은 국제기구를 통한 협력방안을 마련해야 한다. 최근에 추진 중인 국가·지역 간 FTA협상에 이러한 협력 사항이 포함되도록 하는 것도 좋은 방안이다. 덧붙여, 국가 간 서로 다른 법과 상관습에 따른 분쟁해소의 어려움에 대해서는 해당 국가의 사이버몰협회나 민간단체, 전문기관 등이 서로 협력해 자율적으로 분쟁을 해결하는 이른바 대안적 분쟁해결(ADR; Alternative Dispute Resolution) 수단을 활성화할 필요가 있다.

〈조선일보 칼럼〉

4. 소비자국제회의 한국 개최의 의의

봄볕이 따스한 지난 2005년 3월 말 제주에서는 소비자보호에 관련된 국제 행사가 연이어 열렸다. 그 전년도 가을 서울에서 개최되어 한중일 3국간 스팸방지를 위한 공동노력을 천명하는 등 여러 성과를 얻었던 국제소비자보호집행기구(ICPEN: International Consumer Protection Enforcement Network)의 춘계총회가 한국소비자원 주관으로 제주도 신라호텔에서 열린 것이다. 이어서 경제협력개발기구(OECD) 산하 소비자정책위원회 정기총회가 같은 장소에서 재정경제부(현재의 지식경제부)와 한국소비자원 주관으로 개최되기도 했다.

국제소비자보호기구는 OECD회원국을 중심으로 1992년 10월에 설립된 영향력 있는 국제 소비자보호 기구이다. 국제거래에서의 소비자피해를 예방하고, 효과적인 법집행을 위한 회원국 간 협력방안을 모색하는 것이 주된 역할이다. 현재 OECD회원국을 포함한 36개국과 2개 국제기구가 회원국으로 가입되어 있으며, 중국 등 3개국이 옵저버로 참가하고 있다.

한편 OECD의 소비자정책위원회는 회원국의 주요 소비자정책을 심의하고, 국제적 정책방향을 제시하는 등 국제 소비자정책을 실질적으로 선도하고 있다. 오래전 이지만 지난 2000년 초에는 "국제전자상거래 소비자보호 가이드라인"을 채택하여 회원국뿐 아니라 세계의 많은 나라들이 이 가이드라인을 자국의 전자상거래 소비자보호지침으로 활용했을 만큼 국제적인 영향력을 미치고 있다.

국제소비자보호기구 제주 총회에서의 논의의 초점은 '국제거래에서의 소비자 분쟁의 해결'에 맞춰졌다. 사실 그동안 민간뿐 아니라 정부 차원에서도 국경을 넘는 국제거래에서의 소비자분쟁 해결 방안에 대한 다양한 논의가 있어 왔으나, 뾰족한 해법을 찾지 못했다. 특히 인터넷을 통한 국제 전자상거래에서의 소비자 불만과 피해는 더욱 늘어나고 있고, 그 해결책이 시급한 실정이다.

저자가 일했던 한국소비자원에서는 이러한 국제소비자분쟁의 해결을 위한 전도사 역할을 자임하고 나섰다. 국제거래에서의 소비자피해를 접수하고 있는 인터넷신고사이트(http://www.econsumer.gov)가 실질적인 피해구제가 이루어지는 마당이 될 수 있도록 중재역할을 맡았던 것이다. 예컨대 각 회원국의 기업을 상대로 한 다른 나라 소비자의 피해구제 신청이 접수되면 한국소비자원이 나서서 회원국별로 이첩하여 신속히 처리되도록 했다. 이러한 시도가 ICPEN 회의에서 회원국들의 공감을 얻어 국제소비자분쟁의 해결에 일조할 수 있게 된 것이다.

이러한 국제회의들이 연이어, 특히 두 국제기구의 연례 총회가 아시아권에서는 처음으로 국내서 개최된 것은 우리나라 소비자보호정책의 국제적 위상이 그만큼 높아졌음을 단적으로 보여 준 것이다. 한편으로는 소비자문제에 관해 우리가 국제사회에 기여하고 부담해야 할 몫도 그만큼 커졌음을 의미한다.

우리도 국내에서 추진 중인 소비자정책과 제도가 이러한 국제사회에서의 요구를 제대로 수용하고 있는지 다시 한 번 확인해 볼 필요가 있다. 앞으로 우리 정책당국에서는 국제적 소비자문제의 해결을 위한 다방면의 지원과 관심을 아끼지 말아야 할 것이다.

이 글은 제일경제신문에 게재된 저자의 글을 바탕으로 재작성하여 타인의 명의로 기고 준비했던 것이다. 저자는 이 글에서 소개한 여러 국제기구의 활동에 오랫동안 참여해 왔다.

매년 두 차례 열리는 OECD 회의에는 재정경제부(현재의 기획재정부)와 공정거래위원회, 법무부 등 여러 정부부처 공무원들과 함께 구성된 한국대표단의 일원으로 참가하면서 산하기관이라는 숙명으로 궂은일을 도맡다시피 했다. 회의 시작 전에는 준비한 발표 자료를 점검하고 회의가 끝나면 밤늦게까지 일일보고서를 작성했다. 새벽이면 해장국집을 찾는 단장의 전화를 받고……, 매번 바뀌는 대표단원의 요청으로 몇번씩이나 동행해야만 했던 넓디넓은 루브르 박물관은 쳐다보기도 싫었다. 그래도 지금은 그때의 고생담이 즐거운 추억이다.

국제소비자보호집행기구(ICPEN)는 이름 그대로 소비자보호를 위한 회원국 간 국제적 협력을 위한 조직이다. 1992년 10월 OECD의 소비자정책위원회(CCP, Committee for Consumer Policy)에 참여하는 회원국 중심으로 설립되었고, 초기에는 IMSN(International Marketing Supervision Network)이라는 이름으로 출발하여 2002년 9월에 지금의 이름으로 바뀌었다.

이 외에도 소비자정책을 다루는 여러 국제기구가 있는데, OECD 소비자정책위원회, 국제 소비자기구(CI, Consumer International), 국제표준화기구 소비자정책위원회(ISO COPOLCO, Committee on Consumer Policy)가 대표적이다. 우리나라는 정부와 민간 차원에서 이들 국제기구들의 활동에 적극적으로 동참하고 있다.

07

소비자를 위한
생활경제 이야기

이 글은 방송국의 요청으로 준비했던 저자의 콘티(대본) 원고를 바탕으로 집필한 것이다.

라디오방송이 진행되었던 8주 동안 정말 정신이 없었다. 일상의 밀린 업무를 하면서도, 매주 15분의 라디오 진행을 위해 저자는 A4 예닐곱 장 분량의 스토리를 준비해야 했다.

2004년 6월 말 KBS 제1라디오 작가라는 사람으로부터 전화를 받았다. 매주 월~금요일 14:10~17:00 진행되는 '성기영의 경제투데이'에 저자를 위한 단기 코너를 만들고 싶으며, 소비생활에서 겪는 법과 생활경제 이야기를 쉽게 풀어서 '재밌게' 전해 달라고 했다. 방송경험이 별로 없으니 다른 적임자를 찾아보라 했더니 여러 사람이 저자에게 요청하라고 했다고 한다. 그 후 8월 말까지 겪은 고생(!)은 지금은 즐거운 추억의 편린들이다.

당시 공중파를 탔던 녹음된 방송내용을 다시 들어 보면서, 독자를 위해 2011년 4월 말을 기준으로 원고를 준비하고 다듬었다. 라디오를 듣는 기분으로 '이종인의 소비자를 위한 생활경제 이야기'를 음미해 보기 바란다.

1. 시장경제와 소비자문제

시장경제와 소비자문제, 뭐 특강 제목 같기도 하고……, 좀 딱딱하게 들리지만 이 주제로 〈소비자를 위한 생활경제 이야기〉를 시작해 보려 합니다.

우리가 소비생활을 하면서 기본적으로 궁금해하는 사항들이 많지요. 예를 들자면, 물건을 사서 소비하는 과정에서 왜 소비자피해나 안전사고와 같은 소비자문제가 발생하는가, 소비자한테는 어떤 권리가 있는가, 또 이러한 권리들이 법이나 제도로 잘 보장되는가, 이러한 소비자권리가 지켜지지 않는다고 판단될 경우에는 어떻게 행동해야 되는가 등 여러 가지 사항들을 들 수 있겠습니다.

이처럼 시장경제 체제 안에서 경제생활을 하면서 소비자들이 필수적으로 알아둬야 할 생활경제 이론들을 쉽게 전달하려 합니다.

경제 원론에서 접할 수 없는 소비경제 이론을 들을 수 있겠군요. 우선 소비자문제가 뭔지 명확하게 소개해 주세요.

소비자와 기업 간에, 상품(goods & services)의 거래과정에서 발생하는 문제가 다 소비자문제입니다.

예를 들면, 일부 발모제나 다이어트건강식품의 과장광고로 인한 소비자피해와 같은 기업의 허위 과장된 표시나 광고로 인한 피해, 또 몇 해 전 큰 사회적 물의를 빚었던 굿모닝시티상가 분양사기사건으로 인한 계약자 피해와 같은 사기·기만적인 행위로 인한 제 문제, 약속했던 품질보증(warranty) 불이행과 같은 계약불이행으로 발생하는 소비자피해, 또 자동차 급발진 같은 안전이나 기능결함에 의한 위해(hazards) 등이 모두 소비자문제입니다.

불과 몇 년 전까지만 해도 소비자문제를, 악덕 사업자의 부도덕한 우월적 행위로 인한 약자인 소비자 피해구제 혹은 소외계층을 위한 사회복지 차원에서 바라봤는데요. 최근에는 사업자와 대등한 입장에서 소비자의 자율과 책임을 강조하는 이른바 consumer's sovereignty(소비자주권) 개념으로 소비자문제를 이해합니다. 소비자문제는 시장경제 체제 기능상의 문제에서 출발하기 때문에 본질적으로는 경제문제입니다.

시장경제체제에서는 이러한 경제문제를 결정하는 주된 요인이 바로 소비자의 선택입니다. 예컨대, 소비자가 선호하는 제품은 많이 팔리고, 선호하지 않는 제품은 비인기 종목이 되어 시장에서 퇴출되지요. 결국 시장에서 제품생산의 결정권(right)이 소비자한테 있습니다. 이를 소비자주권이라 하지요. 다시 말해 소비자와 생산자의 상호관계에서 최종 의사결정의 힘이 소비자한테 있다는 것입니다(이는 국정의 최종최고 결정권자가 국민이라는 이른바 '국민주권'의 의미를 생각해 보시면 쉽게 이해될 것입니다. 차이점이라고 하면, 국민주권은 1인 1표, 소비자주권은 소비자의 구매력의 크기에 달려 있다는 것이지요).

이런 말씀을 드리는 이유는 한 나라 경제의 주인(주권자)은 생산자가 아니라 바로 우리 소비자라는 것입니다. 이런 사고의 틀 안에서 소비자피해나 안전과 같은 소비자문제를 그것도 소비자의 시선으로 바라봐야 하는 것입니다.

경제 이론적 틀 안에서 소비자문제에 대한 이해가 가능하군요. 그렇다면, 물건을 사서 소비하는 과정에서 왜 분쟁이나 피해와 같은 소비자문제가 생기는지도 경제적으로 이해할 수 있을까요?

물론입니다. 우리가 소비생활을 할 때 스스로를 되돌아보면, 기업에 비해 정보나 전문성도 부족해서 권리행사에 어려움이 많다는 걸 느끼게 됩니다. 경제학에서는, 현실의 시장기구가 효율적으로 작동하지 않는 시장실패(market failure)를 소비자문제의 주된 원인으로 봅니다. 따라서 시장실패의 해결은 곧 소비자문제의 해결책이 된다는 얘기죠.

시장실패의 원인으로, 여러 가지를 들 수 있겠습니다만, 우선, 기업과 거래할 때 당사자 간 정보의 불균형 혹은 정보가 부족할 때 시장실패가 나타납니다. 예를 들면, 자동차의 안전성에 관한 정보가 제조회사보다 부족한 소비자는 합리적인 판단을 하기 어려워집니다.

이런 시장실패 관점에서 소비자문제를 살펴보면, 공해와 같은 외부효과(externality)도 소비자문제를 일으킵니다. 예컨대, 섬유공장이 방출하는 매연이나 폐수는 공기와 하천을 오염시켜 그 섬유를 소비하지 않는 제3자에게도 손해를 끼칩니다. 하지만 섬유공장이 그 비용을 모두 부담하지는 않습니다.

소비자문제는 또, 다른 사람들이 생산한 소비자정보(공공재)를 공짜로 소비하려는 무임승차자(free rider) 심리에 의해서도 발생합니다. 훌륭한 정보라도 이러한 공짜족들이 많으면 많을수록 회사로선 손해기 때문에 좋은 정보를 소비자한테 제공하지 않으려고 합니다. 결국 시장의 실패가 발생하게 되고 또 소비자문제도 야기됩니다.

결국 상품에 관한 정보가 기업에 비해 부족해서 소비자문제가 발생된다고 보면 되겠군요. 그렇지만, 현대는 정보의 홍수시대라고 하잖아요? 예전보다는 소비자들이 상품정보를 많이 갖게 된 것 같은데 그래도 소비자피해는 줄어들지 않는 이유는 무엇인가요?

설사 올바른 정보를 많이 갖고 있더라도, 현실적으로 사람들은 합리적인 판단을 하지 못하는 게 사실입니다. 예컨대, 유행이나 개인의 취향, 습관에 따라 소비를 함에 따라 유행추구 풍조, 준거집단에 의한 영향, 신분유지와 상승을 위한 체면 중시 등의 비합리적 소비행위 등을 들 수 있지요.

특히 사고와 같은 안전에 관련된 문제는 그 위험을 어느 정도 인지하고 있을지라도, 설마 나한테 그런 일이 일어날까 하는 심리가 있어서 덜 조심하는 경향도 없지 않고요.

또 정보가 충분하더라도 소비자의 나이나 학력수준 등에 따라 이해력이나 자기보호능력이 다르기 때문에 소비자문제가 야기되는 경우도 있지요. 예를 들어, 본드(접착제) 흡입이 환각을 일으킨다는 위해 정보가 오히려 청소년들의 호기심을 자극시킨다는 조사결과도 있습니다.

또 현대산업사회의 특징인 고도분업과 전문화로 시장이 복잡해지면서 소비자는 시장에 공급된 정보를 소화하는 데 물적, 시간적 제약과 분석능력의 한계에 직면하게 됩니다.

경제적인 관점에서 보면, 시장실패로 소비자문제가 발생하니까, 그 해법도 경제적인 측면에서 찾으면 되겠네요?

독과점의 폐단, 외부성(공해), 공공재(무임승차자 문제), 비대칭 소비자정보 등으로 인해서 시장경제가 효율적인 기능을 하지 못할 때, 적절하게 규제를 하거나 올바른 정보를 제공해서 소비자문제를 해소할 수 있습니다.

또 그런 시장실패를 보완하기 위해 법과 제도를 효과적으로 운용해서 소비자 권리(주권)를 확보토록 해야 합니다. 예를 들어, 사업자의 사기·기망행위에 대한 처벌을 강화하고, 피해발생 시 신속하고 저렴하게 구제를 해 줄 수 있는 '대안적 분쟁해결(ADR)'과 같은 시스템을 운용하며, 집단소송제와 같은 소비자의 집단적 의사를 반영할 수 있는 채널을 제도화하는 것을 들 수 있습니다.

소비자 권리에 대한 최초의 정치적인 제스처로는 1960년대 초 미국의 Kennedy 대통령이 연두교서에서 발표한 소비자의 4대 권리에 잘 나타나 있습니다. 안전할 권리, 알권리, 선택할 권리, 의사를 반영시킬 권리가 소비자의 기본적인 권리입니다.

우리나라의 경우 소비자기본법(제4조)에 "소비자는 다음 각 호의 기본적 권리를 가진다"로 규정하여 소비자의 8대 기본적 권리 향유를 당연시하고 있습니다. 즉 Kennedy 대통령의 4대 권리에, 보상받을 권리, 교육받을 권리, 단체조직과 활동의 권리, 안전하고 쾌적한 환경에서 소비할 권리를 추가한 8대 권리를 보장하고 있습니다.

사실, 소비자기본법에서 규정한 소비자권리는, 그것이 침해당했을 때 가해자에 대한 구체적인 처벌조항이 뒷받침되지 않는 등 선언적인 측면도 있습니다. 하지만, 이런 소비자 8대 권리는 다양한 분야의 관련법에 의해 지켜지고 있습니다. 예를 들어, 약관규제법, 독점규제법, 할부거래법, 방문판매법, 제조물책임법 등이 있지요.

그 밖에도 소비자 안전을 위한 법으로 식품안전법, 전기용품안전관리법, 농산물검사법, 수산물검사법, 축산물위생처리법, 고압가스안전관리법 등이 있고, 소비자에게 상품의 양이나 규격을 속이는 것을 막기 위해 계량 및 측정에 관한 법률, 표시광고의 공정화에 관한 법률, 산업표준화법 등이 있습니다.

또 소비자기본법에 근거한 "소비자분쟁해결기준(구 소비자피해보상규정)"이 있는데요. 2010년 말 현재 127개 업종 563개 품목에 대해 품목별로 피해보상의 기준을 제시하고 있습니다.

또 최근에는 소비자피해가 소액 다발적으로 발생하는 특징이 있어서 일부 피해자가 소송을 제기하면 소송을 직접 제기하지 않은 모든 사람들도 판결의 효력을 받게 되는 집단소송제도 도입이 추진되고 있습니다.

앞서 말씀하신 소비자권리가 잘 지켜지지 않는다고 판단될 경우에는 어떻게 행동해야 되나요?

합리적으로 판단하여 권리행사를 위한 행동을 할 필요가 있습니다. 예컨대, 소비자피해가 발생했을 경우 소비자한테는 '보상받을 권리'가 있지 않습니까?

따라서 우선적으로 판매자(제조사)와 합의를 통해서 해결하는 것이 시간과 노력을 줄일 수 있는 바람직한 방법이겠습니다. 하지만, 현실적으로 판매자와 소비자는 이해관계가 상충하기 때문에 원만한 합의에 이르지 못하는 경우가 많지요. 이런 경우에는 소비자기본법에 따라 지방자치단체에 설치되어 있는 소비자상담실을 이용하거나 신뢰할 수 있는 시민단체, 또는 정부기관인 한국소비자원에 피해구제를 신청할 수 있습니다.

물론 최종적인 절차는 민사나 형사소송을 통한 피해보상 또는 범죄행위에 대한 처벌이 되겠지요.

권리를 누리려면 반드시 책임도 뒤따르게 되지요? 소비자책임에 관한 사항도 소개해 주세요.

"법에 대한 무지는 용서받지 못한다"라는 법언이 있는데요. 소비자도 자신의 의사결정이나 선택에는 책임을 져야 합니다. 소비자기본법 제4조는 "소비자는 스스로의 안전과 권익을 향상시키기 위하여 필요한 지식을 습득해야 하고, 자주적이고 성실한 행동과 환경친화적인 소비생활을 함으로써 소비생활의 향상과 합리화에 적극적인 역할을 다하여야 한다"라고 책임사항들을 규정하고 있습니다.

즉, 소비자도 상품 구입에 있어 가격과 품질을 고려해 신중한 선택을 해야 합니다. 무분별한 충동구매나 과시적 소비로 인한 재산상의 손해는 스스로 책임을 져야 합니다. 또 상품을 구입한 후에도 상품설명서를 꼼꼼히 읽고 사용하는 습관을 가져야 하겠지요.

소비생활을 하다 보면 법이나 제도를 잘 몰라 뜻하지 않게 피해를 입거나, 판매자의 사기와 같은 범죄행위로 인해 곤란을 겪는 경우가 생깁니다. 이러한 입장에 처했을 때에는 우선 누구의 책임인지, 가해자가 누구인지, 또 해당 피해에 대해 보상받을 권리가 있는지 꼼꼼히 따져 봐야 합니다. 그런 후에 앞서 말씀드린 절차에 의해 문제를 해결해야 하겠습니다. 우리 모두 법에서 정한 소비자권리를 충분히 누리고 또 책임도 다하는 똑똑한 소비자가 되었으면 합니다.

2. 인터넷쇼핑: 피해와 예방

요즘 인터넷을 통한 쇼핑이 보편화되고 있고, 또 관련된 피해도 심심찮게 발생하고 있습니다.

인터넷 쇼핑 즐기시는 분은 인터넷 쇼핑만 하신다더군요. 상당히 편리한 모양이더라고요?

제가 요즘 마라톤을 하는데요. 지난 주말에 마라톤화를 하나 사려고 인터넷에 들어가 봤어요. 여러 인터넷쇼핑몰을 둘러본 후 마음에 드는 브랜드와 모델을 정했습니다. 그런 다음에 가격정보사이트에 가서 해당 신발의 가격을 알아봤더니 가장 비싼 곳은 145,000원이었고 가장 싼 곳은 98,000원이었습니다. 98,000원 하는 사이트에서 사기로 하고 돈을 보냈더니 이번 주 초에 배달되어 왔더군요. 배달료를 감안하더라도 시중가보다 훨씬 저렴하게 살 수 있었고 또, 직접 매장에 나가는 수고와 시간을 절약할 수 있었기 때문에 저는 이번 쇼핑결과에 만족했습니다.

바쁜 현대인에게는 인터넷쇼핑이 상당히 매력적일 수 있겠네요. 실제로 인터

넷 쇼핑인구가 얼마나 되죠?

우리나라는 초고속인터넷 보급률이, OECD의 평균치보다 무려 5배나 넘는 세계 최고수준입니다. 인터넷이 보편화돼 이제 소비자들은 언제 어디든지, 인터넷을 통해서 세계의 수많은 쇼핑몰에서 거래를 할 수 있게 되었지요. 최근 조사를 보면, 우리나라 인터넷쇼핑의 시장규모가 매년 두 배 가까이 증가하고 있고, 또 젊은이들뿐 아니라, 장년층과 노인들께서도 인터넷쇼핑을 즐기는 것으로 나타났습니다.

또 국내시장뿐 아니라 국제적인 인터넷쇼핑도 크게 늘고 있는 추세입니다. 얼마 전에 제가 근무하고 있는 곳으로 미국 Florida에 사는 분이 메일을 보냈는데요, 한국의 한 업체가 개설한 인터넷쇼핑몰에서 공예품을 샀는데 상품이 마음에 든다는 내용이었습니다.

불과 몇 년 전만 해도 상상도 할 수 없었던 일인데 싼 가격에 장소와 시간까지 구애를 받지 않으니 정말 좋은 점이 많군요. 하지만 피해 사례도 종종 듣게 돼요.

그렇지요. 하지만, 독자들께서 인터넷을 통해 상품을 구입하실 때 각별히 조심하지 않으면 예기치 못한 피해를 입을 수가 있습니다.

백화점이나 할인점에서 물건을 살 때와는 다르게 인터넷쇼핑으로 물건을 살 때는 판매자가 누구인지, 상품의 모양이나 품질이 어떤지 정확하게 알 수 없는 경우가 많지요. 또 상품을 받아 보기도 전에 돈을 먼저 보내 주어야 하는 경우가 많기 때문에, 사기를 당하는 경우도 종종 발생합니다. 또한 사고 보니 생각했던 것하고는 다르게 별 쓸모가 없거나 물건이 맘에 들지 않는 경우가 있어요. 그럴 경우 돈만 낭비했다는 생각이 들 수도 있지요.

인터넷쇼핑으로 인한 소비자피해 중 가장 일반적인 형태는 결제를 했는데도, 상품을 제때 보내 주지 않거나 아예 보내 주지 않는 경우입니다. 한국 소비자원에 접수된 피해사례 중에 이런 것이 있었습니다. 서울에 사시는 어떤 분이 지난해 4월 말에 한 인터넷쇼핑몰에서 유명상표의 디지털카메라 2대와 메모리스틱 1개를 주문했습니다. 쇼핑몰에서 결제는 현금만 가능하다고 해서 당일에 물품대금 198만 원을 온라인으로 송금했습니다. 시중가보다 적어도 4~50만 원 싸게 구입하게 돼서 당시에는 무척 기분이 좋았지요.

그런데 입금한 지 일주일이 지나고 이 주일이 지나도 물건이 오지 않는 겁니다. 해당 사이트에 들어가 항의도 하고 환불해 달라고도 했지만, 아무런 답변도 없고, 나중에는 사이트조차 폐쇄되어 버렸습니다.

보상받을 길은 없나요?

보상받기가 어렵습니다. 현실적으로 판매자가 누군지 알아야 계약 이행하라고 법적으로 요구할 수도 있고, 사기나 횡령과 같은 경제범죄 혐의로 고소할 수도 있겠지요. 하지만, 개별 소비자가 얼굴도 모르는 판매자를 찾아내기란 여간 어려운 일이 아닙니다. 판매자가 처음부터 많은 사람에게 피해를 입힐 의도를 가지고 사이트를 개설해서, 한몫 챙기고 줄행랑을 친 경우라면 더더욱 문제해결이 어렵습니다.

이 사례의 경우에도 만약에 구입대금을 현금으로 지불하지 않고 신용카드 할부로 결제했더라면 어느 정도 보상받을 길이 있었을 것입니다.

현행 할부거래법(제5조(매수인의 철회권)와 제7조(신용제공자가 있는 경우의 매수인의 철회의 통보))을 보면 쇼핑몰의 사기나 이행불능 행위에 대해 피해자가 카드사에 '매수인의 철회권'을 주장할 수 있도록 되어 있지요.

그럼, 항상 신용카드로 결제하면 되겠네요?

신용카드로 결제하되 3개월 이상 할부로 하는 것이 좋습니다. 하지만, 할부결제라도 상품 구입액수가 20만 원보다 적은 경우라면 법의 보호를 받지 못하고, 이미 지급한 할부금도 돌려받을 수 없는 경우가 있기 때문에 주의해야 합니다. 더욱이 신용카드로 결제했더라도 일시불인 경우에는 할부거래법의 적용을 받지 않으므로 보상받기 어렵게 되지요.

말씀하신 사례가 자주 있는 건 아니겠지만, 실제로 배달이 좀 늦어지면 불안하거든요? 하지만 인터넷 쇼핑은 상품을 싸게 살 수 있다는 장점 때문에 이런 위험부담도 안게 되는데 인터넷 쇼핑 가격은 어떻게 책정됩니까? 어떻게 같은 물건을 저렴하게 판매하는 거죠?

아시다시피 일반적인 소비 상품들은 최초 생산자에서 여러 유통 단계를 거치면서 생산원가에 유통비용이 추가되고, 또 광고비가 더해지면서 구매자는 생산원가보다 훨씬 높은 가격에 상품을 구입하게 됩니다.

하지만, 인터넷 거래의 경우에는 쇼핑몰이 직접 생산자와 구매자를 연결해 주는 형태이기 때문에 유통비용이 절감되고 매장유지비용이나 보관비용도 거의 들지 않습니다. 또 광고비용도 줄어들고요. 그리고 대부분의 인터넷쇼핑몰들이 박

리다매 형태의 공격적 판매전략을 구사하기 때문에, 시중보다 싼 가격에 거래가
될 수 있습니다.

그래도 옷이나 신발 같은 것은 사이즈가 있어서 직접 입어 봐야 하고 옷감이나
재질도 만져 봐야 되기 때문에 덜한 편이지만 도서의 경우에는 정말 심각하지요.

맞아요, 그래서 몇해전부터인가요? 인터넷에서 판매되는 책 같은 경우 할인
율이 아예 지정됐잖아요.

지난 2003년 2월부터 '출판 및 인쇄진흥법'이 실시되어서, 도서정가제라는 제
도가 시행되고 있습니다. 이론적으로는 '도서의 재판매가격 유지제도'라고 불
리는 것이 타당합니다. 이 제도는 정부에서 출판 산업을 보호하기 위한 것인데
요, 발행된 지 1년이 안 된 책은 정가로만 판매하도록 하되 인터넷쇼핑에 한해서
10% 이내의 할인을 허용하는 것을 주된 내용으로 했었습니다.

사실 이 제도는 인터넷(on-line)서점에 대한 일반(off-line)서점들의 경계심에
서 비롯된 것입니다. 인터넷서점들의 책 가격 할인경쟁 때문에 일반서점들이 폐업
하게 되는 일이 속출했지요. 소규모 서점들이 줄줄이 도산을 하고 심지어 종로
에 있는 대형서점까지 문을 닫았지요(물론 그 서점이 부도를 맞은 1차적 원인은
경영 측면이겠지만, 그 배경에는 인터넷 서점들의 할인경쟁을 통한 급성장에 있
다고 봅니다).

이렇게 되자, 정부에서는 지식의 근간인 출판 산업을 시장경쟁에 맡기기보다
는 예외적으로 보호해 줄 필요가 있다고 판단한 것이지요.

그렇지 않습니다. 1년 미만의 도서는 10%까지만 할인할 수 있지만, 출간한 지 1년 이상 된 책은 쇼핑몰에 따라 50%까지 할인해 주는 곳도 있더군요. 또 책값을 싸게 팔 수 없는 대신 적립금(mileage)과 같은 '가격 외 경쟁(non-price competition)'으로 실제 할인 폭을 높여 소비자의 관심을 끄는 사이트들도 많이 있습니다.

Amazon.com과 같은 외국의 인터넷서점들은 이런 도서정가제의 규제를 받지 않잖아요. 그런데 국내 인터넷서점들이 규제받게 되면 국내 인터넷서점들은 상대적으로 불이익 아닙니까?

꼭 그렇지는 않습니다. 미국이나 캐나다 같은 나라들에서는 시장논리에 따라 인터넷서점들이 자유롭게 책 가격을 정할 수 있지만, 프랑스나 독일 그리고 우리와 제도적으로 유사한 일본의 경우는 우리나라와 비슷한 형태의 도서정가제를 유지하고 있지요.

사실 온라인 서점과 오프라인의 서점은 둘 다 있어야 될 겁니다. 보통 오프라인 서점에서 책을 보고 와서 온라인으로 구입하게 되는 경우가 많지 않습니까? 그런 면에서 온라인 서점이 절약하는 매장유지비용은 오프라인 서점이 부담하고 있다고 볼 수도 있겠는데요.

온라인 서점들의 가격경쟁에 치여서 오프라인 서점이 모두 문을 닫게 된다면 소비자들은 도서의 실물을 볼 기회가 전혀 없어질 것입니다. 하지만, 공정한 경쟁과 소비자의 선택권을 위해서는 앞으로 도서정가제가 신축적으로 운영되어서 인터넷쇼핑몰들이 공정한 가격 경쟁을 할 수 있도록 해서 소비자들이 보다 낮은 가격으로도 도서를 살 수 있는 기회가 있어야 한다고 봅니다.

그렇습니다. 인터넷에 들어가 보면 추첨식이나 복권식 구매를 하는 사이트가 있는데요, 이런 사이트에서 피해를 보는 경우가 많이 있습니다.

지난해 초 어떤 분이 한 쇼핑 사이트에 들어갔는데, 상품의 1%만 입찰금액으로 넣으면 당첨자에게 공짜로 상품을 보내 준다고 해서, 유명 상표의 최신식 홈시어터에 입찰했습니다. 얼마 후 당첨되었다는 메일과 함께 상품의 22%에 해당하는 제세공과금 29만 원을 현금으로 입금하라고 하여 별 의심없이 온라인 송금을 했지요. 기다려도 상품은 오지 않고 연락도 되지 않았지요.

이 경우도 앞에서 소개한 사례와 같이, 횡령과 같은 경제범죄 혐의로 고소할 수 있고, 또 복권(및 복권기금)법에서 금지하고 있는 (유사)온라인복권 판매대행 위반과 같은 판매자의 위법행위를 이유로 법적인 책임을 물을 수 있겠지요. 하지만, 판매자가 누구인지 알아내기가 현실적으로 어려우니 보상받기가 막막합니다.

일상적인 거래와 마찬가지로 인터넷쇼핑에서도 1차적인 책임은 당사자에게 있습니다. 구매자의 입장에서는 무엇보다도 판매자(인터넷 쇼핑몰)의 신용도를 잘 파악해서 문제소지가 있는 쇼핑몰은 이용하지 않는 것이 피해예방의 지름길이면서 합리적인 소비행태라고 할 수 있습니다.

예를 들자면, 해당 사이트의 게시판에 '왜 환불해 주지 않나요?'라든지, '제발 빨리 배달해 주세요'와 같은 불만이 자주 올라오면 일단 주의를 해야 합니다. 그리고 온라인 송금과 같이 현금거래만을 하겠다는 쇼핑몰도 주의해야 하고, 고가의 상품을 파격적인 할인가로 판다면서 유혹할 때는 의심해 봐야 합니다. 예컨대 명품 시계를 5만 원에 판다고 하면, 십중팔구 가짜이거나, 범죄와 관련된 장물이겠지요. 그런데도 이러한 유혹에 넘어가는 소비자들이 많아 걱정입니다.

또 선착순 판매나 추첨식, 복권식 판매와 같이 구매자의 사행심을 자극하는 판매자를 특히 주의해야 합니다.

인터넷쇼핑이 싸고 편리하지만 피해 가능성을 당사자가 감수해야 하고, 또 피해를 막기 위해서 신경 써야 할 부분이 많다는 데 동의하지만, 안전한 인터넷 상거래를 위한 근본적인 대책이 필요할 것 같아요.

개인 간 거래에서 발생된 피해는 당사자끼리 해결하는 것이 시장경제의 원칙이지만, 관련된 법이나 제도상의 허점으로 인해 구조적인 피해가 계속적으로 발생하는 경우라면 해당 법과 제도를 보완하고, 또 소비자들에게 올바른 정보를 제공하여 예상되는 피해를 줄여 나가야 할 것입니다. 우리나라가 세계 최고의 인터넷 사용 국가이고 또 IT강국이니, 조만간 소비자들께서 안전하게 인터넷쇼핑을 하실 수 있는 제도적 뒷받침도 마련되겠지요.

다행히 최근에 정부에서 소비자피해보상보험의 확대라든지, 매매대금예치제도(escrow system)와 같은 안전한 인터넷 상거래를 위한 여러 정책의 시행을 추진하고 있습니다.

보상보험을 확대한다는 것은 발생된 피해에 대한 보상을 더 많이 해 주는 것이니 좋을 것 같은데. 매매대금예치제도는 뭐죠?

원래 명칭인 escrow service(에스크로 서비스)로도 알려져 있습니다. 이 제도는 미국과 같은 선진국에서는 인터넷 상거래에서뿐 아니라 집과 같은 부동산을 사고팔 때 흔히 활용되고 있습니다.

인터넷 상거래에서 구매자가 물건 값을 직접 판매자에게 보내지 않고 은행과 같은 믿을 수 있는 제3자에게 맡겼다가 물건이 하자 없이 잘 배달될 것을 확인한 뒤에 판매자에게 물건 값을 보내 주도록 하는 장치입니다. 이러한 장치가 되어 있으면 구매자는 물건을 받지 못하였거나, 받았더라도 만족스럽지 못한 경우에는 조건 없이 돈을 되돌려 받을 수 있기 때문에, 앞에서 소개한 사례들에서와 같은 인터넷쇼핑에서의 피해들을 근본적으로 막을 수 있게 됩니다.

소비자에게는 좋은 제도이군요. 지금까지의 말씀을 요약해 주세요.

오늘은 인터넷쇼핑이나 온라인경매 그리고 인터넷서점과 같은 인터넷을 통해 이루어지는 상거래에 대해 살펴봤습니다. 인터넷쇼핑이 소비자 여러분들에게 혜택이 될 수도 있고 또 주의를 소홀히 하시면 피해를 입을 수도 있다는 내용을 사례를 들어 말씀드렸습니다. 그리고 인터넷 상거래에 관련된 몇 가지 제도적인 사항을 살펴봤고, 또 어떻게 인터넷쇼핑을 하는 것이 합리적인가에 대해 말씀드렸습니다.

여러분들께서 주의를 하신다면 21세기 새로운 유통혁명이라고 할 수 있는 인터넷쇼핑으로부터 큰 경제적 혜택을 입을 수 있을 것입니다.

3. 소비자 안전(Ⅰ) : 결함제품 리콜

몇 년 전에 전기 압력밥솥이 폭발해서, 사람들이 다치거나 가재도구가 부서진 사건들이 잇달아 발생했던 일이 있었습니다. 그래서 이와 관련해서 해당 제품의 제조사가 폭발 가능성이 있는 문제의 밥솥들을 5만 원의 보상금까지 주면서 '리콜(recall)'했다는 소식을 뉴스와 광고를 통해 접하셨을 겁니다.

맞아요. 저도 매일 쓰는 밥솥이 폭발할지도 모른다고 생각하니까 섬뜩하더라고요.

여러 차례 발생했던 압력밥솥 폭발사고의 경우 밥솥 안에 들어가는 내솥의 결함 때문이라고 합니다. 압력밥솥의 구조상 뚜껑을 닫고 안전손잡이를 돌리면 내솥과 뚜껑이 완전히 맞물려야 되는데, 일부 모델에서 이 부분이 잘못 만들어져 있어 취사 도중에 높은 내압에 견디지 못하고 폭발했다고 합니다. 그래서 제조사에서 더 이상의 사고를 예방하기 위해 문제가 있는 제품들을 다시 거둬들인 것이죠.

리콜(recall)의 정확한 의미는 뭔가요?

제가 몇해전 미국의 캘리포니아 주에서 잠시 거주했었는데요. 당시에 캘리포니아 주지사인 Davis라는 사람이 주 재정 문제에 관련된 사안으로 결국 물러나는 일이 있었지요. 리콜(recall)이라는 말은 원래 이 경우와 같이 선거직 공무원을 임기 중에 투표를 통하여 해임시키는 국민소환제를 의미합니다. 이것이 상품과 관련해서도 쓰이기 시작했는데요, 문제가 있는 제품들을 소환(리콜)한다는 의미로 사용되었습니다.

그런데, 리콜제도상의 법적인 개념은, 제품 이용자에게 위해를 끼치거나, 끼칠 우려가 있는 결함이 발견된 경우에 사업자가 이용자에게 제품의 결함내용을 알리고 환불이나 교환, 그리고 적절한 수리를 해주도록 하는 제도를 말합니다.

안전한 소비생활을 위해서 필요한 제도네요. 그런데 문제가 있으면 업체들이 알아서 리콜을 하게 됩니까? 아니면 정부의 요구로 어쩔 수 없이 하게 되나요?

양쪽 다 가능하지요. 리콜에는 사업자 스스로 결정하는 자발적 리콜과 정부의 요청에 의한 강제 리콜의 두 종류가 있습니다(강제리콜은 또 리콜권고와 (긴급)리콜명령으로 구분됩니다). 리콜에 관한 사항들은 모두 법으로 정해져 있습니다. 예컨대, 자동차 리콜에 관한 사항은 자동차관리법에, 식품은 식품위생법, 축산물은 축산물가공처리법, 전기용품은 전기용품안전관리법 등에 리콜 요건이나 대상품목이 정해져 있지요.

또 개별법에서 다루지 않고 있는 일반 소비제품들은 소비자기본법에 명시되어 있습니다. 요즘은 대부분 사업자 스스로 리콜을 하고 있으며, 정부에서도 가급적 강제리콜 대신 사업자의 자발적 리콜을 유도하고 있습니다. 업체 스스로 리콜을 시행하더라도(마음대로 할 수 있는 것은 아니고) 법에서 정한 규정과 절차에 따르게 됩니다. 결함내용이나 원인이라든지, 리콜방식과 기간을 포함한 리콜시행계획서를 당국에 제출해야 하고, 일간지 등을 통해 30일 이상 게시하고, 또 그 계획에 따라 리콜을 시행하게 되지요.

외국의 경우는 어떤가요?

우리와 비교해 볼 때, 리콜이 매우 활성화되어 있고 또, 강력히 시행되고 있습니다. 선진국의 경우 리콜 문제는 제조물책임과 더불어 제조사들의 가장 큰 관심사지요.

미국의 예를 들자면, 어떤 지역에서 잡힌 생선 몇 마리에서 위생상 문제가 발생되면, 해당 지역에서 잡힌 모든 생선을 리콜할 정도입니다. 이전에 미국의 한 식품회사(Hudson)에서 납품하는 햄버거에, 병원성 대장균이 발견된 적이 있었습니다. 그러자 위생당국에서 리콜 권고를 했고, 자그마치 30만 파운드의 햄버거 전량을 수거하여 폐기하는 리콜조치가 있었습니다. 결국 해당 회사는 파산하게 되었고요.

이렇다 보니, 미국의 기업들은 문제 소지가 있는 경우에(실제로 문제가 발생되기 전에라도) 자발적으로 미리 리콜을 하는 경우가 많습니다. 소비자들도, 자발적으로 리콜하는 기업에 더 좋은 점수를 주는 경향이 있고요.

국내의 경우는 어떤가요? 그렇게 일반적이진 않은 것 같습니다.

리콜 제도가 처음 도입된 90년대 초 중반에는 사실 자발적이든 강제이든 리콜 사례가 별로 없었지요. 그러다가 90년대 말 이후로 리콜 건수가 점차 증가되어 왔습니다. 2000년에는 41건이던 것이 2005년에는 194건으로 늘었고 2008년에는 544건으로 크게 증가되었습니다. 이 중 대부분이 기업 스스로 시행한 자발적 리콜이었습니다.

압력밥솥 외에도 자동차를 리콜하는 경우는 종종 본 것 같습니다

맞습니다. 자동차에 관련된 리콜 건수가 가장 많았는데요. 대표적인 경우가, 자동차 안전벨트의 기능 결함과 변속기 결함이었고요. 또 어떤 모델에서는 오일이 새는 문제와 차축이 짧아 바퀴가 빠지는 문제도 있었지요. 지금도 기아 쏘렌토나 벤츠의 E클래스, 렉서스 ES330과 같은 모델들에 대해, 자동차 메이커들이 결함 있는 일부 부품들을 리콜하겠다고 공개적으로 홍보하고 있죠.

자동차 말고 또 어떤 게 있나요?

전기믹서기와 유모차 제품이 있었습니다. 전기믹서기는 별도의 안전장치가 없어 손가락이 절단되는 사고를 일으킨 모델을 대상으로 강제 리콜 조치되었고, 유모차는 등받이 각도 조절장치에 결함이 있어서, 유아가 다치는 사고를 발생시킨 모델을 강제 리콜한 경우가 있었습니다. 식품에 관해서는 변질된 고추장, 유통기한이 지난 소시지, 또 최근에 문제가 되었던 불량만두에 대한 리콜명령이 있었지요.

지금까지 말씀하신 것을 보면 대부분 안전 문제로 리콜하게 되는 것 같은데 리콜은 안전에 관련된 제품만 할 수 있나요?

사실 리콜제도는 안전에 문제가 있는 제품으로부터 소비자를 보호하기 위한 안전제도의 하나로 시행되고 있습니다만, 안전문제 외에도 리콜대상이 되는 경우도 가끔 있지요. 예를 들자면, 얼마 전에 휴렛팩커드(HP) 본사에서 일부 노트북 PC 모델을 리콜하겠다고 발표했는데요. 이 경우는 안전과는 관련이 없는, PC의 메모리에 결함이 발견되어, 업체가 자발적으로 리콜을 했습니다. 이 경우는 안전문제가 아니라 제품 성능상의 하자 때문이었다고 볼 수 있죠.

요즘 리콜과 관련된 광고 내용을 보면 단지 소비자만을 위해 리콜하는 것같이 표현되던데 기업에는 불이익인가요?

사실 사고를 일으킨 제품 한두 개를 수거하여, 무상 수리나 환불해 주는 데는 큰 부담이 없습니다만, 이미 팔려 나간 동일 모델의 모든 제품을 리콜하게 되면, 회사로서는 큰 부담이 아닐 수 없습니다. 경우에 따라서는 회사 재정이 휘청거리기도 하지요.

수년 전에 일본의 미쓰비시라는 회사가 자사의 자동차에 중대한 결함이 있음을 알고 있었지만 리콜과 같은 안전조치를 하지 않고 숨겨 오다가 발각되어 회사가 부도가 날 지경이라는 기사를 아마 보신 적이 있을 것입니다. 그 회사가 오죽하면, 의도적으로 숨겨 왔겠습니까? 막대한 리콜비용과 이미지 훼손으로 인한 손실이 걱정이 되었을 것입니다.

하지만, 소비자의 입장에서 잘 한번 생각해 보면, 리콜을 제때에 하는 기업과 리콜하지 않고 있다가 나중에 문제가 드러나는 기업 중 어느 쪽을 더 신뢰하겠습니까? 물론 문제가 발각되지 않고 그냥 넘어갈 수 있다면 좋지만, 진실(fact)은 어떤 경로를 통해서든지 결국 밝혀지게 됩니다.

소비자의 안전을 생각하는 기업은 소비자의 신뢰(사랑)를 얻게 되어, 경쟁력이 높아진다는 것을 알면, 제때 리콜하는 것이 기업에는 궁극적으로 이득이 된다는 것을 쉽게 알 수 있지요.

그렇다면, 기업들은 자사 제품에 문제가 발견되면 소비자들이 모르더라도 가급적 빨리 리콜하는 것이 좋겠네요.

그렇게 생각합니다. 단기적으로는 회수비용이나 보상비용, 그리고 이미지 훼손과 같은 손실이 발생하겠지만, 미쓰비시 자동차회사처럼, 제때 리콜하지 않음으로써 한순간에 큰 손실을 보는 경우를 당하지 않기 위해서는 적절한 시기에 조치하는 것이 보다 유리할 것입니다.

최근에 우리 기업들이 리콜 광고를 이용해서 이미지 관리도 하는 것을 보면, 이제 우리나라 기업들도 리콜에 대해 어느 정도 긍정적으로 평가하고 있는 것 같습니다.

그렇군요. 하지만, 소비자의 입장에서도 문제가 있는 것 같아요. 최근 들어 인식이 좀 바뀐 것 같긴 하지만, 리콜하는 기업이나 해당 제품들을 무작정 문제시하는 경향도 있지 않습니까?

맞습니다. 소비자들도 리콜에 대한 정확한 의미를 이해할 필요가 있습니다.

어떤 기업이 일부 불량제품을 생산했더라도 그것을 공개적으로 회수하고 보상하겠다는 것은 어쨌든 소비자의 안전을 생각하는 조치로 볼 수 있습니다.

소비자들은 사용 중에 문제가 발생된 제품에 대해서는 즉각 신고한다든지, 또 제조 회사에 해당 제품을 리콜하라고 요구하는 것이 좋습니다. 이는 소비자의 기본 권리이기도 하고요. 정부나 소비자단체에서도 소비자들이 리콜에 대한 올바른 인식을 갖도록 홍보하고 계몽할 필요가 있다고 봅니다. 또 기업들도 차근차근 소비자의 신뢰를 쌓아 갈 필요가 있고요.

사회적 이슈가 되지도 않았고, 정부의 리콜 권고도 없는데도 자발적으로 리콜을 하거나, 경미한 안전사항인데도 리콜을 하는 기업에 대해서는 소비자들이 많은 신뢰를 보여 줄 필요가 있습니다.

4. 소비자 안전(II) : 제조물책임

앞서 살펴본 리콜제도는 제조물책임제도와 밀접한 관련이 있습니다. 예컨 대, 기업들의 리콜 건수의 추이를 보면, 우리나라에 제조물책임법이 처음 도입된 2000년 이후 많이 증가했습니다. 그 주된 이유는, 제때 리콜하지 않음으로써 피해가 발생하게 되면, 제조물책임법에 의해 소송에 휘말릴 수 있고, 경우에 따라서는 많은 손해배상을 해야 합니다. 이러한 제조물 배상책임의 경우를 피하기 위해 사전에 리콜하는 것이지요.

다시 말해, 리콜과 제조물책임은 모두 제품의 안전에 관련된 제도로 볼 수 있는데요, 차이점은 리콜은 대개 결함제품으로부터 사고를 미연에 방지하는 사전적 예방 차원인 반면에, 제조물책임은 피해가 발생된 뒤의 사후적인 손해배상 제도라는 점입니다.

제조물책임제도를 알기 쉽게 사례를 들어서 말씀해 주세요.

가장 잘 알려진 사례 중의 하나로, 미국 포드(Ford Co.)사의 핀토(Pinto) 자동차 연료탱크 폭발사건이 있었습니다. 요즘 기름값 때문에 세계적으로 경차가 인기가 있지요.

70년대 후반에 미국의 경우도 두 차례의 오일쇼크(Oil Shock)로 가솔린 값이 천정부지로 뛰었지요. 그래서 포드사가 개발한 에너지절약형 소형 승용차 '핀토'가 큰 인기를 누렸습니다. 하지만, 불행히도 캘리포니아 주에서 핀토가 추돌, 연료탱크가 폭발하여, 17세 소년이 전신 화상을 입는 사건이 생겼습니다. 피해자 측은 핀토의 연료탱크 설계결함을 이유로 소송을 제기하였고, 배상액이 1억 불이 넘는 승소평결을 받았지요. 즉, 핀토의 설계 결함으로 발생된 피해를 배상받게 되었지요. 또 다른 핀토 사고로 51세 여성이 사망하는 사건도 발생했고요.

이와 같이 제품의 결함(하자)에 의한 손해가 발생했을 때 제조사가 과실 여부에 상관없이 그 책임을 지는 손해배상책임을 제조물책임이라고 하고, 또 영어명칭인 Product Liability를 줄여 그냥 PL 또는 PL제도라고도 합니다.

그런데, 포드사가 핀토의 문제점을 알았을 텐데 왜 리콜하지 않았을까요? 리콜을 했더라면 사고들을 미연에 방지할 수 있었을 텐데요.

경영자의 안일한 판단 때문이 아닐까요? 이 사례에서, 포드사가 패소하여 거액의 배상을 하게 된 것은 잘못된 설계에 기초하여 자동차를 만든 데 주된 원인이 있었지만, 사실, 재판과정에서 드러났습니다만, 회사가 판매 초기단계에서 핀토의 가솔린탱크에 결함이 있음을 알고 있었음에도, 제때에 리콜과 같은 적절한 안전조치를 하지 않은 점도 결정적인 패소 요인이 되었습니다.

재판과정에서 회사에 불리한 내부자료가 폭로되었는데요, 그 내용을 보면, "핀토를 모두 리콜하는 것보다는 발생된 사고에 대해서만 배상해 주는 것이 회사에 더 유리하다"라는 것이었습니다.

당연히, 배심원들은 포드사 경영진들의 도덕성과 안전불감증을 질타하게 되었고요. 통상 배상액보다 훨씬 높은 1억 2,500만 불의 징벌적 성격의 배상을 평결하게 되었던 것입니다.

괘씸죄에 걸렸군요. 제조물책임 문제도 재미있을 것 같은데, 최근에 가정용 TV가 폭발해서 화재가 발생하거나, 정차 중의 승용차가 기기 조작이 없었는데도 전후방으로 돌진했다는 사고 소식들을 뉴스시간을 통해 종종 듣게 됩니다.

실제로 얼마 전에 구로구에서 사는 어떤 분이 거실에서 TV를 시청하고 있는데, 갑자기 '펑' 소리와 함께 TV가 폭발했다고 합니다. 다행히 이 경우에는 큰 피해로 이어지지 않았지만, 화재가 발생해서 가재도구가 불타거나, 사람이 상해를 입는 사건들도 있었습니다.

몇 년 전에 거실에 켜 놓은 TV가 갑자기 큰 폭발음과 함께 불이 솟아오르면서 커튼에 옮겨 붙어 급기야 건물의 2층 내부와 그 안의 가재도구가 모두 타 버리는 사고가 있었습니다. 당시에 이 사건의 피해자는 해당 제품의 제조사를 상대로 민사(제조물책임)소송을 제기했습니다.

그래서 어떻게 됐나요?

이 사건에 대해 법원은 피해자가 정상적으로 수신하는 상태에서 TV가 폭발하였고 또 다른 피해자 부주의가 없었기에, 제품에 결함이 있었다고 판정하였고, 피해자가 입은 재산상 손해를 제조사가 배상하라고 판결했습니다. 제조물책임은 이 사례에서와 같이, 제조나 설계 또는 표시상의 결함이 있는 제품으로 인해서 피해가 발생한 경우에(소송을 통해서) 제조사의 과실 여부에 관계없이 제조사에 그 손해배상 책임을 지우는 것을 의미합니다. 현행 민법상의 손해배상책임 요건을 완화한 '무과실책임제도'라고 볼 수 있지요.

제조물책임과 관련된 법이 제조물책임법이죠? 지난 2002년 7월에 이 법이 시행되었으니까 이제 9년이 되는데 법이 시행된 이후 어떤 점이 달라졌습니까?

사실 이 법이 시행되기 전에도 제품에 문제가 있어 발생된 사고에 대해서는 피해자가 소송을 통해서 구제받을 수 있었는데요. 말씀드렸던 TV폭발 사례도 사실 제조물책임법이 도입되기 전인 1996년에 발생된 사고입니다. 즉 피해를 당한 소비자가 재판을 통해 제조업자의 과실을 증명해 보임으로써 구제받을 수 있었습니다. 이를 민법상의 과실책임 요건이라고 합니다.

하지만, 현실적으로 제품에 관한 정보나 지식이 부족한 개별 소비자가 제조업자의 과실을 캐내기란 여간 어려운 일이 아니기 때문에 억울하게 피해를 입고도 소송에서 지는 경우가 비일비재했었지요. 하지만, 법이 시행된 2002년 7월 이후에는 제조업자의 과실을 입증하지 않더라도, 해당 제품에 안전상의 결함이 있었고, 또 그 결함 문제로 인해 사고가 발생했다는 점을 보이기만 하면 피해를 구제받을 수 있게 되었습니다(이를 무과실책임 요건이라고 합니다). 다시 말해 제조물책임법이 소비자의 입증책임을 상당히 줄여 준 것이지요.

제조물이라면서 어떤 것이든 손해배상을 받을 수 있는 소송 대상이 되나요?

원칙적으로 제조 또는 가공된 모든 것이 대상이 됩니다. 다만, 서비스와 1차 농수축산물, 그리고 부동산은 제외됩니다. 하지만, 창호나 배관자재와 같이 부동산의 일부를 구성하는 시설은 포함됩니다. 또 요즘 자주 문제를 일으키고 있는 승강기(elevator)도 건물의 부속물이므로 당연히 대상이 되지요.

제조물책임제도나 피해 보상은 물건을 만든 사람에게 요구해야 되겠지요. 그런데 피해를 발생시킨 제품을 만든 사람이 누군지 알 수 없는 경우도 있잖아요?

그런 경우에 대해서도 법에 규정되어 있습니다. 수입품인 경우에는 수입업자에게, 주문자상표부착(OEM)방식이나 자체상표(PB)방식으로 판매된 경우에는 해당 표시(공급)업자한테 요구해야 합니다. 또 제조자를 전혀 알 수 없는 경우에는 판매자가(2차적) 책임을 지게 됩니다.

아무 때나 문제를 제기할 수 있습니까?

대개 피해자가 손해와 제조업자를 안 날로부터 3년 안에 배상을 요구해야 하지요. 하지만, 일정한 잠복기간이 있는 손해, 예컨대, 신체에 누적되어 사람의 건강을 해치는 물질로 인한 피해의 경우에는 그러한 피해가 발생된 후 10년까지는 배상을 요구할 수 있습니다.

지금까지 말씀하신 것을 보면, 제조물책임은 손해배상에 관련된 소송제도인데요. 지난 시간에 리콜과 더불어 안전에 관한 중요한 제도라고 하셨잖아요.

제조물책임제도는 형식상, 발생된 손해에 대해 소송을 통해 배상을 하는 손해배상(또는 피해보상)제도이기도 하지만, 제도의 원래 목적은 결함 제품으로부터 소비자(이용자)를 보호하기 위한 안전제도입니다.

쉽게 말씀드려서, 안전에 문제가 있는 제품을 만들어 팔았다가, 사고가 발생해 제조물책임 소송을 당하면 거액의 소송비용과 배상비용이 들게 되니까, 제조사가 이를 피하기 위해 보다 안전한 제품을 만들려고 노력하게 되고, 또 해당 제품을 회수(리콜)하거나, 경고나 주의표시를 하는 등과 같은 안전조치를 미리미리 하게 되는 것입니다.

제조회사의 입장에서는 발생된 사고에 대해서만 보상해 주는 것이 더 유리할 것 같은데요? 물론 사정이 알려져 이미지가 더 악화될 수도 있겠지만 말이죠.

사전에 안전조치를 하든지, 아니면 사후적으로 손해배상(이나 피해보상)을 하든지 하는 선택의 문제는 시장경제에서 제조사가 결정할 문제입니다. 하지만 세계적으로 제조물책임제도가 제조사에 보다 엄격한 책임을 물리는 경향이 있어, 제조사들도 가급적 예방차원의 안전조치에 더 노력하고 있는 실정입니다.

유명한 판례인 맥도널드커피사건을 보시면 쉽게 이해되실 것입니다. 미국의 뉴멕시코 주에서 79세 된 할머니가 맥도널드 드라이브인(drive-through) 창구에서 산 커피를 차에서 쏟아 다리와 힙 부분에 3도 화상을 입었던 사건인데, 법원에서는 맥도날드의 제조물책임을 인정하여 총 286만 달러를 배상하도록 판결하였지요.

286만 달러……, 우리 돈으로 30억이 넘네요? 그 돈을 맥도널드가 배상했다는 말이지요?

그렇습니다. 그런데 이 사건에서는 배보다 배꼽이 더 컸었는데요, 286만 달러 중 실제 발생된 손해에 대한 배상액은 16만 달러였고요, 나머지 270만 달러는 징벌적 손해배상이었습니다.

징벌적 손해배상……, 지난 시간에도 말씀해 주셨는데 괘씸죄에 적용되는 벌금이라고 보면 될까요? 그런데 실제 손해에 비해 너무 큰 액수 같아요.

그렇지요. 가해자에게 고의나 악의가 있을 경우에 그러한 행위를 다시는 못하도록 가해자에게 고액의 배상금을 물리는 것을 징벌적 손해배상(punitive damage)제도라고 합니다. 아직 우리나라에는 도입되지 않았지만요. 미국의 경우는 이러한 징벌적 배상이 만연되어 있어, 최근에는 오히려 기업의 부담을 고려해서 징벌적 배상액을 제한하려는 움직임도 있습니다.

이러한 실정이니 사업자들은 소비자안전을 위한 가능한 조치들을 취하지 않을 수 없었지요. 예컨대, 커피숍이나 편의점에서 산 뜨거운 음료를 가게 밖으로 가져가려 할(take-out) 경우에, 컵이 넘어져도 내용물이 쏟아지지 않도록 꼭 끼는 뚜껑을 덥도록 하였고, 또 컵 바깥에 화상위험을 알리는 경고 문구를 크게 써 넣고 있습니다. 또 뜨거운 컵을 쥘 때 놀라 컵을 놓치거나 손이 데이지 않도록

---

[01] 민사소송건수는 '민사1심 본안사건 처리건수'이며, 의료사고사건 수는 의료분쟁 중 의료심사조정위원회의 중재 등을 거친 분쟁을 제외한 민사소송 건수이다. 의료분쟁에 관한 체계적인 통계는 정부를 포함한 어느 기관에서도 공식적으로 제시되지 않고 있다. 의료사고소송 통계도 사법연감, 일간지, 연구보고서 등 여러 자료에서 취합한 것이므로, 실제와 다소 차이가 있을 수 있다(이종인, 불법행위법의 경제학, 한울아카데미, 277쪽).

두꺼운 마분지로 만든 완장 같은 것을 끼우(도록 했고요. 또 커피 컵 재질도 온도를 차단하는 재질을 사용하)기 시작했습니다.

결과적으로 소비자의 안전이 보다 더 확보되었다고 할 수 있지요.

우리나라의 제조물책임 소송 사례를 알려 주세요.

사실, 제조물책임법이 시행된 2002년 이전에도 제조물의 사고에 관련된 분쟁이나 소송이 많이 있었습니다. 소비생활을 하다 보면 제품의 하자나 결함에 의한 안전사고가 수없이 발생하니 사건도 많을 수밖에 없지요.

하지만, 과거에는(민법 제750조의 일반불법행위에 의해) 피해자가 제조사의 과실을 증명해야 했기 때문에 실제로 소송하거나, 또는 재판에서 승소하는 사례가 별로 없었습니다.

그런데, 제조물책임법이 시행된 2002년 7월 이후에도 이 법을 적용하여 판결한 사례는 그리 많지 않습니다. 자동차급발진에 관련된 사례들(2001. 9. 서울지법 남부지원 민사36단독 등)이 있었고요. 공군참모총장이 탔던 UH-60 헬기 추락사고 등이 있었지만, 대부분 패소하거나 그 책임이 인정되지 못했지요.

자동차의 급발진 사고도 제조물의 결함에 관계되는 것 같은데 왜 승소하지 못하죠?

자동변속 자동차의 급발진 사고는 몇 년 전부터 사회 쟁점이 되고 있습니다. 차종을 막론하고 발생되고 있고, 특히 최고급 승용차를 타는 유명인사들도 관련되어 있어 주목을 끌고 있지요. 하지만, 아직까지 그 원인이 정확히 밝혀지지 않고 있는 상태입니다. 자동차 메이커들은 차체 결함은 절대 없다고 주장하고 있고, 피해자들은 또 브레이크 대신 엑셀을 밟았다든지 하는 운전 부주의가 없었다고 주장하고 있지요.

실제로 제기된 손해배상 소송에서 피해자가 일부 승소한 경우는 몇 건(예컨대 2006년 인천지법 제6민사부 판결, 2009년 서울중앙지법 급발진 관련 판결 등) 있었지만, 전체적으로 승소한 경우는 아직 없었는데요, 그 주된 이유는 급발진 사고의 특성상, 상황 재현이 불가능해 차체에 결함이 있음을 피해자 측에서 보이기 어렵다는 사실입니다.

하지만, 미국의 경우에도 유사한 사건들이 많이 있어 왔는데요. 사고원인을 피해자가 아니라 제조사가 밝히도록 함으로써 피해자가 승소하는 사례가 종종 있습니다(즉 제조사가 가해차량에 하자가 없음을 입증하지 못하는 한, 그 차량에 하자가 있다고 보아 제조물책임을 인정해 주는 경우도 있다는 것입니다).

아직 우리나라에서는 미국과 같은 판례가 없지만, 급발진으로 인한 사고 피해자들의 억울함이 어떻게든 해결되어야 한다고 봅니다.

우리나라가 외국에 비해 제조물책임 소송이 많지 않은 특별한 이유가 있습니까?

여러 가지 이유를 생각해 볼 수 있는데요. 아직 제도가 시행된 지 얼마 되지 않은 점과(급발진 사례에서와 같이) 법원이 여전히 피해자(원고)한테 구체적인 결함을 입증하라고 요구하고 있는 점이 주된 원인일 것 같고요. 제조사들의 안전의식이 많이 좋아져서 리콜이나 위험경고표시와 같은 안전조치들을 적극적으로 취하고 있는 점도 들 수 있겠습니다.

하지만, 세계적인 경향을 볼 때 우리나라도 소비자의 안전의식이나 권리의식이 더욱 높아져 앞으로는 제조물책임에 관련된 소송이 어느 정도 증가할 것으로 보입니다.

제조물책임제도에 의해 소비자 권리를 찾으려면 어떻게 하지요? 예를 들어, 보던 TV가 폭발했거나 다쳤을 경우 어떻게 해야 할까요?

권리를 주장해야지요. 즉시 해당 TV의 제조사(제조사를 모르거나 외국산인 경우에는 판매자나 수입업자)에 피해구제를 요구해야 합니다. 소비자보호기관이나 단체에 피해구제나 중재를 요청할 수 있고요.

또 그 결과가 만족스럽지 못하거나, 인명피해와 같은 중대한 사안이면 제조물책임을 이유로 소송을 제기하는 것도 고려할 수 있습니다.

그런데, 경우에 따라서 소비자도 피해보상을 받을 수 없는 경우가 있습니다. 경고(warning)·위험(danger)과 같은 주의표시를 따르지 않았거나 소홀히 해서 발생된 피해는 소송으로 가더라도 구제를 받을 수 없습니다. 예컨대, 100V전용 TV를 220V 플러그에 꼽아 화재가 발생했다면 당연히 소비자 과실이지요.

또 제품의 사용설명서에 따르지 않고 잘못 사용했거나, 무리하게 사용해서 생긴 사고도 소비자책임이 됩니다. 예를 들어, '최대 5분 이상 계속해서 사용하지 못하도록' 되어 있는 전기믹서기를 1시간 동안 계속해서 돌렸다 터진 경우라면 당연히 소비자책임이겠지요.

5. 의료서비스 분쟁

의료서비스는 소비생활에 있어 중요한 서비스(service) 중의 하나입니다. 사실, 의료서비스는 현대인들의 일상생활에서 필수상품(necessary products)의 하나이며, 생로병사를 병원에서 맞는 경우가 점차 늘고 있습니다.

이와 같이 의료서비스는 우리의 건강을 지켜 주는 소중하고 중요한 것입니다. 하지만, 이러한 의료서비스를 제공하는 병원이나 의사들과 다툼이 생기는 일이 종종 있는데요. 바로 의료사고로 인한 분쟁입니다.

맞아요. 의료사고에 대한 뉴스를 종종 듣게 되는데, 얼마나 발생하고 있습니까?

우리나라에서 의료사고가 얼마나 발생하고 있는지 정확한 자료는 없는 실정입니다. 사실 의료불만이나 분쟁 그리고 의료사고 간의 구분도 명확하지 않고, 또 의료통계를 만들어 내는 단체들에 따라 상당한 편차를 보이기도 합니다.

최근의 한 학술회의에서 발표된 논문에 의하면, 한 해에 의료과실로 숨지는 환자가 4,500명 내지 1만 명에 이를 것이라는 주장도 있었습니다(공식적인 통계 수치는 아닙니다). 하지만, 의료서비스에 관련된 상담이나 분쟁건수를 보면 그

추이를 대략 짐작해 볼 수 있습니다.

한국소비자원에 접수되는 의료서비스 불만관련 상담건수를 보면 2000년에 9,996건이던 것이 지난 2008년에는 14,716건으로 크게 증가했는데요. 실제로 당한 피해를 구제해 달라고 요청한 사안도 2000년엔 450건에서 지난해에는 599건으로 늘었습니다.

또 의료사고에 관련된 소송도 크게 늘고 있는 것으로 나타났는데요. 법원(행정처)에서 발간하는 사법연감에 따르면, 1992년에 82건에 불과했던 의료소송이 2002년에는 882건으로 10년 동안에 10배 이상 폭증했습니다.

사법연감에 따르면 최근 20년(1989~2008)간 우리나라의 전체 민사소송본안 사건 중에서 의료사고에 관한 손해배상소송이 차지하는 비율은 아래 그림과 같습니다. 즉, 1989년에는 전체 민사본안 사건 중에서 의료사고로 인한 손해배상 소송의 건수가 76건에 불과했지만, 1998년도에는 717건으로 10년 만에 9.4배로 증가한 것입니다. 또한 2008년에는 890여 건으로 증가되었습니다.

실제 수치를 듣고 보니까 그동안 의료서비스에 대한 불만이 많았다는 것을 실감하게 되는데 이렇게 의료서비스에 대한 불만이나 분쟁이 늘어나는 이유가 있습니까? 의료 사고가 증가하는 것과도 관련이 있을까요?

기본적으로는, 환자들의 권리의식이 과거에 비해 많이 높아졌기 때문인 것으로 보입니다.

사실 과거에는 의사들의 잘못된 진료 때문에 사고가 발생했다 하더라도, 병원이나 의사를 상대로 보상받기가 매우 어려웠습니다. 유일한 방법이 소송이었는데요. 하지만, 소송에서 환자가 의사의 과실을 입증하기가 쉽지 않습니다. 그

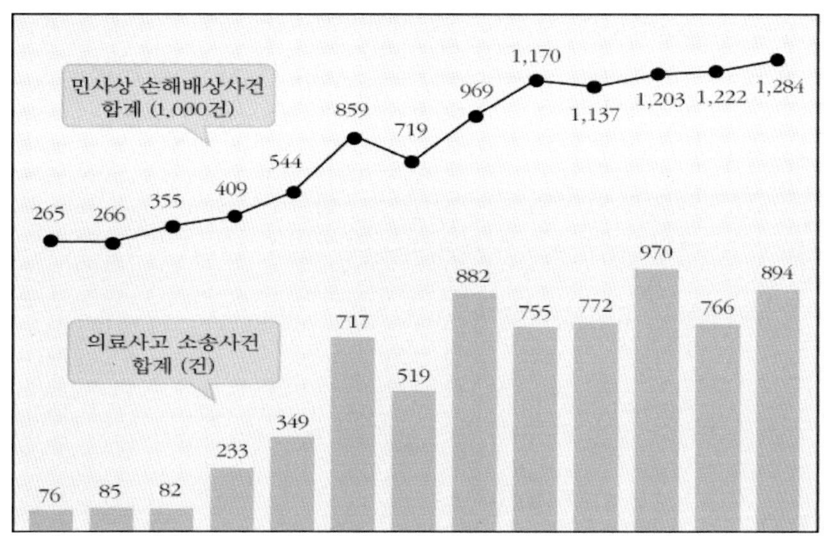

〈민사사건 중 의료사고손해배상사건 구성비율 비교〉[01]

래서(농성이나) 몸으로 항의해서 병원으로부터 위로금이나 합의금을 받든지, 아니면 어쩔 수 없이 포기하는 경우가 많았지요.

의료분쟁이 늘어나는 또 다른 이유로는, 최근에 법원이 의료소송에서 피해자의 입증책임을 어느 정도 줄여 주고 있어 과거보다 승소할 가능성이 높아졌다는 점입니다. 다시 말해, 피해자가 병원 측의 과실을 모두 입증하지 못하더라도 법원이 병원 측의 과실을 인정하는 경우가 과거에 비해 늘고 있습니다. 실제로, 최근 2년 동안에 있었던 의료소송사건 중에서 피해자(원고)의 약 30%는 패소했지만, 26% 정도는 승소했고, 또 나머지 44%는 조정이나 화해를 통해 일정 수준의 배상을 받은 것으로 나타났습니다. 그러니까, 전체소송 중에서 70% 가까이는 어떤 형태로든 보상을 받은 셈이지요.

한국소비자원에서도 1999년부터 의료사고로 인한 소비자피해구제 업무를 하고 있고, 민간단체들도 적극적으로 의료사고 피해자들을 돕고 있는 점도 최근 의료분쟁이 늘어나는 이유가 되겠습니다.

외국은 어떤가요? 선진국은 우리나라보다 분쟁이 많습니까?

그렇습니다. 선진국일수록 의료사고에 관련된 분쟁이 훨씬 많습니다. 사실, 미국과 영국 같은 선진국에서는 의료분쟁이 중요한 사회문제 중의 하나인데요.

미국은 매년 약 10만 명이 의료사고로 목숨을 잃는다는 통계가 있습니다. 또 1950년대까지만 해도 의사 100명 중 한 명꼴로 의료과실 소송의 피고인 신세가 됐었지만, 1990년도에는 10명 중 한 명꼴로 증가한 것을 보면, 의료사고증가율이 매우 높은 것이 사실입니다.

영국의 경우도, BBC방송에 의하면 의료진의 실수로 매년 2~3만 명이 사망하고 있고, 이보다 훨씬 더 많은 사람들이 상해나 부작용을 겪고 있다고 발표했습니다.

이들 선진국들과 비교해 볼 때 우리나라 의료사고나 분쟁 수치는 아직 낮은 수준입니다. 하지만, 조만간 선진국 수준으로 증가할 것에 대비해 적극적인 논의와 대책이 필요하리라고 봅니다.

불만이나 피해는 주로 어떤 것들입니까? 사례를 들어 소개해 주세요.

우선, 소비자원에 접수돼 처리되었던 분쟁사례를 중심으로 말씀드리면요, 의료서비스 불만 형태를 보면, 쌍꺼풀 수술 후 좌우균형이 맞지 않아 짝눈이 되었다는(생명에는 지장이 없는) 사례에서부터, 의사의 과실로 환자가 사망하거나 식물인간이 된 중한 사례까지 아주 다양합니다. 진료 과목별로 보면 치과와 산부

인과가 많은 편이고, 그다음으로 내과, 정형외과, 성형외과 등의 순이더군요.

사례를 하나 들어 보겠습니다.

네 살 여자아이가 갑가지 배가 아파 병원 응급실에 가서 검사를 받아 보니 숙변에 의한 복통으로 진단돼 3차례 관장을 받고 집에 왔습니다. 하지만 불행히도 혈변과 통증으로 의식을 잃어 해당 병원 응급실에서 심폐소생술을 받았지만 사망한 사례입니다.

한국소비자원에서 조사를 해 보니, 방사선 사진에 소장 천공이 보여, 수액공급 등 응급조치가 필요했다는 사실이 입증됐습니다. 또 당시 응급실 담당의사가 응급수술 여부를 판단하기 위한 검사를 반드시 시행했어야 했는데도 그렇지 못했고요. 또 전문의에게 판독을 의뢰하지 않고 본인이 무리하게 판독한 결과 숙변에 의한 복통으로 오진하는 과실을 범한 것이죠.

조정담당자께서 사실조사 결과를 바탕으로 8,500만 원을 보상하도록 권고했고 피해자와 병원 측에서 이를 받아들여 합의되었습니다(이 사례에서의 보상금은 유사한 다른 의료사고에서의 보상보다 낮은 금액인 것이 사실입니다. 하지만, 이 사례의 경우에는 탈장과 같은 환자의 선천적 질환도 사태악화의 원인이 될 수 있다는 소견이 나중에 드러남에 따라, 피해자 측에서도 소비자원의 권고안을 적극적으로 받아들였고, 병원 측에서도 별다른 이의 없이 받아들였습니다).

앞서도 말씀드렸지만, 과거에는 의료사고에 관련된 환자나 가족의 피해는 병원 측과 합의를 보거나, 아니면 담당의사나 병원을 상대로 민사소송이나 형사고소를 해야만 구제가 가능했습니다.

하지만, 지난 1998년 소비자기본법이 개정되면서(말씀드린 사례에서와 같이) 한국소비자원에서도 소송을 통하지 않고, 피해자들이 피해를 구제받을 수 있게 되었지요.

실제로 최근 2~3년 동안은 사망이나 장애 등 중한 사고에 대한 구제요청도 늘고 있고, 또 조정을 통해 문제가 해결되는 경우가 적지 않습니다(하지만, 조정에 강제력이 없어 해당 의사나 병원이 불복하면 피해자가 도움을 얻기 힘들다는 한계가 있습니다).

또 다른 분쟁해결 방법으로, 의료법에 의한 재판외분쟁해결(ADR) 제도도 도입됐습니다. 그래서 피해자들이 소송비용이 많이 드는 재판을 통하지 않고도 상담과 조정을 통해서 문제를 해결할 수 있게 되었지요.

재판외분쟁해결제도에 대해서 좀 더 자세하게 설명해 주세요.

의료행위로 인해 분쟁이 발생할 경우 소송으로 가지 않고도 당사자 간 조정을 통해 해결할 수 있도록 의료법에서 정해 놓은 제도인데요(영어로는 Alternative Dispute Resolution(ADR)이라고 하며, 의료분쟁뿐 아니라 일반 거래에서의 분쟁에 관련해서도 사용되고 있는 개념입니다), 이 제도에 따라 1985년에 의료분쟁조정위원회가 보건복지부와 지방 지도에 설치되고 지금까지 활동하고 있습니다. 하지만, 그 조정 실적이 거의 없어 유명무실한 상태입니다. 앞으로 좀 더 활성화돼야 할 것으로 봅니다.

그렇다면, 환자가 병원조치에 불만이 있거나 의료사고를 직접 당한 경우에 어떻게 해야 하죠?

우선, 치료 전에, 그 효과뿐 아니라 치료 후 나타날 수 있는 부작용에 대해 설명들을 권리가 소비자한테 있습니다. 충분한 설명을 들은 후에 수술이나 치료하도록 해야 분쟁을 막을 수 있지요.

만약에 사고를 당했으면 가능한 한 빨리 경과기록지, 수술·검사·마취 기록지, 진단서, 진료비영수증과 같은 관련 자료들을 확보하는 것이 좋습니다. 의료사고의 원인을 밝힐 수 있는 가장 기본적인 자료이기 때문입니다.

그다음에 분쟁의 당사자인 병원이나 담당의사에게 해명과 문제해결을 요구해야 합니다. 만약에 서로 합의하는 경우에는 그 내용이나 분쟁당사자의 확인(상대 적격 여부)에 신중해야 합니다. 또 합의사항을 꼭 문서로 남겨 둬야 합니다.

사실 병원 측은 전문가이지만 환자는 의료지식이 별로 없습니다. 그래서 피해자 개인의 힘으로는 병원을 상대로 공정한 보상을 받기가 쉽지 않습니다. 이럴 경우에는 소비자원이나 각 시도의 의료분쟁조정위원회 등에 상담이나 분쟁조정을 요청하는 것이 시행착오를 줄이는 지름길이 될 수 있습니다.

최후의 수단으로 사법당국에 소송을 제기하면 되는데, 이 경우에는 의료소송을 전문으로 하는 변호사와 미리 충분한 상담을 하고 대비하는 것이 좋겠지요.

소송이 많아지면 그만큼 비용과 시간이 들고 결국 피해자나 병원 모두 부담이 되겠군요.

피해자로서는 소송을 할 경우 의료사고 자체로 인한 피해와 함께, 적지 않은 소송비용과 지루한 소송절차 그리고 의료과실을 입증하기 어려운 데서 오는 심적 고통을 동시에 겪게 됩니다.

의료기관의 입장에서도 마찬가진데요. 소송이 제기되면 불필요한 금전적·시간적 비용이 들게 되고, 병원이나 담당의사 개인의 이미지에 큰 상처를 받게 됩니다. 아직 징벌적 배상제도가 적용되지 않아서 미국과 같은 과다한 배상비용으로 인한 부담은 덜한 편이지만, 의료사고로 인해 병원이 문을 닫는 사례도 있습니다. 의사의 입장에선 한순간의 실수나 잘못으로 일생의 공든 탑이 무너질 수도 있지요.

의사들이 보험에 가입했더라면 그러한 불행이 다소 줄어들 수 있을 텐데요, 의료사고를 처리하는 보험은 없습니까?

최근 들어 의료소송이 늘어나자 병원들도 의료사고 배상책임보험에 가입하거나, 의료분쟁 전담 조직을 설치하는 등 대책을 마련하고 있는 추세입니다.

사실, 의료인의 입장에서도 의료배상책임보험에 가입하는 것이 의료사고분쟁에 휘말리지 않을 수 있는 방편이 되는데요. 최근에 일부 병원과 개원의들이 배상책임보험에 가입하고 있고 또 병의원 협의회 차원에서 보험 가입협약을 추진하고 있습니다.

하지만, 문제는 아직 의료분쟁에 관한 법이 없기 때문에 보험사와 보험가입자가 모두 상당한 위험을 부담하고 있어, 의료배상책임 보험제도가 정착되지 않고 있는 원인이 됩니다.

이러한 실정이기 때문에, 분쟁에 휘말리지 않기 위해 과잉진료와 특정과목 진료기피 문제도 발생하고 있습니다.

'불필요하게 과다한 검사나 진단, 투약'의 경우를 과잉진료로 볼 수 있습니다(진료비를 부풀일 목적으로 과잉진료를 하는 경우도 있겠지만 대부분). 소송과 같은 분쟁을 피하기 위한 목적이라고 볼 수 있겠는데요. 의료용어로는 '방어적 의료행위(defensive medicine)'라고 합니다.

미국의 경우에는 이러한 과잉진료 관행으로 환자 1명당 330달러(약 3만 7천 원)의 추가비용을 지불하고 있다고 합니다. 아직 구체적인 통계는 없습니다만, 우리나라의 경우도 과잉진료 문제가 종종 뉴스거리가 되기도 하지요.

문제는, 이러한 과잉진료로 국민 보험재정의 증가를 초래해 결국 일반 보험가입자인 국민의 부담이 늘어난다는 사실입니다. 그리고 경우에 따라서는 환자의 건강을 해칠 수도 있지요.

의료분쟁이 갈수록 늘어나는 추세에서 관련법 정비도 필요할 텐데 제도적으로 개선해야 할 부분이 또 있을까요?

지금까지 효과적인 의료사고 피해자 구제를 위해, 국가 차원에서 의료분쟁조정법을 제정하려고 노력해 왔습니다만, 아직 결실을 맺지 못했습니다. 이 법이 제정된다면 의료배상책임보험도 활성화돼서, 더 많은 피해자들이 소송으로 가지 않더라도 피해구제를 받을 수 있게 될 것으로 봅니다.

한 가지 더 언급할 점은, 의료과오를 입증할 책임이 현재는 피해자에게 있는데요. 피해자가 고도의 전문분야인 의료서비스에 대해 가해자의 과실을 입증하기란 불가능에 가깝습니다. 따라서(재판과정에서) 피해자의 입증책임을 더 줄여 줄 필요가 있습니다. 미국의 경우 과실 여부의 입증책임을 상당부분 가해자 측에 물리고 있습니다. 또한 최근에는 일반 제품에서의 제조물책임과 같이 의료사고의 경우에도, 무과실(no-fault) 제도로 바꿔야 한다는 개혁방안이 논의되고 있는 실정이지요. 즉 심한 위해를 당한 환자는 진료행위의 과실 여부에 관계없이 보상받을 수 있어야 한다는 주장입니다.

제도적으로 의료인의 진료권이 존중되어야 하지만, 의료 서비스에 대한 소비자의 권리도 당연히 보장되어야 한다고 봅니다.

6. 안전한 식생활

특히 무더위가 기승을 부리는 여름철엔 소비생활의 필수요소인 의·식·주생활 중에서 식생활에 주의가 요망됩니다. 식품 하면 가장 먼저 떠오르는 말이 '안전성'입니다.

얼마 전 유럽지역의 광우병 파동과 우리나라와 아시아지역의 구제역과 조류독감 파동 그리고 여름철이 되면 등장하는 식중독 사고, 또 안전성이 검증되지 않은 유전자조작식품 등, 식품의 안전성에 대해 소비자들이 막연한 불안감을 갖고 있는 있습니다.

더욱이 최근에는 수입식품의 잔류농약 문제, 일부 악덕 상인들의 유해식품 판매 등이 연일 뉴스거리가 되면서 식품에 대한 소비자의 불안이 더욱 가중되는 느낌입니다.

정말 그래요. 날이 갈수록 안심하고 먹을 수 있는 음식이 점점 없어지는 것 같아요.

사실, 식품 안전은 소비자의 건강문제뿐 아니라 기업의 영업활동이나 국익 차원에서도 매우 중요합니다. 우리나라 국내총생산(GDP)에서 식품산업 분야가 차

지하는 비율이 약 6% 가까이 되고 또 세계적으로도, 식품의 안전성에 대한 관심
이 한 나라의 경제에 중요한 비중을 차지하기도 합니다.

예컨대, 광우병은 1985년에 영국에서 처음으로 발견되었었는데요. 1996년까지
이 병에 관련하여 10여 명의 사람이 사망했습니다. 당시 영국은 30억 달러(우리 돈
으로 약 3조 5천억 원)에 달하는 육우축산업이 붕괴되는 지경에 이르렀다고 합니
다. 그 후로 프랑스와 벨기에 등 다른 유럽 나라들도 큰 경제적 타격을 입었고요.

**그랬군요. 말씀하신 것처럼, 매년 이맘때면 어김없이 듣게 되는 뉴스가 식중
독 사고인데요. 올해도 식중독 사고가 여러 군데서 발생했다더군요.**

뉴스를 들어 보니 아직 대형 식중독 사고는 없었지만, 최근에 광주광역시에서
패스트푸드점 햄버거를 통해 전파된 것으로 추정되는 대장균 감염환자가 집단
으로 발생했고요. 또 옥천에서도 집단설사와 같은 식중독 사고가 있었습니다.

근래 학교급식과 같이 단체식생활이 많아지면서 집단식중독사고가 과거에 비
해 자주 발생하고 있고, 또 해외여행 도중에 식중독에 걸리는 사례도 이따금 생
기고 있습니다.

얼마 전 태국의 방콕(파타야)에 패키지여행을 갔던 두 여성분이 여행 도중에
구토와 설사 증세를 보여 태국 현지 병원에서 검사를 받게 되었는데요. 병원에서
식중독이라는 진단을 받고 여행일정과 식사를 일부 취소하게 되었답니다. 다행
히 구토, 설사 증세는 곧 좋아지긴 했지만, 식중독으로 인한 피해를 여행사가 보
상해 주지 않아 소비자원에 피해구제를 요청하게 되었습니다.

소비자원의 중재로 여행사가 가입되었던 보험사로부터 약 8만 원, 그리고 여행사로부터 11만 원을 식중독으로 인한 손해를 보상받게 되었습니다.

또 유통기한 중에 변질된 우유를 마시고 식중독증세를 보였다는 피해청구건, 스낵 과자를 먹고 갑작스런 복통이 생겨 병원에 갔더니 식중독으로 진단받은 사례 등 다양한 형태의 소비자피해사례가 접수되었습니다.

식중독은 아무래도 위생과 관련될 텐데…… 선진국의 경우는 어떤가요? 식중독 사고가 많습니까?

식중독 사고는 O-157(H7)균으로 알려진 병원성대장균이나 살모넬라균, 리스테리아균 등과 같은 식중독균에 의해 발병하게 됩니다. 특히 O-157대장균의 경우 지난 96년에서 97년 사이에 일본에서 대대적으로 발병을 해서 일본 열도를 공포에 휩싸이게 했던 식중독균입니다. 당시 약 2천여 명이 집단 발병을 했고 또, 발병한 환자 중 14명이 사망했었습니다. 당시 발병 초기에 역학조사가 잘못되어 원인식품의 규명과 올바른 처방에 실패한 사례입니다.

일본은 식품위생이라면 세계에서 가장 우수한, 안전한 나라로 자부했었는데요. 하지만, 당시 식중독 사건에서 보듯이 식품에 관한 한 세계적으로 안전지대는 없다고 볼 수도 있겠습니다.

일본뿐 아니라 세계 각국에서 식중독과 같은 식품매개성 질병(food-borne illness) 때문에 골치를 앓고 있습니다. 육식을 많이 하는 미국의 경우는 매년 수백만 명 이상이 O-157 등 식중독균에 오염되고 또 많은 사람들이 사망하고 있다고 합니다. 이에 대해 미국정부에서는 큰 예산을 들여 '안전한 식품을 공급'하기 위한 정책을 펴 오고 있는 실정입니다.

그렇군요. 식중독과는 다른 얘기지만 미국에는 유전자조작식품 GMO가 많죠?

그렇습니다. 생물학과 유전공학이 발전하여 이제 추위라든지 각종 병충해에 엄청 강한 유전자를 이용해서 만든 농수축산물이 많이 개발되고 있습니다. 이러한 것으로부터 만든 식품을 유전자재조합식품(Genetically Modified Organism)이라고 하고, 영어약자인 GMO식품으로 불리고 있습니다(또 대명사격인 용어로 유전자조작식품이라고도 합니다).

저도 미국에 3년 정도 거주하면서 GMO을 많이 사 먹었습니다. 식료품점에 가면 엄청나게 큰 감자에서부터 반질반질한 옥수수와 과일들이 많더군요. 아는 분한테 물어보니 GMO농산물이라고 하더군요.

이와 같이 미국은 FDA(식품의약품청)나 농무부, 환경보호청과 같은 정부기관에서 GMO농산물에 대한 별도의 규제가 필요하지 않다는 입장을 보이고 있습니다. 한마디로 안전하다는 주장이지요. 또 미국은 경제적인 측면에서, GMO식품의 개발과 판매에 가장 적극적인 나라입니다.

하지만, 유럽국가들은 GMO식품의 안전성에 대한 최종 판단을 유보하고 있고 또 대부분 안전성 평가나 관리를 엄격히 하고 있는 편입니다. 그리고 GMO를 함유한 식품의 표시를 의무화하고 있고요.

우리나라의 입장은 어떤가요? GMO식품을 반대하는 목소리가 높은 것 같은데요.

환경단체나 시민단체에서 GMO식품의 범람을 우려하고 있지요. 안전성이 입증되지 않은 상태에서 유전자조작 생명체를 재배할 경우에 생태계가 교란되고 또 사람들의 건강도 위협받을 것이라는 주장입니다.

정부 차원에서는 2002년 7월부터 GMO식품 표시제도를 실시하고 있고, 또 올해 초부터는 GMO식품의 안전성평가 심사를 의무화하고 있기 때문에, 앞으로 GMO식품을 만들거나 수입하는 업자는 사전에 해당 식품의 안전성을 입증해야만 하게 되었습니다.

다분히 유럽과 같은 다소 엄격한 GMO 관련 제도를 운영하고 있는데 소비자 보호 관점에서 볼 때 바람직하다고 생각합니다. GMO식품을 먹을 것인가 말 것인가를 소비자한테 판단토록 하는 것이지요.

한국소비자원과 GMO에 관한 예전의 기사가 기억나는데 어떤 내용이었죠?

10여 년 전 유전자재조합식품의 유해성 여부가 한창 논란이 되고 있을 때, 소비자원에서 소비자의 알권리와 선택할 권리를 위해 시중에 유통되는 두부 제품의 GMO콩 사용 여부를 실험하였고, 18개 두부제품에서 GMO 성분이 나왔다고 발표한 적이 있었습니다.

그런데 모 식품회사에서는 한국소비자원의 발표와는 달리 GMO콩을 전혀 사용하지 않고 100% 국산콩으로만 두부를 만들었다고 반박하고, 명예훼손 등의 이유로 소비자원을 상대로 손해배상청구소송을 제기했었지요.

어떻게 결론이 났습니까?

도중에, 해당 회사에서 소를 취하하고, 소비자원에서도 이를 수용하여 일단락
되었습니다. 하지만, 지난해 8월 소비자원에서 공정거래위원회에(해당 회사 제품
의 GMO관련) 표시광고법 위반사항을 신고하였고, 공정위에서 이를 조사한 후
에 해당 회사를 '경고조치'를 하게 되었습니다.

이 소송은, 유전자조작(GMO)식품의 안전성과는 별개의 '허위표시'에 초점이
맞춰진 사건이었습니다. 하지만, GMO식품은 건강과 환경 그리고 윤리적이고 종
교적인 문제 때문에 많은 논란이 되고 있습니다.

**뭐든지 그렇지만, 음식의 경우에는 특히 자연 그대로의 것이 좋겠지요. 특히
요즘 웰빙 분위기를 타고 유기농산물의 인기가 높아졌잖아요? 일반 농산물이
농약이나 유해물질로부터 안전하지 못하다는 인식이 퍼진 것 같아요.**

화학비료와 농약을 사용하지 않고 가꾸는 유기농산물은 소비자가 안심하고
먹을 수 있는 안전한 식품이겠습니다. 또 농사에 이로운 곤충이나 새들이 번식
할 수 있기 때문에 자연 생태계 보호에도 도움이 되지요.

이런 유기농산물을 제도화한 것이 이른바 '친환경농산물'제도입니다. 1997년
에 환경농업육성법이 제정되면서 친환경농산물표시제도를 시행하게 되었지요.
2001년 7월부터는 유기농산물, 무농약농산물, 저농약농산물 등으로 구분해서
인증을 받도록 하고 또 인증마크를 반드시 부착도록 하는 유기농산물인증제가
시행되고 있고요.

청과물점이나 식료품점에 가 보니, 유기농 마크가 붙은 것은 일반 채소나 청과물보다 적게는 30% 정도에서 많게는 4~5배씩이나 비싸더군요.

고향에서 포도농장을 하는 친구가 있습니다. 몇 년 전부터 유기농 포도를 작목하고 있는데요, 농부의 입장에서도 농약을 많이 치는 포도를 팔 수가 없었다나요. 하지만, 농약을 치지 않고 화학비료도 안 주니 수확도 절반 이하로 줄어들고, 판매망도 좁아져 일반포도보다 두어 배 비싸게 받아도 수지타산이 맞지 않는다고 하더군요. 제대로 된 유기농산물이 비싼 가격을 받는 것은 당연한 일입니다.

사정이 이렇다 보니 가짜 유기농산물이 판을 치고 있는 실정인데요, 보통의 농산물을 유기농이라고 표시하고 몇 배의 이득을 남기는 행위가 성행하다 보니 진짜 유기농산물까지도 가짜가 아닌지 의심하는 분들이 많은 게 사실이죠.

이러한 행위를 못 하도록 하기 위해서는 품질인증제를 확실히 시행되도록 하고, 또 잔류농약검사나 생산자확인을 수시로 시행할 필요가 있습니다. 또 이러한 제도를 지키지 않는 경우에 처벌을 강화하는 조치도 필요하다고 봅니다.

지금 현재는 유기농산물에만 인증제도가 갖추어져 있을 뿐, 이 농산물로 만든 유기농산물 가공품엔 인증제도가 없어 허위, 과장광고나 허위표시의 원인이 되고 있습니다.

그래서 최근에 감사원이 가공식품에도 인증제도를 도입하도록 권고했는데요, 유기농 가공식품 인증제가 도입되면 소비자의 선택의 폭이 지금보다 더 넓어지게 될 거라는 생각입니다.

우리나라 '소비자기본법' 제4조에는 소비자가 스스로의 안전과 권익을 위하여 모든 상품으로 인한 생명·신체상의 위해로부터 보호받을 권리를 향유할 수 있음을 규정하고 있습니다. 소비생활에 있어서 식품의 안전문제는 공산품의 안전 못지않게 중요합니다. 오늘 말씀드린 여러 사항들과 또 일부 악덕 상인들의 음식물을 담보로 한 횡포를 근절하여 안전할 권리를 향유하기 위해서는 무엇보다도 소비자의 역할이 중요합니다. 안전하지 않는 식품을 시장에서 퇴출시키는 역할은 바로 소비자의 선택에 달려 있기 때문입니다.

7. 신용카드와 합리적 소비생활

소비생활의 필수품인 신용카드가 우리 경제에서는 어떻게 이용되고 있으며, 어떤 피해사례와 문제점이 있을까요? 덧붙여, 어떻게 하면 신용카드를 합리적으로 사용하게 되는 걸까요?

신용카드 이용이 늘어나고 있죠? 어느 정도인가요?

소비자들은 현금보다도 신용카드를 더 많이 이용하고 있는 것으로 보입니다. 한국은행이 발표한 지난해 '지급결제수단 이용실태조사' 결과를 보면, 물품이나 서비스를 구매할 때 신용카드로 대금을 지불한 경우가 전체의 29.9%로, 26.6%를 보인 현금을 앞지른 것으로 나타났습니다. 인터넷뱅킹 계좌이체는 10.6%, 은행창구 계좌이체는 5.6% 정도였고요. 그리고 개인당 약 4장의 신용카드를 갖고 있는 것으로 나타났습니다.

신용카드는 단순히 상품을 구입하거나, 소액의 현금서비스를 받는 수단뿐 아니라, 은행금융거래, 보험, 통신판매, 레저 등 생활의 대부분을 포함하는 다양한 부대 서비스와 함께 사용되고 있습니다. 이제 버스요금이나 극장표 구입도 신용카드로 결제하는 플라스틱 머니 시대가 된 것 같습니다.

이렇게 신용카드 사용이 많아진 만큼 부작용도 많았는데 요즘 카드부채와 금융채무불이행자(신용불량자) 급증에 대한 정부 신용카드 정책을 두고 비난이 일고 있지 않습니까? 카드사 부실의 원인도 결국 신용카드 발급이 남발됐기 때문이죠?

그렇습니다. 국내 금융채무불이행자는 카드대란이 있었던 2003년 말 372만 명을 고비로 점차 감소하여, 2009년 말 기준으로 193만 명, 현재는 약 170만 명 가까이 된다고 합니다. 이와 같이 금융채무불이행자 수가 여전히 많은 주된 원인은 바로 신용카드 발급이 크게 증가하였기 때문인데요. 10~20대의 학생이나 소득이 거의 없는 사람들한테도 신용카드를 남발해 특히 일이십 대가 많다고 합니다.

신용카드는 잘만 사용하면 신용사회에 걸맞은 편리한 경제생활을 할 수 있게 됩니다. 하지만, 실제로 ① 신용카드로 인해서 과다한 소비와 충동구매를 하게 되어 개인이 파산(신용불량)하게 되는 경우도 많고, ② 카드를 도난당하거나 분실해서 피해를 본다든지, 비밀번호를 강취당하거나 신용정보가 유출되어 의도하지 않은 재산적·정신적 피해를 입는 경우도 있습니다.

소비자 중에는 신용카드로 결제하면 일정기간 후에 대금이 빠져나가기 때문에, 무이자로 돈을 빌리는 것으로 오해를 하는 경우가 많습니다. 따지고 보면 그 이자를 카드수수료라는 이름으로 가맹점이 소비자를 대신해 카드사에 대납하는 것이지요. 그 외에도 연회비, 할부수수료와 같은 신용수수료를 간과하는 소비자도 많은 것 같습니다.

이런 점들을 보면, 우리나라는 아직 신용의 중요성을 제대로 인식하지 못하고 신용관리시스템이 제대로 정착되지 않은 것 같습니다.

미국과 같은 선진국에서는 개인의 신용이 매우 엄격히 관리되고 있습니다. 예컨대 개인 간 금전거래에서 세금 납부까지 자신의 채무는 반드시 갚아야 한다는 인식과 원칙이 잘 지켜지고 있지요. 한마디로 개인의 신용을 잘 쌓아 놓지 않으면 사회생활 자체가 어렵게 됩니다.

제가 미국에 공부하러 가서 경험한 것인데요.

우리와 마찬가지로 미국도 신용카드가 없으면 소비 생활하는 데 여러 가지 불이익과 불편이 따릅니다. 여행할 때 숙소예약을 위해서는 신용카드번호가 필수적이고, 또 할인점 이용 시에도 신용카드를 이용하지 않으면 부가 보너스를 받을 수 없습니다.

하지만, 아무리 은행 문을 두드려도 초기에는 신용카드를 발급해 주지 않습니다. 세금납부 기록이라든지, 은행거래실적 등 개인 신용이 충분하지 않기 때문이지요. 그러다가 한 1년쯤 지나 개인신용과 재정적 신용이 어느 정도 축적이 되면 여러 금융기관에서 보통수준의 신용카드를 발급해 줄 수 있다고 연락이 옵니다. 그리고 또 일정한 수준의 신용이 더 쌓이면 현금서비스와 거래한도액을 높인 골드급, 프리미엄급 카드 발급자격이 되었다고 연락이 옵니다. 그땐 정말 기분이 좋지요. 사회적으로 인정받는 신용 소유자가 되었다는 의미가 되거든요.

참고로, 선진국의 경우 신용카드보다는 직불카드를 활성화하는 정책을 펴고 있습니다. 직불카드는 신용카드와는 달리 거래 즉시 돈이 통장에서 빠져나가기 때문에, 소비자가 지나친 소비나 소득이 많은 것 같은 착각은 하지 않게 되지요.

한국소비자원에 접수되는 소비자상담 중 신용카드에 관련된 불만상담의 비중이 가장 높은 편입니다. 신용카드에 관련된 소비자피해 구제 신청 건수는 지난 2008년에 2,311건이며, 그중 피해구제로 연결된 건수가 154건으로 집계되었습니다. 이는 상담과 피해구제 신청건 모두 매년 20~30% 증가되어 온 수치입니다.

신용카드에 관련된 소비자피해 형태는 분실이나 도난으로 인한 피해, 배달 중 분실로 인한 피해, 카드대금 이중 청구, 미사용대금 청구, 부정발급·카드위조, 수수료문제 등 매우 다양합니다. 소비자 거래에서 신용카드로 결제하는 경우가 많아 그 피해도 다양한 형태를 하고 있습니다.

카드 종류별로는 은행카드가 절반 이상을 차지하고 있고, 전문회사카드, 백화점카드 순으로 피해 구제 요청이 있었습니다.

흔히 발생하고 있는 피해 사례를 예로 들어서 관련 제도라든지 소비자가 알아 둬야 할 사항을 말씀해 주시면 좋겠네요.

우선, 도난 분실된 카드를 다른 사람이 부정 사용하여 발생된 피해 사례를 말씀드리지요.

어떤 미혼여성이 핸드백 속 지갑에 넣어 둔 카드가 분실되었다는 사실을 모르고 있다가 대금청구서를 받고서야 깜짝 놀랐습니다. 구입한 사실이 없는 전자제품 대금 300여만 원이 청구된 것이지요. 부랴부랴 카드사에 분실 신고를 했고 또 다음 날 직접 카드사에 방문하여 분실경위와 보상신청서를 작성했습니다. 하지만 한 달이 지난 뒤 카드사로부터 직장 동료의 소행이라며 부정사용 금액의

20%에 해당하는 60만 원을 부담하라는 통보를 받았습니다.

이 여성은 카드사에 하소연을 했으나 만족할 만한 조치가 없자, 소비자원에 피해구제 요청을 했습니다.

소비자원에서 사실조사를 해 보니, 소비자의 카드 관리상의 책임은 일부 있으나 고의적인 과실이 없었기에 소비자의 귀책비율을 경감해 줄 것을 카드사에 권고하였고, 카드사가 이를 수용하여 사고 금액의 10%인 30만 원만 소비자가 부담하는 것으로 합의되었습니다. 이 사례의 경우에 소비자는 카드분실 사실을 잘 몰라 지체 없이 신고하지 않은 부주의가 일부 인정되어 전액보상이 곤란했던 경우입니다.

이와 유사한 피해를 입지 않기 위해서는 우선, 자신의 카드 도난분실 여부를 항상 확인하고, 또 도난이나 분실 시 즉시 신고토록 해야 합니다. 또 신고 시 당황하지 말고 안내원의 질문에 신중하게 답변해야 합니다. 경우에 따라서는 잘못 답변한 것이 귀책사유가 되어 보상이 불충분할 수도 있습니다.

신용카드 피해가 발생했을 때 소비자가 피해액을 부담해야 하는 귀책사유랄까요? 어떤 것들이 있을까요?

현행 신용카드회원규약은 '여신전문금융업법'에 기초를 두고 있기 때문에 카드업체마다 거의 동일한데요. 카드 분실·도난 시 카드회원(소비자)이 즉시 카드사에 신고토록 하고 있으며, 분실도난신고 접수 시점으로부터 60일 전 이후 발생한 제3자의 부정사용금액에 대해서는 일정한 예외사유를 제외하고, 카드사가 보상토록 하고 있습니다.

그리고 뒷면에 서명이 없는 카드, 비밀번호가 유출된 카드, 대여 등에 의해 가족이나 제3자가 사용한 경우, 카드깡, 허위분실신고 등으로 판정될 경우 카드사는 면책이 되고, 소비자는 보상받지 못하게 되는 경우가 많습니다.

카드를 바꾸고 새로 받으면 반드시 서명을 하고 가족이라도 빌려 주면 안 되겠네요. 그런데 이런 경우 본인임을 확인하지 않은 가맹점도 잘못이 있는 것 아닐까요?

그렇습니다. 가맹점이 카드회원 본인인지 여부를 확인하지 않아 생긴 피해의 경우는 가맹점에 책임을 물릴 수 있습니다. 하지만, 가맹점들 중에는 재정적으로 취약하거나 악덕업자도 있어서 소비자가 카드 부정사용으로 인해 발생된 피해를 부담 지우기 쉽지 않은 경우도 많습니다.

그럴 경우에 소비자의 귀책사유가 없는 이상 카드사가 그 부담을 지게 되는 경우가 많기 때문에, 카드사들이 이런 피해를 줄이기 위해 여러 가지 묘책을 쓰고 있습니다. 예컨대 L 모 카드사는 가맹점이 50만 원 이상을 결제할 때는 반드시 소비자의 신분확인을 하도록 해당 가맹점에 요구하고 있기도 하지요.

지갑을 잃어버리거나 하면 신용카드 회사에 바로 연락해서 뜻하지 않게 피해를 입는 일이 없어야 하겠네요. 잘 사용하면 약이 되고 잘못 사용하면 독이 되는 것이 신용카드 같은데요. 생활에 도움을 주는 합리적 카드사용요령에 대해 정리해 주세요.

소비자들은 대개 세 가지를 모르고 신용카드를 사용한다고 합니다. 자기 이름으로 등록된 카드가 몇 장인지, 한 달에 카드로 쓴 총액이 얼마인지, 그리고 지금 지갑에 현금이 얼마나 있는지 모른다는 말입니다. 요즘 세태를 대변해주 는 우스갯소리지만, 맞는 말이기도 합니다.

저 자신도 카드 결제를 선호합니다. 현금을 내면 왠지 손해 보는 느낌이 들 때도 있거든요. 하지만, 중요한 것은 신용카드도 현금과 동일하게 간주해서 신중하고 계획성 있게 사용해야 한다는 것입니다.

꼭 필요한 카드만 발급받도록 하고, 계약 시 특약사항을 명시한 계약서와 약관을 받아서 꼭 한두 번 읽어 보시는 것이 좋습니다. 그리고 매출전표에는 반드시 자필 서명을 해야 합니다. 또 수시로 카드가 제자리에 있는지 확인할 필요가 있고, 분실 시 즉시 신고토록 해야 합니다.

덧붙여, 기만적인 판매상술에 주의토록 하고, 계약의사가 분명해지기 전까지는 신용카드 번호를 알려 주지 말아야 합니다. 그리고 피해발생 소지가 조금이라도 예상되는 거래에는 가능한 한 일시불 결제 대신 신용카드 할부거래를 하는 것이 안전합니다.

한마디 덧붙일 것은 신용카드는 다른 말로 하면 '외상카드' 내지 '대출카드'입니다. 빚을 내어 소비를 하더라도 개인재정을 잘 꾸릴 수 있다면 '외상카드'는 참 편리한 지불수단이지요.

소비생활을 할 때 자신의 지출 가능한 소득범위 내에서, 신용카드를 사용하는 합리적인 소비자가 되었으면 합니다.

8. 집과 인생 : 주택소비자문제

많은 사람들이 주택을 소유의 대상, 자산증식의 수단, 혹은 지위와 부의 상징으로 인식하고 있지만, 사실 주택은 모든 사람들의 주거생활을 영위하는 삶의 터전입니다. 주택에 관련된 소비자문제 하면 열악한 주거 환경의 문제에서부터, 가옥 임대차 계약 위반이나 주택분양사기에 따른 소비자피해, 주택담보대출 자격에 관련된 시시비비 등 매우 다양합니다. 또한 가격폭등락과 부동산투기, 도시지역의 낮은 주택보급률 등의 문제도 주택소비자문제로 볼 수 있지요. 이번엔 이러한 주택 관련 사항들 중에서 소비생활을 하는 데 도움이 되는 몇 가지 사항을 말씀드리도록 하겠습니다.

대부분의 서민들에게 집 장만은 일생의 목표 아닙니까? 주택보급률이 높아지면서 과거에 비해서는 내 집 마련이 수월해지기는 했지만, 이미 높아진 집 값 때문에 더 어려워진 면도 있어요.

90년대 초반까지는 80% 수준이었던 주택보급률이 근래에는 100%가 넘었습니다. 따라서 과거 80년대 후반과 같은 주택의 절대적 공급부족에 따른 주택문제는 어느 정도 해소되고 있습니다. 하지만, 아직도 대도시 주변의 주택부족현상은 여전하지요. 예컨대 2010년 인구주택총조사(Census) 자료를 보면 서울의 주택 보급률은 73.2%에 불과합니다.

또한 평균적 주거수준은 향상되고 있지만, 아직도 많은 저소득 가구는 열악한 주거환경에서 살고 있습니다. 관련 자료를 보면 우리나라 전체가구의 13.0%인 200만여 가구는 여전히 최저주거기준에 미달하는 단칸방이나 낡은 주택에 살고 있는 것으로 나타났습니다.

국제 금융위기에 따른 경기침체와 여러 주택관련 규제책으로 수십 년간 주기적으로 반복되던 가격상승이 꺾이고 집값하락세 추세를 보이고 있지만, 지난 몇 년간의 높아진 부동산 가격이 서민들의 내 집 마련을 더 어렵게 하고 있는 측면도 있습니다. 특히 경기 침체로 도시거주민들의 절대소득이 감소하고 있어 더욱 그렇지요.

주택에 관련된 소비자불만이나 피해 유형은 어떻습니까?

주택에 관련된 소비자불만 상담이나 피해구제 요청은 대개 주택임대차 계약 관련 사안과 주택시설 하자로 인한 피해, 그리고 주택금융 관련 피해 등으로 구분됩니다.

지난해 주택임대차 관련해서 한국소비자원에서 의뢰받은 불만상담은 5,152건으로, 전년도 4,708건에 비해 약 9.4% 증가되었습니다. 반면에 피해구제 요청은 총 162건으로 전년도 188건에 비해 다소 감소했습니다. 품목별로는 아파트가 전체의 83.3%로 대부분을 차지했고요.

임대차 문제는 과거에는 부동산 중개수수료를 둘러싼 분쟁이 가장 많았으나,

요즘은 각 시도가 자체적으로 수수료율을 조례로 정하고 있어 관련 불만이 상대적으로 줄었고요. 임대주택의 하자 발생 시의 보수책임, 전월세 임대기간 만기 전의 계약해지, 임대주택의 경매처분에 따른 보증금 보호 등의 유형은 늘었습니다.

흔하지는 않지만, 주택매매나 임차 시 이중거래와 같은 사기를 당하거나 계약의 중도파기에 따른 예기치 못한 피해를 입는 경우가 있습니다. 또한 최근 들어 입주권(딱지)의 불법거래와 이중·삼중 거래와 같은 사기매매가 성행하고 있다고 합니다. 이런 불법·사기 거래로 인한 피해는 구제받을 방법이 별로 없으니 행여나 악덕 중개업자의 유혹이나, 전화권유에 넘어가지 않아야 합니다.

집을 사거나 전세계약을 하게 되면 보통 수천만 원의 계약금이나 또 많게는 억대의 중도금이 오고 가잖아요? 또 전세의 경우 같은 날짜에 전 주인으로부터 전세금을 되돌려 받아 새 주인에게 전달해 주면서 행여 문제가 생기지 않을까 조마조마했던 분들 많을 텐데…… 문제가 생겨 낭패를 당하는 경우가 많죠?

집을 거래하거나 임차를 할 때 거래금액을 제 날짜에 지급하는 것과 같이, 계약 내용들이 잘 지켜지면 다행입니다. 하지만 계약이 중도 파기되거나, 사기를 당해 예기치 않은 피해를 입는 경우가 실제로 종종 생기고 있습니다. 현재의 부동산 계약 관행 아래서는 이러한 피해가 발생될 소지가 적지 않습니다.

현행 법률상 이러한 피해를 보상받을 수 있는 경우는 제한적입니다. 중개업자의 고의나 과실이 분명한 경우에는 중개업자한테 5천만 원(법인중개업소 1억) 한도 내에서 보상받을 수 있지만, 나머지는 대부분 거래 당사자가 책임을 져야 합니다. 당사자 간 계약 위반에 따른 손해배상책임을 물으면 되겠지만, 현실적으로 소송하더라도 적절한 보상받지 못하는 경우가 많습니다.

부동산거래에서 위조나 이중거래, 사기로 인한 권리상의 하자를 예방하고, 매수·매도자 간의 계약 파기로 인한 거래위험과 같은 사후적 피해를 보상받기 위해서는 부동산거래에서도 말씀하신 매매대금예치제(escrow system)가 도입되는 것이 바람직합니다.

대부분의 영미법 국가들은 이 제도가 관습법 형태로 이미 정착되어 있기 때문에 부동산거래에는 대개 에스크로 과정을 거치게 됩니다.

예컨대 주택을 매매할 때 의뢰받은 에스크로 사업자는 중립적인 입장에서 모든 거래과정이 계약서 조건대로 이루어지도록 관리해 주며, 계약금을 포함한 중도금과 잔금을 맡아 놓았다가 에스크로 종결과 함께 매도인에게 전달하게 되지요(에스크로를 이용하면 부동산 거래에 필요한 대부분의 업무를 에스크로 업자가 대행하기 때문에 위조나 사기, 계약서분실에 따른 위험을 피할 수 있고, 계약이 중도 파기될 경우에도 에스크로 사업자가 계약 내용에 의해 보관된 매매대금을 분배하게 되어 분쟁의 소지가 없어지게 됩니다).

우리나라도 이미 부동산중개업법에 이 에스크로 서비스가 가능하도록 되어 있습니다. 또 최근 일부 은행권에서 이러한 에스크로 서비스 도입이 추진되고 있어 조만간 본격적인 서비스가 제공될 수 있을 것으로 보입니다. 이러한 부동산거래 안전장치를 활성화하기 위해서는 정부에서도 에스크로 사업자의 자격기준과 같은 기본적인 가이드라인을 제시해 줄 필요가 있습니다.

그렇습니다. 전세 살고 있던 집이 경매에 넘어가 전세금의 일부나 전체를 되돌려 받지도 못하고 내몰리는 경우가 종종 발생합니다. 피해자의 대부분은 부동산 관련 법률적 지식이나 경험이 적은 일반 서민들이고요. 법률적 지식이 있는 경우에도 임대계약 당시 실수나 판단착오로 피해를 예상치 못하는 경우가 있습니다.

또 최근에는 건설경기 부진으로 일부 미분양 빌라나 아파트가 한꺼번에 경매되는 경우가 늘어나고 있는데요, 이들 아파트 중에는 미분양 상태에서 임대된 경우가 있고 또 아예 전체가 임대용으로 지어진 것도 있어 경매로 넘어갈 경우 임차인의 집단 피해가 생기게 됩니다.

제가 잘 아는 분이 경기도 광주의 새 아파트형 빌라에 지난해 초 6,500만 원에 전세계약을 하게 되었는데요, 등기부를 보니 6,000만 원의 근저당이 설정되어 있어 중개업자에게 문의했더니 시세가 1억 3~4천만 원이라 경매나 공매에 넘어가더라도 손해 볼 일이 없다고 하였습니다. 하지만 염려가 되어 집주인과 근저당 중 절반인 3,000만 원을 갚는 조건으로 전세계약을 하고 입주를 하였답니다. 즉시 동사무소에서 확정일자도 받아 놓았고요.

그런데 지난 5월에 그 집이 경매가 개시되었다는 것을 알게 되었습니다. 다시 등기부를 열람해 보니 계약 시 일부 갚기로 약속한 근저당권(3천만 원)도 그대로 있어, 주인에게 항의해 보았으나 미안하다는 말밖에 들을 수 없었습니다.

이분의 경우 임차보증금이 6,500만 원으로, 법에서 정한 '소액임차보증금' 한도를 초과하는 금액이기 때문에 주택임대차보호법(제8조)의 보호를 받을 수 없습니다(수도권, 과밀지역은 4,000만 원 이하 보증금에 대해 최고 1,600만 원까지, 광역시 3,500만 원 이하 1,400만 원까지, 기타 지역은 3,000만 원 이하 1,200만 원까지 우선변제를 받을 수 있음).

더욱이 집의 시세도 계약 시보다 많이 떨어져, 피해는 피할 수 없게 되었습니다. 만일 집이 1억 원 정도에 낙찰된다면, 이분은 선순위 저당금액 6,000만 원을 뺀 4,000여만 원만 되돌려 받을 수 있게 되어 2,500만 원의 피해를 입게 됩니다. 또 유찰이 계속되어 6천만 원 이하에 경매가 종결된다면 전세보증금을 모두 떼이게 되지요. 계약 시 주인의 약속(3,000만 원 상환)을 확인하고 잔금을 지불했더라도 그러한 피해를 줄일 수 있었을 것입니다.

이러한 피해를 입지 않기 위해서는 전세계약 시 등기부 등의 공부를 반드시 확인해야 하는데, 압류나 가압류, 가등기, 가처분, 경매등기 등이 없는 것이 좋습니다. 예컨대, 압류나 가압류는 곧 경매가 실행될 우려가 있고, 가등기나 가처분은 기득권자에 의해 소유권이 이전될 가능성이 있다는 의미입니다.

부득이 저당이 잡혀 있는 집을 임대할 경우, 만약 경매결정 시 최악의 상황에서도 피해가 없을 정도의 집을 택하는 것이 좋습니다.

임대차 계약의 경우 전세권을 설정하면 이러한 근심이 모두 없어지게 됩니다.

하지만, 전세권 설정은 집주인의 동의가 있어야만 가능하여 쉽지는 않지요. 이럴 경우 소액임차인의 우선변제권을 인정하는 제도인 확정일자를 꼭 받아 두시는 것이 좋습니다.

많이 접수되는 편입니다. 주택시설의 하자로 인한 피해는 화장실과 거실 천장의 누수, 창틀주변의 결로현상, 전기배관불량, 소음피해, 마감재불량 등 그 유형이 다양합니다. 얼마 전에는 미끄럼방지처리가 되지 않은 타일로 시공된 욕실에서 미끄러져 많이 다친 사례도 있었습니다.

시설하자로 인한 피해사례를 들어 보겠습니다.

강동구 길동에 사는 한 소비자가 모 건설회사에서 시공한 새 아파트를 분양받아 입주해 보니, 침실 벽 쪽에 승강기가 설치되어 소음과 진동이 심하고, 베란다 벽 균열과 결로 등 하자가 있어 피해보상을 요구하였으나 건설회사에서 보상을 지연하고 있어 한국소비자원에 분쟁조정 요청을 하였습니다.

어떻게 분쟁이 해결됐나요?

소비자는 아파트 분양가 환급과 정신적 피해에 대한 위자료로 3,000만 원 보상 내지 분양계약의 해지를 요구하였고, 건설사는 하자보수공사를 해 줄 수는 있으나 소비자가 요구하는 피해보상은 불가하다고 주장하였습니다.

한국소비자원에서 사실조사를 해 보니 벽의 균열과 결로 등 하자는 확인되었고요.

승강기 소음은 다소 심했지만, 환경정책기본법에서 정하고 있는 '거주지역 내 소음기준'(50dB 이하)보다 다소 낮은 39dB로 확인되어, 소비자의 분양계약해지 요구는 수용할 수 없었고, 다만, 승강기 소음을 낮추고 균열을 보강하도록 조정결정을 하였습니다. 이를 양 당사자가 이의 없이 수용하여 합의가 되었습니다.

참고로 말씀드리면, 소비자원의 분쟁조정위원회의 조정결정사항은 당사자가 수용하고 서명을 하게 되면 재판상의 '화해'와 같은 준사법적 효력을 갖게 됩니다.

최근 새집증후군 문제가 크게 대두되고 있는데, 이것도 시설상의 문제로 볼 수 있나요? 얼마 전에 소비자원에서 새집증후군 문제를 조사해서 발표한 적이 있었죠?

얼마 전 기술연구원의 도움을 받아 신축 공동주택의 실내공기 오염물질 실태조사를 하였는데요, 조사 결과 상당 가구가 신·개축주택에 입주한 후 뚜렷한 병명 없이 눈이 따끔거리거나, 목이나 코가 아프고 두통·구토 증상이 나타나는 이른바 새집증후군(Sick House Syndrome) 증상을 호소하고 있었습니다.

조사 대상 신축 아파트 72.2%에서 새집증후군 유발물질인 포름알데히드(HCHO)와 총휘발성유기화합물(TVOC)이 외국에서 정한 권장기준을 초과한 것으로 나타났으며, 조사 대상의 36.5%에서 가구원 중 1명 이상이 새집증후군 증세를 보이고 있었습니다. 그래서 관련 문제를 개선해 줄 것을 정부와 사업자에 건의하였고 소비자 안전 정보를 제공했습니다.

그러나 아직 우리나라에는 이러한 공동주택 내 인체유해물질을 규제할 근거가 없어 새집증후군을 법적인 시설하자로 보기는 어렵습니다.

새집증후군으로 인한 피해를 보상받은 사례도 있죠?

새집증후군 문제로 환경부 중앙환경분쟁조정위원회에 조정을 신청한 사례도 있었는데요. 경기도 용인의 신축 아파트에 입주한 어떤 분이, 실내 오염물질 때문에 생후 7개월 된 딸이 심한 피부염을 앓았다며 건설회사와 용인시를 상대로 1,000만 원을 보상해 달라는 분쟁조정신청이 있었습니다. 이 사건에서 소비자는 치료비, 위자료 등 303만 원을 지급받을 수 있게 되었습니다. 이것이 국내에서는 새집증후군을 공식적으로 인정한 첫 사례라고 볼 수 있겠는데요, 앞으로 우리나라에도 외국과 같이 관련 법 규정이 조속히 마련돼서 이로 인한 피해가 없었으면 하는 바람입니다.

08

일본 소비생활 따라잡기

저자는 2007년 늦여름부터 1년 가까이 일본 히토쓰바시(一橋)대학에 파견되어 교육연수를 받는 행운을 누렸다. 더욱이 캠퍼스 내에 있는 외국인 숙사(international house)에 머물면서 일본에서도 알아주는 교육도시인 구니타치(国立)시의 아름다운 사계(四季)를 만끽한 것, 그리고 작은 노조미(望み)교회에서 좋은 사람들을 만난 것은 하나님의 축복이었다.

알지도 못하는 사람이 더 아는 체한다는 옛말대로 눈에 보이는 대로 느낀 일본생활에서의 단상들을 '용감히' 엮어 보았다. 한국소비자원의 요청에 따라 월간 〈소비자시대〉에 6회에 걸쳐 시리즈로 게재했는데, 지나서 보니 좀 유치하기도 하지만 그때의 살아 있는 감동들을 느낄 수 있어 좋다. 저자의 설익은 일본에서의 소비생활 체험을 함께 느껴 보기 바란다.

1. 몸에 밴 낭비 없이 소비하는 습관

"미나상 콘니치와"(みなさん、今日は、여러분 반갑습니다).

일본에서 의식주생활을 시작한 지 반년이 흘렀건만, 아직 지척에 있는 후지(富士)산이나 교토(京都)에도 가 보지 못했다. 소비자 관련 학술행사나 기관방문을 위해 때때로 동경을 다녀온 것 외에는 지금의 집과 학교강의실·연구실 사이를 다람쥐 쳇바퀴 돌듯 생활하는 촌놈이 일본에 관해 얘기한다는 것이 주제넘다는 생각도 든다. 그러나 어찌하랴. 몇 시간 남아 있지 않은 원고마감기한을 지켜야 하니.

이등분, 사등분 식료품 일반화돼 있어
식당, 가정에서 음식물 남기지 않아

세계 어느 곳에 있든지 누구나 현지의 소비생활을 하게 된다. 저자도 지난해 엔저의 기쁨을 누리기도 잠깐, 점심식사를 위해 레스토랑을 찾거나 쇼핑주머니를 들고 식료품점을 갈 때마다 자연스레 가격표로 눈이 간다.

"단품 스시 값이 70엔, 지난주보다 10엔 올랐네."

"사과 값이 2백 엔이면 원화로는 1천 8백 원, 우와! 비싸다. 그래도 어쩌나 먹고 싶은데 사야지."

요즘 한국에서도 물가가 올라 서민들 주머니 사정이 여의치 않다는 소식을 들었다. 일본의 경우도 마찬가지다. 원유값과 국제 곡물가의 상승 등 원재료비의 인상으로, 일본의 장바구니 물가도 눈에 띄게 오르고 있다.

식료품점에서 만나는 노인들의 모습에서도 느낄 수 있다. 반토막짜리 무나 사등분한 배추 한 포기도 선뜻 고르지 못해 망설이는 것은 줄어든 연금 때문만이 아닐 것이다. 몇 주 사이 올라 버린 식료품 가격의 영향도 적지 않을 것이다.

반토막 얘기가 나왔으니 한마디 덧붙이자면 일본에는 이등분하거나 사등분한 식료품들이 일반화돼 있다. 한국에서도 수박이나 멜론과 같은 과일을 잘라서 파는 경우가 가끔 있지만, 이곳에는 과일뿐 아니라, 야채나 생선류를 대부분 작은 사이즈로 나눠서 판다.

1인용이나 1회용의 편리성 측면도 있겠지만, 다분히 검소함과 절약을 위한 지혜가 아닐까 싶다. 필요한 만큼만 사서 낭비 없이 소비하자는 몸에 밴 의식이 있는 듯하다. 이곳에서 저자가 만난 일본인들은 식당에서나 가정에서나 음식물을 남기는 경우를 거의 볼 수 없다.

오히려 보고 있는 사람이 부끄러울 만큼 음식 접시를 깨끗이 처리하는 이들의 모습을 보면서, 검소한 소비생활의 단면을 보았다. 이와는 대조적으로 손도 대지 않은 반찬이나 음식물들이 대량으로 쓰레기 처리되는 한국의 식당이 일본의 TV에서 클로즈업되기도 했다.

일본의 소비생활에서 빼놓을 수 없는 것 중의 하나가 자전거이다. 저자가 살고 있는 구니타치역 인근의 한 주륜장(자전거 주차장)에는 늦은 밤이면 자전거가 썰물처럼 빠져나갔다가 아침이면 자전거 주차로 빽빽하다. 처음 일본 생활을 시작하던 땐 적잖이 놀랐던 일이다.

비가 오는 아침, 정장을 입은 여성이 우산을 받쳐 들고 자전거를 타는 모습을 흔히 볼 수 있는데, 짧은 스커트가 민망하기도 하련만 보행자들을 헤치고 능숙하게 자전거를 타고 간다. 뒤이어 자전거 앞뒤에 우의를 입힌 어린아이 둘을 앉히고 우산도 받치지 않은 젊은 여성이 지나가는 광경도 자주 볼 수 있다(참고로 자전거에 3인승은 현재 불법이지만, 주부들이 아이 둘을 태우는 경우가 많다).

역 주변에는 주차장 대신 주륜 전용 건물이 있고 쇼핑몰 지하에는 주차장 대신 주륜장이 설치되어 있다. 불법 주륜 스티커를 붙이고 있는 공무원들의 모습도 흔히 눈에 띈다. 그야말로 자전거 공화국이다.

일본도 휘발유 가격이 비싼 나라 중의 하나이지만 한국보다는 싸다. 1리터당 1천5백 원 정도이다. 비싼 기름값이 자전거를 애용하는 이유라고는 보이지 않는다. 검소하고 절약하는 생활이 그 바탕이 아닌가 싶다. 행정 차원에서도 자전거의 등록번호를 교부해 도난을 막고 자전거 전용 도로를 만드는 등 적극적으로 자전거 생활의 편의를 제공한다.

일본에서 소비자문제에 관련된 이런저런 행사에 참석하면서 흥미로웠던 것은 대개의 행사가 주말이나 일요일에 개최되는 점뿐만 아니라 한마디로 더치페이식 이라는 점이다.

전국 규모의 행사임에도 주최 측은 약간의 스낵과 음료를 제외하고는 물질적 서비스를 제공하지 않는다. 식사 시간이 되어도 각자 부담하는 도시락으로 해결 한다. 한국에서의 과도한 물질적 서비스가 지나치게 보일 만큼 너무 대조적이다.

식후에 있는 비공식 행사도 각자가 자기 몫을 부담한다. 이를 니혼시키(日本 式)라고 표현하기도 한다(물론 모든 경우가 다 그런 것은 아니니 오해 없으시 길!). 누가 계산해야 할 것인지 고민하지 않아서 좋지만 한편으로는 인간미가 없 어 보인다.

물질적인 소비뿐만 아니라 이곳 사람들의 '시간의 소비생활'에 관해 얘기를 덧붙 이고 싶다. 일본에는 어느 곳이나 공민관이라고 하는 일종의 커뮤니티센터가 있다. 각종 지역민들의 공적·사적 행사나 취미·오락·문화 행사가 이곳에서 이루어진다.

저자가 살고 있는 구니타치시 공민관은 외국인을 위한 봉사자들의 다양한 일본어 강좌로도 유명하다. 은퇴한 노교수나 사업가뿐만 아니라 현직에 종사하 는 젊고 유능한 사람들이 무보수로 봉사하고 있다. 시간을 지혜롭게 소비하는 사람들이 많은 공동체는 누가 보아도 건강해 보인다.

얼마 전 일본에서는 중국산 만두의 농약 검출 사건으로 떠들썩했다. 지금까 지도 매스컴에서 뉴스로 다룰 정도로 일본 사회에 던져 준 충격이 큰 사건이었 다. 이를 계기로 일본에서는 소비자 행정의 선진국을 배우자며 미국이나 한국의 소비자 정책에 관심을 보이고 있다.

일본의 소비자 행정은 그들 말대로 개선해야 될 것들이 많아 보인다. 하지만 앞서 소개한 몇몇 일화만으로도 일본이 소비 생활 선진국이라는 생각이 든다. 자신의 소득 범위 내에서 필요한 만큼만 쓰는 소비자들, 남에게 과시하기 위한 소비는 절대 하지 않는 사람들, 쓰고 남은 것과 자신이 쓸 일정 부분을 공동체를 위해 배려하는 사람들, 그들의 모습을 보면서 나 자신의 모습을 한 번 더 되돌아보게 된다.

2. 식료품점의 합리적인 장삿속

소비기한, 상미기한(賞味期限) 다가올수록 싸게 팔아

일본의 소비생활 2탄(1탄은 4월호에 게재)에는 어떤 이야기로 채울까 고민하다 보니 원고 마감일이 다시 코앞에 다가왔다. 이번에도 해외 생활 초년생인 저자의 어쭙잖은 경험담을 소개하는 것으로 시작하려 한다.

유통기한은 '소비기한'과 '상미기한'으로 표시

기한 경과되면 즉시 폐기 처리해

먹을거리는 즐거운 것임에는 틀림없지만 항상 그런 것만은 아니다. 익숙지 않은 외국생활에서는 더욱 그렇다. 일본생활 초기, 먹을거리 준비를 위해 들른 식료품점에서의 갈등은 유통기한에 관한 것이었다. 일본은 통조림과 같은 가공식품뿐만 아니라 육류나 채소, 과일, 심지어 즉석식품도 규격화하여 소비기한을 표시해 놓는 것이 우리나라보다 좀 극성스럽다. 그런데 같은 품목인데도 가격 표시가 서로 다른 경우가 많다. 짐작대로 소비기한이 다가올수록 싸고 몇 시간 남겨 놓은 신선식품은 절반 이하의 가격표가 붙는다. 아침에 1천 엔 하던 스

시도시락이 늦은 오후에는 6
백 엔이다. 소비기한이 임박
한 샤브샤브용 육류에는 '반
액' 딱지가 붙는다. 신선한 것
에 눈이 가지만 손이라는 녀석
은 싼 것을 선택한다. 갈등하
면서……

일본생활이 몇 달쯤 지났을까. 할인된 상품을 애용하는 사람이 많음을 나중
에 알았다. 진열대 앞에서 같은 고민을 하는 다른 국적의 사람들을 자주 만난
다. 개중에는 단골도 많다는 식품점 사장님의 말씀.

일본의 유통기한 표시는 두 가지다. '소비기한'과 '상미기한(賞味期限)'이다. 소
비기한이 임박한 것은 좀 찜찜하지만 상미기한은 이미 지난 경우도 안전상 문제
는 없다. 가게들도 이러한 소비 심리를 적절히 이용해 장삿속을 챙긴다. 기한이
경과되는 즉시 모두 폐기 처리해야 하니 당연한 상술이다.

아직 한두 시간 남은 비교적 싱싱해 보이는 것들을 땡처리라도 하련만 어김없
이 모두 큰 쓰레기통에 담겨서 실려 나간다. 유기비료공장으로 간다고 한다. 지
난 연말 후지야라는 유명회사에서 소비기한이 지난 우유로 만든 과자로 몇 주
동안 언론의 몰매를 맞은 것도 일본사회의 이러한 안전의식과 무관하지 않다.

외국인들이 피부로 느끼는 일본 생활의 부담 중의 하나가 비싼 공공요금이다.
5월 초 황금연휴 기간에 과천에 사는 아이들 친구들이 자연 학습을 왔다. 동경 시
내 관광을 하면서 한국보다 몇 배나 비싼 전철비, 택시비, 관람료, 음식비, 놀이동
산요금이 비행기 삯에 버금하는 것을 알고 이틀 만에 짠순이로 변해 버렸다.

"일본 전철비 디따 비싸. 한국은 여기에 비하면 공짜야 공짜." 이들이 돌아가

서 보내 준 메일의 첫머리다. 일본생활을 시작하며 처음으로 들렀던 미용실의 요금이 3천5백 엔이라는 말에 짐짓 태연한 척했던 기억이 새롭다. 그다음부터는 어렵게 발굴한 2천 엔짜리 미용실의 단골이 되었다.

지금 일본에서는 공공요금 부담만큼이나 기름값도 뜨거운 감자이다. 5월 초 잠정세율(우리나라의 석유류 특별소비세에 해당) 부활 문제로 기름값이 오르락내리락하더니 며칠 전에는 주유소 기름 도둑이 '오르는 기름값에 충동적으로 기름을 훔쳤다'는 사연이 핫뉴스가 되기도 했다. 하필이면 자신의 목숨을 담보한 한국판 기름도둑 사연을 인터넷 뉴스를 통해 봤던 같은 날에.

후쿠다(福田) 내각의 지지율이 21%로 급락한 원인 중의 하나가 이 기름값 때문이란다. 국정에 열심이면서도 고이즈미(小泉) 전 수상이 뿌린 씨로 인해 고전하는 모습이 외국인의 눈에도 안쓰럽다. 여담이지만 현 정부가 금년 말을 목표로 의욕적으로 추진해 온 '소비자청' 신설 문제도 내각과 함께 중도 하차될 가능성도 조심스레 전해지고 있다.

어떤 이가 일본은 '물과 안전이 공짜'인 나라라고 했다나. 일본은 세계적으로도 강수량이 많아 물이 넘치는 나라임에 틀림없다. 그렇지만 일상생활에서 물을 낭비하는 일은 별로 없다. 대부분의 가정에는 우리의 절반 사이즈인 욕조가 있고 같은 물을 온 가족이 사용한다.

가까운 지인의 집에 묵었을 때 손님인 저자에게 먼저 욕조에 들어가도록 배려해 주었고 그 물에 자기 식구들이 몸을 담그고 나왔다. 식은 물은 자동으로 세

탁기 용수로 사용되는 장치가 되어 있다고 한다. 저자도 배운 바가 있어 아이들에게 물 버리지 말라고 했더니 '웬 궁상'이라며 핀잔을 들었다.

쓰레기 분리수거는 지자체마다 다르지만 우리보다 좀 부실(?)해 보이기도 한다. 저자가 사는 지역에서는 타는 것과 안 타는 것, 그리고 재활용으로만 분리해 수거해 간다. 음식물도 타는 쓰레기와 함께 요일별로 구분해서 수거한다. 예컨대 화목은 타는 쓰레기, 수토는 안 타는 쓰레기 수거일이고 잘 지켜지는 편이다. 한국도 만만치 않지만 대형 쓰레기는 버리는 값이 정말 비싸다. 가구나 가전제품을 자주 바꾸지 못하는 이유 중의 하나가 폐기 비용 때문이라는 말이 이해가 간다.

골치 아픈 문제는 엉뚱한 곳에 있었다. 아침에 거리를 걷다 보면 음식물과 잡동사니 쓰레기가 널브러져 도로가 엉망이 된 현장을 종종 목격한다. 알고 보니 큼지막하게 생긴 까마귀의 소행이다. 쓰레기통과 분리수거 현장에 어김없이 나타나서 헤집어 놓는 바람에 주민이나 수거원들이 골치를 썩는다. 거물망이나 반투명 플라스틱 뚜껑으로 방어해 보지만 영리한 녀석들은 인간의 생각을 넘보듯이 이런 장치들을 무용지물로 만들어 놓는다.

작은 집집마다 아기자기 가꾼 일본식 정원이 바야흐로 절정을 맞고 있다. 낮은 담장이나 담장 없이 화초와 수목으로 담을 한 집들이 화초를 길 쪽으로 향하게 하고 있다. 내부에서는 어찌 보면 초라할 정도의 무대 뒤 풍경인 반면에 길 쪽은 화사한 봄 화단 그 자체다. 자

신을 위한 것이기도 하지만 한편으로는 남을 배려하는 마음을 읽을 수 있는 것이 어찌 이러한 정원 단장뿐일까.

3. 섬세하고 정적인 나라

'소외'로 인한 사회문제 심각

주말이면 그리운(!) 한국행이다. 귀국을 앞두고 보니 고추장으로 버무린 시원한 냉면이 그립다. 이번에도 길지 않은 해외생활에서 경험한 자질구레하지만 인상적인 소비생활에 관한 얘깃거리를 담아 보려 한다.

어느 곳에서나 먹을거리는 소비자의 가장 큰 관심사인가 보다. 지난주부터 이곳 일본에서는 중국산 장어를 일본의 유명한 양념 장어로 둔갑시켜 판매한 사건이 연일 보도되고 있다.

우리가 복날에 삼계탕을 즐겨 먹듯 일본도 여름 타는 것을 방지하기 위해 장어를 먹는 관습이 있다. 특히 장어구이 요리는 일본에서 고급 음식에 속한다. 오늘 아침에는 일본 수산 업계 최대 기업이 이 사건에 연루되었고 가짜 일본산 양념장어에 다량의 인체 유해 성분이 검출되었다는 사실이 보도되었다.

일본에서 이러한 문제가 제기되면 가히 '이지메(집단따돌림)'라 할 정도로 사건에 연루된 업자들에 대해 몇 주씩 집요하게 언론에서 보도한다. 보도할 사건이 그렇게 많지 않은 '안정'된 사회라는 측면도 있겠지만 그러한 언론의 태도가 불량·악덕업자가 사회에 발붙이기 어렵게 하는 효과도 없지 않다.

먹을거리에 관한 다른 화제이다. 저자 세대의 학창시절 추억에서 빠질 수 없는 것이 도시락이다. 잡곡밥에 무말랭이 반찬만으로도 행복했던 점심시간, "벤또 먹자"라는 표현 때문에 담임선생님으로부터 무지 꾸지람을 들었던 추억도 함께, 도시락은 일본 식생활 문화의 한 단면이 되었다. 강의실에서도 집에서 준비해 온 도시락이 일상적이고, 규모 있는 국제회의에서도 벤또(일본식 도시락)가 제공되기도 한다. 간편하게 요기할 수 있는 도시락은 소박하고 단순한 일본의 식생활에 딱 들어맞는다.

도시락을 포함해서 일본 사람들과 함께 식사를 할 때 의아한 것 중의 하나가 '싹쓸이'이다. 일본 사람들은 주문한 음식을 남기지 않는 것이 습관화돼 있다. 접시에 남아 있는 샐러드의 소스까지 처리(!)하는 것을 보고 저자가 도리어 민망한 적이 있다. 식당에서나 가정에서나 음식쓰레기가 적지 않은, 남기는 게 미덕이었던 우리의 식문화를 되돌아볼 필요가 있다는 생각이 든다.

일본에서 선물은 일상적 인사의 다른 표현인 듯하다. 만날 때마다 작지만 아기자기하고 귀여운 선물을 주고 또 받는다. 받는 입장에서는 부담스럽기도 하다. 경제적 부담을 느끼면서도 괜찮은(!) 것, 그리고 한 번에 몰아서 표 나게 하는 것이 좋다는 생각을 해 왔던 저자에게는 이런 선물 문화가 잔잔한 충격이었다. 하지만 한편으로는 선물의 내용에 비해서 포장이 과대한 것은 실용적인 관점에서는 좀 너무하다 싶다. 주고받는 선물 중에는 접은 색종이와 같은 유아틱해 보이는 것부터 전통이 묻어나는 빛깔의 수제품까지 다양하다.

일본에서는 어디서든지 고령화의 면면을 접하게 된다. 기모노로 곱게 치장한

7, 80대 노인들이 거리를 활보하고 있고 산업 현장에서는 고령노동자의 비율이 높아지고 있다.

저자가 다니던 교회에서는 80대가 노인 축에 들지도 못한다. 고령이면서 왕성한 사회활동을 하는 노인도 적지 않다(그분은 저자의 이삿짐을 픽업하러 온 70대에 접어들었다는 우편국 계약직 직원이다). 유명 TV연예프로그램이나 시사프로그램에서도 고령 전문가들의 출연이 자연스럽다. 은퇴 후 사회활동 프로그램이나 복지제도가 다양하게 운영되고 있다.

65세 이상의 고령자가 전체 인구의 2할이 넘는 사회이니만큼 사회 시스템이 이러한 고령화에 맞춰 움직이고 있는 것이 당연하다. 올 4월부터 75세 이상의 노인을 위한 별도의 '초고령자보험' 제도와 '후기고령자의료' 제도가 시행되었다. 고령화가 급진전되고 있는 우리나라도 일본의 시스템을 눈여겨봐야 할 듯싶다.

소비생활과 좀 거리가 있지만 사회문제로 이야기 화제를 돌려본다. 3주 전 전자제품 거리로 잘 알려진 아키하바라에서 발생한 무차별 살인 사건은 이곳 사람들에게 큰 충격이었다. 그 후에도 70대 노인이 가족 모두를 살해하는 사건 등 크고 작은 살인사건이 발생해 비교적 안전하다는 일본 사회가 뒤숭숭하다.

그런데 문제는 이러한 무차별 살인사건에 개인적 원한이나 특별한 이유가 없다는 점이다. 굳이 이유라면 그저 아무나, 화가 나서, 예전에 바보 취급을 당해서 등 상식 밖의 이유로 끔직한 일을 저지른다는 것이다.

저자는 이러한 일들이 인터넷, 폭력영상이나 만화, 핸드폰오락, 무관심, 독신

생활 등과 같은 일본의 일상생활에서의 단면들과 무관하지 않다고 생각된다. 일본의 공립학교를 다니는 자녀를 보니 이지메는 더 이상 학교에서 겪는 문제가 아닌 듯하다(일본의 초·중·고에서는 이지메 예방을 위한 다양한 노력을 기울이고 있다. 저자의 자녀도 일본어가 취약한 외국인이지만 외국인이라고 해서 이지메를 겪지는 않았다).

문제는 학교보다는 사회에서 겪는 이지메가 충격적인 사건의 한 원인이라는 생각이 든다. 사회에서의 소외 문제는 우리도 곰곰이 생각해 볼 문제이다.

'다이내믹코리아', 어느 홍보 책자에서 소개하는 이 말이 우리의 이미지와 잘 맞는다고 생각한다. 일본의 이미지는 '안정'이다. 화끈·변화무쌍하고 역동적인 한국, 이에 비해 섬세하고 실리적이면서 정적이고, 때론 애매하고 우회적인 일본, 지금까지 소개한 일본의 소비생활의 단면도 이러한 정적인 사회상을 반영하고 있지 않을까 싶다. 세계 2위의 경제 대국이면서도 경제적 여유가 별로 없어 보이는 국민들, 근검절약하면서 남을 배려하는 것을 미덕으로 여기는 나라, 정적인 사회 여건에서 기인한 변화의 어려움을 겪는 모습을 짧은 일본생활에서 종종 느낄 수 있었다.

4. 직업의 귀천 없이 가업(家業)을 이어 가

한국의 전철은 다이내믹하다. 오락실에 버금가는 오색 핸드폰 연결음 소리, 주위의 시선에 아랑곳하지 하지 않는 선남선녀의 대화, "예예, 알겠습니다. 전철 안이라 잘 안 들립니다!" 고함치는 세일즈맨의 목소리……. 저자가 지난달까지 생활했던 동경의 전철 풍속도가 새삼 떠오른다.

등하교시간의 중고생을 제외하곤 전철에서 소음공해를 일으키는 경우는 찾아보기 힘들다. 늦은 밤 급해 보이는 전화를 소곤소곤 받던 한 승객은 주변의 승객들을 향해 스미마셍(미안합니다)을 연발하며 고개를 굽힌다. 노약자석이 비어 있는데도 노인들은 서서 가기를 즐겨하는 것 같다.

전철 얘기가 나왔으니 한 가지 덧붙이자. 몇 년 사이 서울의 전철이 무척 쾌적해졌다. 수십 년 된 전동차가 최신기종으로 바뀌고, 슬라이딩도어를 설치하여 안전한 지하철이 되었다. 하지만 동경에 비해 불편하거나 세심하지 못한 부분이 눈이 뜨인다. 이제 막 제작된 듯한 전동차임에도 노선안내도가 없거나 부족하다.

동경의 전철은 구식과 신식이 섞여 있지만, 전자표시판을 통한 노선안내가 잘되어 있다. 안내 표시도 영어와 한국어, 중국어를 병기하여 여행객의 불편을 덜어 주고 있다.

누군가 일본은 물과 안전이 공짜인 나라라고 했다. 그만큼 생활 속의 안전을 중시하는 나라지만, 경우에 따라 지나치다 싶은 생각도 든다. 예를 들어 보자. 동경에서 저자가 살았던 4층 주거건물 외벽의 도색공사가 시작되었다. 그 몇주 전부터 공사알림표시를 곳곳에 하더니, 건물 외벽 전체를 사다리를 엮어 놓은 것 같은 이동시설과 포장을 했다. 처음엔 대대적인 외벽수리를 하나 보다 했다. 안내문을 보니 2달 공사기간이다. 물론 창문도 제대로 열지 못해 주거생활에 불편을 겪었다. 한국에선 아파트 단지 전체 도색작업의 경우, 늦어도 열흘이면 충분한데, 작은 건물 페인트 공사에 이렇게까지……. 참 답답하고 이해하기 어렵구나라는 생각을 했다.

그러나 하루하루가 지나면서 그런 생각들이 차츰 없어졌다. 인적도 없는 인근 길목까지, 필요할 것 같지 않은 안전표시판을 일일이 설치하고, 밤이면 빤짝이는 경고회전판을 세우고, 일일이 주민들의 동의를 물은 다음, 동의한 세대에 한해서만 작업표시판을 다시 세우고 작업을 해 나가는 거였다. 그 후 단계적으로 세척팀 작업 후 며칠 뒤 점검, 창문실리콘작업, 또 며칠 후 점검, 코너부분 특수코팅작업 또 며칠이 흐르고 점검……. 적어도 안전대책과 확실한 공정에 따른 작업진행의 모습에 잔잔한 감동이 왔다.

안전에 관한 다른 이야기다. 지상전철이 많은 일본, 특히 동경권엔 저자가 보기에도 건널목이 매우 많다. 건널목마다 이중 삼중의 차단장치와 지킴이 아저씨들이 봉사하고 있다. 그런데 종종 전차가(인신(人身)사고나 안전문제로) 급정거를 하는데, 승객들은 익숙한 모습이다. 한 번은 하차할 역을 수백 미터 앞두고

10여 분씩이나 멈추었다. 사유는 전방의 건널목에 문제가 생겼단다. 차단기의 작동은 완벽한데, 차단기에 부착되어 있는 경고등이 제대로 점멸하지 않았다는 이유(라고 나중에 들었)다. 건널목 양쪽에 지킴이저씨도 계신데, 수신호로도 가능했을 텐데, 그러지 않았다.

안전에 관해서는 작은 부분에도 원칙을 지키는 이러한 사고방식이 '신속히', '상황에 맞게 능률적으로'에 익숙한 우리에게 귀감이 될 수 있지 않을까.

화제를 바꿔 보자. 일본에서의 직업에 대한 편견은 어느 수준일까? 사농공상과 같은 옛말의 유래에서도 보듯이 우리는 여전히 직업의 귀천을 중히 여기며, 직업에 대한 편견이 만만치 않다. 짧은 기간이지만 저자가 느낀 일본인들의 사고방식은 대체로 그렇지 않다. 일본에서 음식에 관련된 '우동'이라는 영화를 본 적이 있다. 가업으로 이어져 온 사누키 우동집에서 아버지의 고집스러운 요리법을 경멸하던 주인공이 넓은 세상을 떠돌다 아버지의 장인정신을 이해하고 가업을 잇게 되는 다소 진부한 내용이다.

저자가 살던 거리의 한 구석진 코너에 손으로 만든 모자를 파는 가게가 있었다. 고령의 노파와 아리따운 숙녀가 돌아가며 간간이 들르는 고객을 맞았다. 사연인즉, 해외 유학을 다녀온 장래가 촉망되는 손녀가 가업을 잇고 있다는 것이다.

이 외에도, 직업에 대한 편견 없이 부모의 생업을 소중히 여겨 가업으로 잇는 경우를 많이 보았고, 하나같이 밝고 성실한 모습이었다. 물론 대학에서 만난 젊은이들은 변호사나 의사, 공무원과 같은 인기 있는 직업을 선호하지만, 관점에 다소 차이가 있다. 사회적 지위로서가 아니라 생업으로서의 직업을 선호하는 경향이다. 예외적인 경우는 대학 교수이다. 일본인들은 다른 직업과는 달리 대학교수에 대한 존경심을 감추지 않는다. 하지만, 그 주된 이유는 후세의 교육을 담당하는 데에 있으며, 세속적인 치부와는 거리가 멀다.

5. 소비자 시민사회의 실현 추구

바다 위에 건설된 인공섬 간사이(関西) 공항에서 혼슈(本州)의 남쪽해안을 따라 열차로 한 시간 남짓 내려갔다. 일본변호사연합회(한국의 대한변호사회에 해당)에서 주최하는 심포지엄에 참석하기 위해 11월 4일 밤 와카야마(和歌山) 시에 도착했다. 3일간의 여정 중 이틀을 회의석상에서 보낸 빡빡한 일정이었다.

국민생활과 밀접한 소비자정책 변혁 진행 중

지난 8월 말에 있었던 일본의 총선 결과에 대한 세간의 관심은 정치적인 측면에만 집중되는 듯하다. 반세기 만에 정권교체를 이룬 민주당 하토야마 수상의 '선거혁명'이니만큼 당연하게 보인다. 하지만 일본에서는 지금 국민의 생활에 밀접한 중요한 정책의 변혁이 진행되고 있다. 이번의 소비자정책 관련 심포지엄도 그러한 변화의 모습을 담아내려는 노력의 일환으로 보였다.

일본에서는 지난 수년간, 독성 농약이 함유된 중국산 만두나 곤약젤리, 그리고 결함 있는 가스순간온수기 등으로 여러 희생자가 생겨나고, 소비기한 위조사건이나 국민연금자료의 증발 사건과 같은 소비자문제가 연 이어 발생하자 소비자 행정을 개혁해야 한다는 목소리가 높 아졌다. 이어 소비자 정책의 사 령탑 역할을 할 소비자청(消費 者庁) 설치 법안이 지난 4월의

중의원 통과에 이어 5월에 참의원 본회의에서 전원 일치로 통과됨으로써, 9월 초 소비자청이 본격 발족되었다. 또한 민간전문가 등으로 구성된 소비자청의 감시 기구인 소비자위원회도 설치되어 활동을 시작했다.

심포지엄 개최는 소비자 행정의 역사적 전환점

이번 심포지엄은 이러한 일본의 소비자행정의 변화가 사업자 중심에서 소비자 시민 중심으로 전환되는 역사적인 전환점임을 강조하면서, 향후 10년, 20년 후 를 바라보며 바람직한 소비자 정책의 방향을 제시하는 자리였다.

소비자위원회 위원장과 내각부 관계자, 학계와 언론계, 법조계 등에서의 소비 자보호 전문가들을 패널(토론자)로 초빙하여 소비자안전의 문제, 소비자단체의 역 할, 지방소비자보호, 소비자교육, 기업과 사회의 역할 등에 관한 문제들을 집중적 으로 토론했다. 회의의 막간을 이용해 외국 여러 나라의 전문가들을 취재한 영상 메시지를 소개하고 소비자문제에 관한 코믹한 연극을 무대에 올림으로써 행사의 전체 분위기를 밝게 했다. 더욱이 불의의 엘리베이터 사고로 자신의 아들을 잃은 한 어머니의 소비자안전 사례발표는 200여 명이 넘는 참석자의 눈시울을 적셨다.

한국에 관해서는, 소비자연맹의 정광모 회장의 비디오레터가 소개되었는데, 주로 소비자단체 활동의 역사와 일본과의 협력관계를 강조하는 내용이었다. 이어 저자는 최근의 집단분쟁조정제도 운영 현황과 소비자기본법 개정 움직임 등 한국의 소비자정책의 변화상에 대해 소개했다. 특히 한국에서는 민간단체들이 어떤 이유로 중앙정부와 지자체로부터 보조금을 받고 있는지 등 여러 질의에 답변했다.

소비자청 설립은 우리나라 소비자정책 벤치마킹

소비자정책의 추진을 통한 소비자 시민사회의 실현을 추구하는 이러한 일본의 움직임은 우리나라에도 적지 않은 영향을 미칠 것으로 보인다. 역사적으로 볼 때 우리나라는 소비자기본법의 도입이나 전담기구(한국소비자원)의 설립 등 소비자정책과 행정에 있어서 상당부분을 일본으로부터 배워 온 측면이 많았다. 그러던 것이 1990년대 후반부터는 일본을 앞서 가는 분야도 나타났는데, 일본은 소비자청의 설립 등 자국의 정책 추진 과정에서 우리나라의 선진 면모에 경각심을 가진 측면도 없지 않다. 예컨대 소비자청 설립 논의가 시작될 즈음만 해도 일본의 정책 관계자들 간에는 "한국의 소비자정책으로부터 배우자"라는 기류가 적지 않았지만, 이제, "국민을 위한 행정과 정책에 관한 한 일본이 세계를 리드하자"라는 분위기가 역력하다.

이번 행사에 참가한 저자의 소감은 한마디로 부러움이었다. 법과 제도의 변화가 쉽지 않은 안정된 사회인 일본에서 2년 남짓한 논의 기간을 거쳐 소비자청과 소비자위원회가 발족되었을 뿐만 아니라, 정부가 아닌 비영리조직(NPO)에서 구체적이고 미래지향적인 논의를 주도하고 있는 것이다.

형식상으로는 정부가 소비자정책을 주도하지만, 실질적으로는 일본변호사연합회와 학계 등 전문가 그룹에 의해 정책이 추진되고 있다. 더욱이, 취약한 소비자단체의 활동을 활성화하고자 한국 등의 사례를 진지하게 분석하는 모습을 보면서 '대단한 나라'라는 생각을 했다. 밀린 일을 제쳐 둔 채 얻은 3일간의 휴가가 무엇보다도 유익했다.

소비자권익 향상을 위한 정책의 추진이 우여곡절을 겪으면서 공정거래위원회와 한국소비자원을 중심으로 이루어지고 있는 우리의 경우, 이러한 일본의 최근 소비자정책과 행정의 향방을 주의 깊게 살펴볼 필요가 있다.

특히, 신설된 소비자청·소비자위원회와 국민생활증진을 위한 독립기관인 국민생활센터와의 기능과 역할분담, 그리고 이들과 일본변호사연합회와 같은 NPO 및 민간단체 간의 상호 협력체계를 잘 살펴보아야 할 것이다. 덧붙여 이러한 일본의 변화가 국민의 안심·안전과 삶의 질 향상에 어떠한 영향을 미치는지 예의 주시해야 할 것이다.

6. 전통 유지하면서
내실 중시

일본에서의 교육파견생활을 마치고 귀국한 지 1년이 지났지만 아직도 늦가을의 늙은 은행나무의 황금색 행렬과 봄날의 눈부신 사쿠라의 향연이 눈앞에 선하다. 저자는 소비자시대의 요청으로 몇 번인가 '소비생활 따라잡기' 기사를 연재했었다. 정갈한 일본의 먹을거리와 정성스런 선물 문화, 고령화 사회의 이색적인 풍속도, 비싼 공공요금과 소비재 가격 속에서도 절약하는 사람들 얘기, 몸에 밴 재활용(리사이클)과 이웃을 배려하는 선심 등을 소개한 것 같다. 생각해 보니 더 이상의 화젯거리가 없어 계속적인 연재 요청을 사양했던 것 같다. 이번에 기고 요청을 거절하지 못한 것에 후회(?)하면서, 독자에게 어필할 아이디어를 찾던 중에 '반짝'거림이 지나갔다. 그렇지, 모든 대중의 관심사인 교육문제!

저자가 생활했던 동경 인근의 구니타치(国立) 시는 일본에서도 교육의 명당에 속한다. 명문 히토쓰바시(一橋)대학을 비롯해 국제기독대학, 철도대학 등이 있고, 괜찮은 초중고들이 많다. 당초 히토리미(一り身: 독신)생활을 예정하고 일본행을 했지만, 일말의 외로움도 있고, 국제화시대에 일본 교육을 받아 보게 하는 것도 좋을 것 같아 둘째와 셋째 아이를 불러들였다. 이미 영어권 학교생활을 경

험했던 터라 국제학교보다는 공립학교에 입학시켰다. 자녀들의 일본 학교생활을 뒷바라지(!)하면서 얻은 저자의 경험과 몇 가지 에피소드를 함께 소개한다.

일본은 사회시스템이 비교적 안정되어 있고 전통을 중시한다. 그러다 보니 한편으로 변화의 속도가 느리게 보인다. 저자 세대까지 중등학교 시절 입었던(번쩍이는 단추에 목에 호크를 채우고, 둥근 테를 두른 검정 모자를 받쳐 쓴 군복 스타일의) 검정제복을 그대로 입고 있는 학교들도 적지 않다(고학년은 위 단추 한두 개쯤 풀고 다니기는 하나 보기에도 답답하다. 물론 여학생은 넓고 하얀 칼라를 덧붙인 유니폼이다). 졸업식이나 입학식과 같은 행사에서는 고색적인 전통이 줄줄 묻어났다. 막내의 중학교 입학식 모습, 전 재학생이 강당에 도열한 가운데 팻말을 든 입학생이 줄 지어 입장한 후 기미가요(일본국가) 제창으로 행사가 시작되고, 교장선생님의 엄숙한 훈화와 외빈의 인사말……. 영화나 추억 속의 한 장면인 '구식'행사는 그들에게는 전통이지만, 저자한테는 군국시대의 시계가 멈춘 것 같아 보이기도 했다.

칭찬이 일상화돼 있고 학생들 인격 중시

일본에는 지역마다 차이가 있으나, 공립 중등학교의 경우 학교별 교복보다는 지역교육위원회에서 정한 일정한 규격의 '표준복'을 입는 경우가 많다. 애니(일본만화)에서 볼 수 있는 주름치마와 바지, 셔츠와 상의 같은 것이다. 학교마다 디자인이 정해진 것이 아니므로 학생들은 다른 학교의 졸업생으로부터 물려받을 수도 있고, 원하는 상점에서 구입할 수도 있다. 따라서 우리나라와 같이 교복메이커의 가격담합이나 업체와 학교 간의 협착관계 등에 관한 불협화음의 소지가 별로 없다(그럼에도 비싼 교복 가격은 아마도 일본의 고질적인 유통상의 문제일

것이다). 일본의 교복에는
학생들의 이름표를 붙
이지 않는다. 얼마 전 우
리나라 인권위에서 '교복
에 명찰 고정 부착은 인
권 침해'라는 결정을 내려
일부 학교와 학부모들을

혼란스럽게 했지만, 일본에서는 이전부터 학교 내에서조차 이름표를 붙이지 않
는 경향이다. 신상적인 것은 묻지 않는 문화의 영향인 듯하다.

집단 따돌림 예방하는 교육체계 돋보여

일본에서의 교육문제를 이야기할 때 '집단 괴롭힘(왕따)'이라는 의미의 이지메
(虐め)가 자주 거론된다. 사실 일본 학교에서의 이지메는 어제오늘의 일이 아니
다. 오래전부터 외국학생이나 이른바 촌놈한테는 이지메를 하는 경우가 많았으
며, 관련된 자살 사건이 종종 뉴스에 보도될 정도로 심각한 사회문제로 여겨져
왔다. 일본의 문부과학성의 조사에 따르면 2006년도 초중등학교에서 파악된 이
지메는 12만 건을 넘어 두 학교당 한 학교 비율로 사건이 있었다고 한다. 이러한
현상을 혹자는 겉모습(다테마에, 建前)과 본심(혼네, 本音)의 구별이 강한, 속내
를 드러내지 않는 일본인들의 특성과 연관을 지우기도 하며 역사적 배경을 거론
하는 경우도 있다. 하지만 저자의 생각은 다르다.

한번은 중1에 다니는 둘째의 담임으로부터 전화를 받았다. 귀가한 아이에게
서 우려되는 말이나 행동은 없었냐는 물음이다. 저자가 궁금해 하니 담임선생은

학교에서 둘째에 대한 이지메로 간주되는 사건이 있어 교장선생님에게 보고를 하고 눈여겨 관찰하고 있다는 것이다. 말씀인즉, 만화를 잘 그리기로 인기가 높았던 둘째의 그림을 누군가 갈기갈기 찢어 책상 주위에 흩뜨려 놓았다는 것이다.

그 후로 아무 일이 일어나지 않았고 둘째는 여전히 그림 하나로 반에서 인기를 누리는 (외국)학생으로 생활했다. 둘째 왈, 뭐가 문제야? 한국에선 비슷한 일들이 매일매일 있는데. 나중에 들어 보니 일본의 초중고 학교에서는 가장 중요한 교육 당국의 방침이 이지메 문제 해결이며, 이를 위해 많은 노력을 기울이고 있다고 한다. 저자는 히라가나도 모르는 두 아이를 방목하다시피 학교에 보냈지만, 이지메로 여겨질 일을 겪은 일이 없다.

일본의 초중고에서는 선생님이 학생에게 존댓말을 쓰며, 체벌이 없다. 칭찬이 일상화되어 있어 좀 낯간지러운 면도 없지 않지만, 학생을 인격적으로 대하는 면에서는 우리보다 좋아 보였다. 하지만 한편으로는 너무 격식에 치우친 것 같아 씁쓸했던 측면도 없지 않다. 선생이나 교직원들 모두 속마음을 내놓고 행동하는 경우가 거의 없으니……

음악·미술·체육은 이론보다 실습 위주

일본의 교육이 우리보다 확실히 좋은 것이 있다면, 실습을 등한시하지 않는다는 점이다. 아이들이 한국에 돌아와서 하는 말이, 음악, 미술, 체육 등의 과목이 웃기는 짬뽕이란다. 음악시간이나 미술시간에는 악기 연주나 그림 그리는 시간보다는 문제지와 답을 맞히는 이론공부에 치중하며, 체육시간에는 오래 매달리기 횟수나 파트너와 배드민턴 콕 몇 번 주고받았는가를 가지고 점수를 매긴단다.

일본에서 저자는 아이들의 실기과목 뒷바라지하느라 귀찮을 정도였다(아내는

큰아이 학업관계로 한국에
남아 있다 나중에 합류했다).
두 아이 학부모간담회 참석
하랴, 준비물 전달하랴, 하루
에도 몇 번씩 학교를 방문하
는 날도 많았으며, 수영복 구
해 주랴, 농구공 사 주랴, 악

기 빌려 주랴, 그림도구 구해 주랴, 이리저리 뛰어다녔다. 학생들은 거의 매일 아
침 전교생이 넓은 학교 울타리 외곽을 반바지와 반팔셔츠를 입고 몇 바퀴씩 돈
다. 여학생이라고 봐주지 않으며, 학생들도 꾀병을 부리지 않는다. 가을운동회
행사는 일사불란함이 마치 재식훈련장 같다. 그런 환경에서 생활했던 아이들이
한국의 모교에 복귀한 처음 반응은 '시시하다'였다. 가을 체육대회 날에는 학생
들이 하루 종일 스탠드에 앉아서 선수학생들의 경기관람만 했다고 투덜댔다.

막상 글을 시작하고 보니 1년여 전의 일본생활이 주마등처럼 스쳐 지나간다. 소
개한 것 외에도 이러저러한 에피소드들이 있었지만 지면관계상 여기서 맺는다. 짧
은 파견생활 중에 참 많은 것을 경험한 것 같다. 저자가 소개한 자잘한 경험들이
독자들의 커피 한 잔의 간식거리가 될 수 있었으면 한다.

적지 않은 원고들을 정리하면서 엮다 보니 잊혔던 기억들이 새록새록 되살아난다. 아련한 감상에 젖기도 하고(농촌의 들판은 언제 봐도 고즈넉하다. 지난 주말 내린 눈으로 먼 산은 은빛 설경을 보여 주고 있는데……), 때론 침해당한 소비자주권에 불만을 드러내기도 한(제품 자체에 근본적 문제가 있다면, 그래서 소비자가 울며 겨자 먹기로 피해를 입어야만 한다면 과연 소비자의 지위가 사업자와 동등하다고 볼 수 있을까?) 글을 쓰던 순간들이 폴라로이드 화면을 보듯 생생하다. 에피소드를 준비하면서 수집했던 많은 자료들과 낙서집도 책장 어디엔가 남아 있을 것이다.

스무 해 넘게 소비자경제와 정책을 연구하면서도 마음 한편은 늘 아쉬움이 남아 있었다. 소비자보호와 서민의 권익 증진을 위해 일하는 조직의 위상이 세월이 지나도 그 자리를 맴돌았으며, 성과물들의 수준도 크게 향상된 것 같지는 않다. 저자를 포함한 종사자들의 매너리즘(mannerism)도 한몫했겠지만, 전문성이나 리더십이 취약한 인사(人士)가 조직을 경영하기도 했던 구조적 문제도 일조했다고 본다. 시장경제에서 점대(漸大)해 가는 소비자의 위치에 맞게 정책기관의 모습도 발전하고 변혁했으면 한다. 덧붙여 시장경제 지킴이라는 공정거래위원회가 국가의 소비자정책을 총괄하는 것이 최선의 모양인지 여부도 다시 생각해 봐야 할 문제이다.

제7부의 '소비자를 위한 생활경제 이야기'에서 엿볼 수 있듯이 소비자문제의 상당부분은 시장실패(market failure)로 인해 발생되는 경제적 문제이다. 그러니까 그 해법도 우선적으로는 경제적인 측면에서 찾아보는 것이 바람직할 뿐 아니라 지름길이라고 생각한다. 법과 제도 그리고 행정은 그러한 경제적 해법을 실행에 옮기는 수단이다. 다시 말해 시장에서 기업과 소비자들에게 스스로 책임지고 권리를 행사토록 지원하고 때론 강제하는 정책도구인 것이다.

그런 관점에서 소비자문제와 정책을, 그것도 소비자의 시선(視線)으로 바라봐야 한다. 마침글로 썩 어울리지는 않는 표현이지만 이 책의 독자, 특히 소비자를 옹호하거나 정책을 담당하는 분들에게 강조하고 싶은 말이다.

마침 글을 쓰다 보니, 스물두 해 하고도 아홉 달 동안 정들었던 한국소비자원 생활이 주마등같이 지나간다. 청춘을 보낸 그곳은 직장이라기보다는 생활터전이었고 수행해 왔던 일들은 업무라기보다는 삶 자체였다. 별일이 없던 주말이면 고즈넉한 나만의 시공간이었던 곳, 도심 전체가 물난리였던 지난 추석 연휴에도 출근(!)해서 PC 모니터를 마주하던 곳 5층 정책연구실에서 이 책이 만들어졌다.

이제 저자는 더 넓은 세상에서 소비자의 시선(視線)으로 시장경제의 문제를 바라보고자 한다. 그것이 그동안의 '생활터전'을 떠난 그래서 소비자경제 전문가로서의 새 '삶'을 시작하는 이유이다.

유머러스한 재미나 풍부한 전문지식을 전해 주는 책이 아니면서도 저자는 이 책을 통해 보다 많은 독자들과 소통하기를 원한다(jongin_lee@yahoo.com). 시장경제의 소비자들이 스스로 주권자임을 깨닫고 행동하게 되는 세상을 위해서는 독자들의 힘이 필요하다.

이종인 李種仁

서울대학교(임산공학·농경제학)를 졸업하고 연세대학교에서 경제학 석사, 캘리포니아주립대학교에서 부동산도시계획학 석사, 서울시립대학교에서 경제학 박사학위를 받았다.

20여 년간 한국소비자원의 정책연구실에서 일했으며, University of California(Berkeley)의 로스쿨과 동 대학의 동아시아연구소 및 히토쓰바시(一橋)대학 법학연구과에서 객원연구원, 국회 국제경쟁력 강화 및 제도 개선 특별위원회에서 연구원, 서울시립대학교(법학전문대학원)·인하대학교·강원대학교·명지대학교·건국대학교 등에서 경제학과 소비자경제학 강의를 했다. 지금은 재단법인 여의도연구소에서 연구위원으로 일하고 있으며, 건국대학교에서 겸임교수로 활동 중이다.

『법경제학』(번역서, Cooter & Ulen, 2000), 『제조물책임과 제품안전성의 법경제학』(2006), 『불법행위법의 경제학』(2010) 등의 저서와 법경제학과 소비자정책에 관한 논문과 연구보고서가 다수 있으며, 『법경제학 입문』, 『형사법의 경제학』, 『셔블의 법경제학』(번역서), 『소비자와 시장경제』의 저술을 수년째 진행 중이다.

소비자의 시선(視線)으로
시장경제를 바라보다

초판발행 2011년 5월 25일
중   쇄 2012년 12월 1일

지은이 이종인
펴낸이 채종준
기 획 권성용
편집디자인 박재규
표지디자인 이종현

펴낸곳 한국학술정보(주)
주 소 경기도 파주시 교하읍 문발리 파주출판문화정보산업단지 513-5
전 화 031) 908-3181(대표)
팩 스 031) 908-3189
홈페이지 http://ebook.kstudy.com
E-mail 출판사업부 publish@kstudy.com
등 록 제일산-115호(2000.6.19)

ISBN 978-89-268-2230-2 03320 (Paper Book)
      978-89-268-2231-9 08320 (e-Book)

이담 Books 는 한국학술정보(주)의 지식실용서 브랜드입니다.